中国期刊蓝皮书

Periodicals Blue Book of China 2017-2018

中国期刊业发展报告

2017—2018

主　编 / 吴尚之

副主编 / 魏玉山　余昌祥　李　军

图书在版编目（CIP）数据

中国期刊业发展报告.2017—2018/吴尚之主编.—北京：中国书籍出版社，2018.12
ISBN 978-7-5068-7154-9

Ⅰ.①中… Ⅱ.①吴… Ⅲ.①期刊-出版工作-研究报告-中国-2017-2018 Ⅳ.①G237.5-53

中国版本图书馆CIP数据核字（2019）第000790号

中国期刊业发展报告.2017—2018

吴尚之 主编

责任编辑 庞 元
责任印制 孙马飞 马 芝
封面设计 北京楠竹文化发展有限公司
出版发行 中国书籍出版社
地　　址 北京市丰台区三路居路97号（邮编：100073）
电　　话 （010）52257143（总编室）　（010）52257140（发行部）
电子邮箱 eo@chinabp.com.cn
经　　销 全国新华书店
印　　刷 北京洛平龙业印刷有限责任公司
开　　本 787毫米×1092毫米 1/16
印　　张 21.5
字　　数 350千字
版　　次 2018年12月第1版 2018年12月第1次印刷
书　　号 ISBN 978-7-5068-7154-9
定　　价 98.00元

《中国期刊业发展报告2017—2018》
编写委员会

主　任： 吴尚之

副主任： 魏玉山　余昌祥　李军

委　员： 段艳文　姜永茂　李学谦　刘晓玲　刘泽林　彭斌　钱鹏宇　杨春兰　张晓斌　章红　卓宏勇

撰（供）稿人：

包靖玲　崔轶　段艳文　范洪涛　范姝婕　房桦
付晓霞　季媛媛　姜永茂　蒋华　孔娜　李静
李鹏　李学谦　李怡琳　林育智　刘红霞　刘莹
刘玉平　刘元春　刘泽林　娄贞　陆艳　钱鹏宇
史强　沈锡宾　苏婧　田仙君　王旌　魏佩芳
武昱　夏爽　杨春兰　杨先碧　卓宏勇　张洁
张凯　张伟　张晓斌　张玉春　赵斌　赵慧君
赵巍　郑湃　周明

（委员和撰稿人姓名首字依汉语拼音音序排列）

前　言

2018年是中国改革开放40周年。经过40年的发展，中国期刊业已形成门类比较齐全、结构日趋合理、品种日益丰富、期刊出版产业和事业共同发展的现代期刊出版体系，为服务党和国家工作大局，服务国家经济、社会发展，服务国家科学、教育、文化事业，服务人民群众多样化文化需求发挥了重要作用。

一是期刊品种丰富多样。1978年，全国共有期刊930种，2017年达到10 130种，2017年期刊品种数比1978年增长了10倍。期刊品种不断丰富的同时，期刊结构也在不断优化。期刊门类涵盖了哲学社会科学、自然科学技术、文化、教育、文学、艺术、少儿等门类。其中哲学社会科学类期刊2 664种，占总数的26.3%；自然科学技术类期刊5 014种，占49.5%，这凸显了哲学社会科学类和自然科学技术类期刊在我国期刊中的重要地位。

二是产业规模快速增长。相比40年前，我国期刊业的产业规模有了快速的增长。1978年，全国期刊总印数7.62亿册、总印张22.74亿印张；2017年分别达到24.92亿册、136.66亿印张。2017年比1978年期刊总印数增长了2.3倍，总印张增长了5倍。在期刊经营方面，2017年，全国期刊出版实现营业收入196.5亿元，比上年增长1.5%；利润总额27.4亿元，比上年增长6.6%。

三是期刊品牌日益彰显。40年来，我国期刊舆论引导力、内容传播力、品牌影响力、市场竞争力稳步提升。在大众期刊方面，2017年度，平均期印数超过100万册的期刊有11种，较2016年增加1种。全国以“百强社科期刊”和“百强科技期刊”为代表，形成了一批品牌期刊。在科技期刊方面，我国已经形成了以生命科学、材料科学、数学、物理、光学等为代表的一批具有国际影响力的科技期刊集群。

四是体制改革不断深化。我国期刊积极探索体制机制改革，一批非时政类期刊完成了转企改制，集约化、集团化初见成效。大众类、行业类期刊方面，知音、读者、四川党建、英大传媒、卓众出版公司等积极进行公司制、股份制改造，整合出版资源，形成了跨行业跨领域跨媒体经营的现代媒体集团。以中国科技出版传媒股份有限公司、中华医学会杂志社、高等教育出版社、卓众出版公司等为代表的出版企业，所主办的期刊学术影响力和经济实力都有较大提升。此外，中国航天期刊群、中国光学期刊联盟、中国社会学期刊群、中国力学期刊联盟等一批学科刊群加速聚合，集约化发展初具规模。

五是融合出版初见成效。全国95%以上的期刊开展了数字网络出版业务，以大众生活类期刊的网络阅读、手机杂志、APP应用和学术期刊的全文数据库、开放获取（OA）、优先出版为代表的全媒体生产传播形态逐渐形成。众多期刊推出了手机杂志、iPad杂志、网络资料库、移动客户端等产品，并开展了微博、微信营销和电子商务活动。我国学术期刊积极探索网络出版、数据出版、优先出版等新型出版模式，打造专业化全流程数字出版平台，并积极利用新媒体和社交媒体，融入学术社区，推动移动出版，满足用户个性化、精准化的信息需求。在知识和信息服务方面，一批期刊已探索形成适合自身期刊条件的融合发展盈利模式。

六是“走出去”取得新进展。我国期刊业加强了与国际期刊业的交流合作与“走出去”的力度，提高了中国期刊的国际影响力。根据国际引证报告数据统计显示，中国学术期刊在2016年国际他引总被引频次达到71万次，较2015年增加了25.01%。其中，TOP期刊成为“走出去”的代表性期刊（中国国际影响力优秀学术期刊，简称“TOP”期刊）。2016年，470种TOP期刊他引总被引频次共计43.7万次，占中国期刊年度国际总被引频次的62%，这对我国学术期刊的国际影响力提升起到了良好的带动作用。

40年波澜壮阔的改革进程，推动我国期刊业实现了历史性的跨越，取得了辉煌的成就。今天，我国期刊业又站在了一个新的时代起点上。我国期刊业还面临许许多多的挑战和发展中的困难。2017年，期刊印数持续下滑。全国期刊总印数24.9亿册，比上年下降7.6%，下降幅度高于近3年的平均降幅。传统出版即纸媒的出版总量规模下降是一个不可逆转的趋势，这是我们必须面对的严峻挑战。诸多挑战中，既有新兴媒体的挑战，也有深化改革的挑战、产业转型的挑战、国际化的挑战，还有中国特色社会主义进入新时代，新目标、新征程、新部署对期刊业发展提出的新要求、新挑战。

为了积极应对新的挑战，更好承担起新时代赋予期刊人的文化使命，推动我国期刊业实现高质量发展，中国期刊协会研究决定，从2018年开始，组织编写《中国期刊业发展报告》，介绍我国期刊业年度发展现状，分析期刊业发展中的问题与趋势，提出推动期刊业发展的建议，提供有关基础数据与文献资料，为期刊业界、管理部门、研究机构，以及社会读者提供参考。2018年7月30日在京召开了《中国期刊业发展报告2017—2018》编委会工作会议。会议认为，编辑出版《中国期刊业发展报告》很有必要，也很有意义，对期刊业来说是一项开创性工作；但又存在许多困难，特别是从整体上和各类别研究我国期刊产业发展的基础数据不够系统完备，研究工作的基础比较薄弱，难以编出一本让读者比较满意的产业发展报告。会议提出，坚持实事求是的原则，从实际出发，在现有统计数据和研究基础上，先开一个头，通过编辑出版《中国期刊业发展报告》，推动和完善未来期刊产业的数据统计工作和研究工作。会议明确了《中国期刊业发展报告》的定位、编纂宗旨、思路、内容和体例要求。全书由一个主报告、四个编辑条件成熟的分报告以及若干附录构成。

在本书出版之际，要特别感谢中国科技出版传媒有限公司、中国新闻出版研究院、中国书籍出版社对编辑出版工作的大力支持！同时，要向为本书编辑出版付出辛勤劳动的各位专家、同仁致以诚挚的感谢！由于研究条件和水平所限，本书存在的不妥和疏漏之处诚请读者批评指正！

中国期刊协会

2018年12月

目　录

主报告

分报告

附　录

主　报　告

2017—2018 中国期刊业发展报告

2017—2018 年，全国期刊业深入学习贯彻习近平新时代中国特色社会主义思想和党的十九大精神，改革不断深化，期刊品种不断丰富，期刊品牌日益彰显，国际影响力逐步增强。中国特色社会主义伟大实践和中华优秀传统文化为我国期刊内容提供了丰富资源；体制机制改革和新兴技术创新为我国期刊转型升级提供了强大动能。同时我国期刊业仍处于多重压力和挑战叠加的关键期，期刊业从持续增长进入调整转型阶段。当前，推动期刊业高质量发展，是保持我国期刊业持续健康发展和世界期刊强国建设的必然要求。

一、2017 年我国期刊业发展概况

（一）期刊产业经营概况

2017 年期刊出版主要经营指标止跌回升。据《2017 年新闻出版产业分析报告》，2017 年期刊出版共实现营业收入 196.6 亿元，增长 1.5%；利润总额 27.4 亿元，增长 6.6%（表 1）[1]。

表 1　全国 2017 年期刊出版经营情况[1]

单位：种，亿册，亿印张，亿元，%

总量指标	数　值	较 2016 年增减
营业收入	196.54	1.46
利润总额	27.36	6.56

（二）期刊出版概况

1. 整体情况

2017 年，全国期刊品种稳中微增，总印数、总印张和定价总金额继续下

滑。据《2018 中国新闻出版统计资料汇编》，2017 年全国共出版期刊 10 130 种，较 2016 年增长 0.5%；总印数 24.9 亿册，降低 7.6%；总印张 136.7 亿印张，降低 10.1%；定价总金额 223.9 亿元，降低 3.7%（表 2）[2]。

表 2　全国 2017 年期刊出版情况[2]

单位：种，亿册，亿印张，亿元，%

总量指标	数　值	较 2016 年增减
品　种	10 130	0.46
总印数	24.92	-7.59
总印张	136.66	-10.06
定价总金额	223.89	-3.67

依据中图分类法和国内统一连续出版物标识，可将期刊划分为哲学社会科学、文化教育、文学艺术、自然科学技术、综合 5 大类。哲学社会科学期刊总印数、总印张和定价总金额最多，品种数少于自然科学技术期刊；自然科学技术期刊品种数最多，但总印数、总印张和定价总金额低于哲学社会科学和文化教育两类期刊。据《2018 中国新闻出版统计资料汇编》，2017 年全国出版哲学社会科学类期刊 12.0 亿册，占期刊总印数的 48.0%，较 2016 年提高 0.9 个百分点；文化教育类期刊 5.9 亿册，占 23.6%，提高 0.7 个百分点；文学艺术类期刊 2.1 亿册，占 8.4%，减少 1.2 个百分点；自然科学技术类期刊 3.3 亿册，占 13.4%，减少 0.3 个百分点；综合类期刊 1.7 亿册，占 6.7%，基本持平（表 3、图 1）[2]。哲学社会科学类与文化教育类期刊在总印数中所占比重继续提高。

表 3　各类期刊 2017 年总印数[2]

单位：万册，%，百分点

类　型	数　量	增长速度	比　重	比重变动
哲学、社会科学	119 654	-5.76	48.01	0.93
文化、教育	58 717	-4.90	23.56	0.66
文学、艺术	20 814	-19.35	8.35	-1.22
自然科学、技术	33 349	-9.67	13.38	-0.31
综　合	16 679	-8.51	6.69	-0.07
合　计	249 213	-7.59	100.00	0.00

从地区分布来看，东部地区出版期刊的品种、总印数、总印张和定价总金额最多，分别占全国期刊品种数的 58.7%、总印数的 58.8%、总印张的

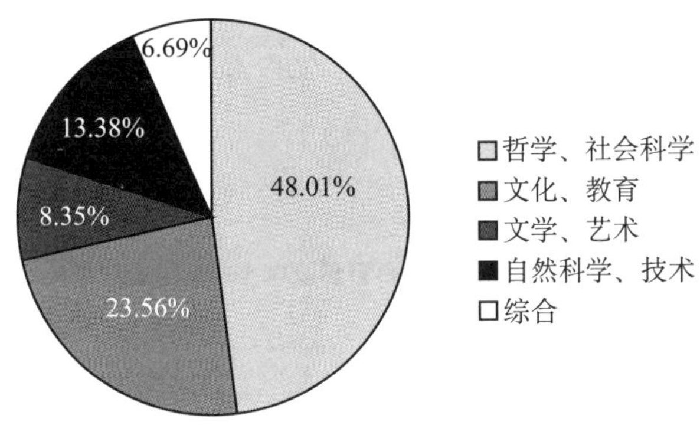

图 1 期刊总印数产品结构[2]

63.1% 和定价总金额的 67.0%，居于主导地位。其中，北京因中央期刊汇聚，出版的期刊占全国期刊品种数的 32.0%、总印数的 34.5%、总印张的 41.8% 和定价总金额的 44.8%；中部地区品种数少于西部地区，但总印数、总印张和定价总金额均高于西部地区（表 4、图 2）[2]；东北地区品种数、总印数、总印张和定价总金额最小。

表 4 各地区 2017 年期刊出版情况[2]

单位：种，万册，万印张，万元

地 区	品 种	总印数	总印张	定价总金额
东 北	877	19 661	91 277.4	133 982
东 部	5 943	146 572	862 928.8	1 501 006
中 部	1 491	48 538	227 596.6	324 971
西 部	1 819	34 442	184 806.3	278 981

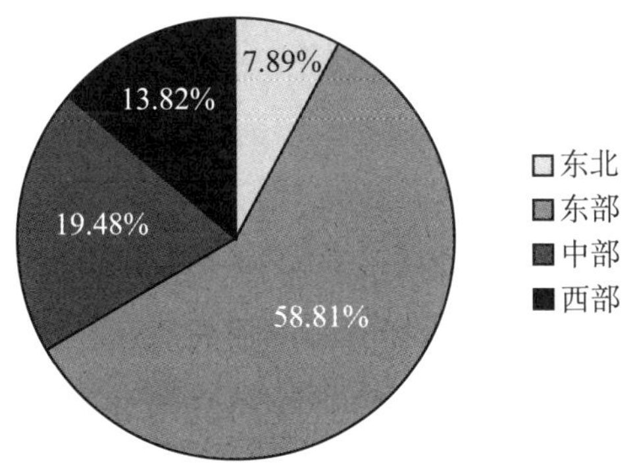

图 2 期刊总印数地区结构[2]

2. 平均期印数百万册及以上的公开发行期刊

据《2017年新闻出版产业分析报告》，2017年全国共有《求是》《时事报告（大学生版）》《时事》（〈时事报告〉中学生版）《读者》等10种公开发行期刊平均期印数超过100万册，较2016年增加1种（《中国纪检监察》）（表5）[1]。

表5　2017年平均期印数百万册及以上的公开发行期刊[1]

排　名	期刊名称	刊　期	所在省份
1	时事报告（大学生版）	半年刊	中央在京
2	读　者	半月刊	甘　肃
3	求　是	半月刊	中央在京
4	特别关注	月　刊	湖　北
5	小学生时代	月　刊	浙　江
6	青年文摘	半月刊	中央在京
7	半月谈	半月刊	中央在京
8	家庭医生	半月刊	广　东
9	时事（《时事报告》中学生版）	月　刊	中央在京
10	中国纪检监察	半月刊	中央在京

3. 期刊全民阅读情况

据中国新闻出版研究院2018年4月18日发布的第十五次《全国国民阅读调查报告》显示：2017年我国期刊的人均阅读量为3.81期（份），期刊阅读率为25.3%。与上年相比，人均阅读量上升了0.37期（份），期刊阅读率下降了1.0个百分点。数据表明期刊阅读人数在下降，而期刊读者阅读数量在增长。另要说明的是，该报告是基于我国18岁以上成年人作为调查人群，作为期刊主要读者的少年儿童未在调查之列。

二、我国期刊业发展特点与趋势

（一）期刊品种继续增长，期刊布局更趋合理

据《2018中国新闻出版统计资料汇编》，2017年全国共出版期刊10 130种，较2016年增长0.5%。改革开放以来，我国期刊品种呈持续增长态势，但

在很长一段时间内，期刊结构不够合理，资源配置不够科学，导致部分期刊处于“生死两难”的境况，形成了一批“僵尸期刊”。2017 年我国期刊业顺应供给侧结构改革的要求，通过更名使期刊定位更加精准，通过批准新创期刊满足读者和市场需求，同时停办退出一批不具备办刊能力的期刊，从而使期刊布局更趋合理。

根据《2018 新闻出版产业分析报告》的期刊印数结构变化显示，综合类期刊数量最少、占比最小，这一数据说明大而全的期刊定位和内容已无法满足读者和市场的需求。2017 年，我国期刊业通过更名实现精准定位、填补学科空白，从而满足读者需求和适应市场变化。据本书附表，2017 年共有 126 种期刊进行了更名：如《天漫》更名为《艺术收藏与鉴赏》、《语文知识》更名为《汉字汉语研究》、《贵州气象》更名为《中低纬山地气象》、《武汉大学学报(人文科学版)》更名为《新闻与传播评论》等。从期刊名称变化来看，期刊定位更加精准、专业、细分。尤其值得一提的是，更名后的期刊名称中，“创新”“智慧”“智能”等词汇多次出现，如“创新”出现 5 次，分别为《科技创新发展战略研究》《科学技术创新》《创新创业理论研究与实践》《文化创新比较研究》《产业创新研究》；“智慧”“智能”出现 4 次，分别为《智慧电力》《智慧农业》《新世纪智能》《人工智能》。

此外，从新创办期刊的情况来看，学术期刊同样引人注目：在 61 种新创期刊中，学术期刊占到 70% 多。近些年来，伴随着我国各级政府加大科研投入和科研事业的不断深入推进，学科更加细分，新的研究领域不断出现。期刊业结构调整适应这一需求和变化，鼓励和支持学术期刊的创刊与发展。未来，伴随着科研事业的发展，对高水准学术期刊的需求也将成为必然。此外，在 61 种新创期刊中，英文期刊有 31 种、中英文期刊有 4 种，两者占到新创期刊的近 60%。

（二）期刊印数持续下滑，收入与利润止跌回升

受数字化阅读持续冲击和纸价大幅上涨等叠加因素的影响，2017 年期刊印数继续下滑。据《2018 中国新闻出版统计资料汇编》，2017 年全国出版期刊 24.9 亿册，较 2016 年降低 7.6%；每种平均期印数 1.34 万册，降低 6.8%。各类期刊总印数均呈下滑态势，文学艺术类期刊降幅最大，哲学社会科学类与

文化教育类期刊降幅偏低。2017 年，哲学社会科学类期刊总印数降低 5.8%，文化教育类期刊降低 4.9%，文学艺术类期刊降低 19.4%，自然科学技术类期刊降低 9.7%，综合类期刊降低 8.5%。期刊印数下滑成常态，趋势不可逆转，已为业界共识。

面对严峻的经营环境，各期刊单位依托自身平台优势，积极拓展相关业务，努力开拓收入来源，多方寻求各种支持，取得一定成效。2017 年期刊收入与利润出现利好消息，双双止跌回升。从 2017 年新闻出版统计年报数据分析，执行企业会计制度的期刊单位收入虽有所下降，但受投资收益、费用控制等因素影响，利润有所增长；执行事业单位会计制度的期刊单位和非独立法人的期刊部门——特别是执行事业会计制度的期刊单位——因拨款增加等原因，收入增加较多，利润也随之增多。三者增减相抵，使得 2017 年期刊出版实现营业收入较 2016 年增加 2.8 亿元，增长 1.5%；利润总额增加 1.7 亿元，增长 6.6%。

（三）主题出版出新出彩，主流价值日益彰显

期刊种类众多，内容厚重，分众传播效果好，是做好主题宣传的重要平台。2017—2018 年，全国期刊界围绕党中央、国务院工作部署，加强习近平新时代中国特色社会主义思想和党的十九大精神宣传，加强各类重大主题活动宣传，为党和国家事业发展提供有力思想保证和强大精神力量。

首先，全国期刊出版单位把学习宣传贯彻习近平新时代中国特色社会主义思想和党的十九大作为工作的头等大事来抓。全国分层、分级、分类召开管理部门、主管单位、期刊出版单位等专题工作会议，紧扣深入学习宣传贯彻习近平新时代中国特色社会主义思想和党的十九大精神这条主线，谋划、部署、推进主题宣传。全国期刊出版单位把握时代特色、实践要求和传播规律，采取社论评论、理论文章、专题报道等多种形式，利用传统期刊、网站、两微一端等各类媒体同向发力、协同联动，形成全方位、多层次、多声部传播党的创新理论的舆论矩阵，巩固了马克思主义在意识形态领域的指导地位，巩固了全党全国人民团结奋斗的共同思想基础。

其次，浓墨重彩做好庆祝改革开放 40 周年主题宣传。庆祝改革开放 40 周年的宣传是贯穿 2018 年的重大主题、重大任务。全国期刊出版单位把这一主

题宣传与学习宣传贯彻习近平新时代中国特色社会主义思想和党的十九大精神结合起来，加强整体策划。根据中央通知精神，把握好时度效，环环相扣、层层递进，充分宣传展示了改革开放的历史进程、伟大成就和宝贵经验，特别是党的十八大以来的历史性成就、历史性变革，深刻揭示中国特色社会主义制度的优越性，营造出了改革创新、开放自信的浓厚氛围。

再次，主线宣传强劲有力。例如，圆满完成“砥砺奋进的五年”“一带一路”国际合作高峰论坛、建军 90 周年、庆祝香港回归 20 周年、庆祝改革开放 40 周年等重大宣传。中央经济工作会议、中央农村工作会议精神宣传准确全面，全国期刊出版单位深入宣传习近平新时代中国特色社会主义经济思想的重大意义、主要内涵、实践要求，准确深入阐释推动高质量发展、建设现代化经济体系、推动“三大变革”、打好“三大攻坚战”、保障和改善民生、实施乡村振兴战略等政策举措，做到了既专业权威又接地气有看头，充分展示了我国经济稳中向好的良好态势和经济运行的新变化新亮点，唱响了中国经济光明论、机遇论和贡献论。

（四）融合发展纵深推进，产业转型升级提速

全国期刊业积极推进转型升级和融合发展。目前全国 95% 以上的期刊开展了数字网络出版业务。以大众生活类期刊的网络阅读、手机杂志、APP 端应用和学术期刊全文数据库、开放获取（OA）等出版为代表的全媒体生产传播形态逐渐形成。众多期刊推出了移动客户端等产品，开展了微博、微信营销和电子商务活动，探索形成适合自身期刊条件的融合发展盈利模式，呈现了以下三方面特征。

一是政策支持期刊单位和数字出版企业创新驱动，推动期刊转型升级。2017 年，国家新闻出版广电总局和财政部联合印发《关于深化新闻出版业数字化转型升级工作的通知》，开展两届“全国报刊融合创新案例”征集及路演活动，加强“两库一平台”建设工作（全国报刊媒体融合创新案例库、专家库及信息监测平台）。同时，积极探索优先出版、开放获取（OA）等新型出版模式，推动传统期刊和新兴出版在内容、渠道、平台等方面深度融合，实现出版内容、技术应用、平台终端、人才队伍的共享融通。如《三联生活周刊》围绕自身期刊品牌特色，打造的知识付费产品“中读”，以碎片化深度阅读获得良

好的市场反响；《工程建设与设计》将文章内容与相关视频结合起来，从2017年8月起连续出版了AR期刊；《中华护理杂志》改编每期学术论文，促进二次传播；《天下网商》坚持纸媒阵地，发力可视化报道，以移动终端等分发渠道为依托筛选和沉淀用户，形成“媒体矩阵”，实现了主要的移动新闻客户端全覆盖。数字出版企业也积极推动期刊融合创新。2018年9月，中国知网完成了“世界知识大数据”系统。该系统积极推进优秀期刊的网络首发，将学术期刊传播应用融入学习、研究、工作创新场景的“嵌入式”传播服务平台，解决了学术期刊为全社会创新发展提供知识服务的通道问题，也打破了我国学术期刊与国际学术期刊难以同台竞争的被动局面，迈出“刊—网—馆”融合运营、解决转型难题的关键一步。武汉理工大学数字传播工程有限公司，作为国家新闻出版署出版融合发展的重点实验室，研发了具有自主知识产权的媒体云平台RAYS系统，为出版融合提供整体解决方案和线上线下结合的知识服务。2017年已有400种期刊、200家出版单位与之合作，在线书刊7.1亿册，平台收入8.1亿元，一批出版单位通过合作实现了较高的互联网增值收入。该实验室发起OSID开放科学计划也被期刊业界广泛关注。OSID开放科学计划下的作者、编辑工具平台以二维码为入口，深度挖掘知识创造、传播、应用的诸多场景，基于单篇科研论文提供丰富的线上扩展功能，包括作者对文章背景的语音介绍、论文开放内容与数据、交互问答、学术圈等多种功能应用，重塑期刊社主体地位，提高科技期刊的传播力和影响力。

二是媒体融合与资源整合一体推进，推动期刊业做大做强。截至2017年年底，全国共有经新闻出版管理部门批准的出版传媒集团125家，其中报刊出版集团47家。读者出版传媒股份有限公司、湖北知音传媒集团、四川党建期刊集团、北京卓众出版有限公司等形成了跨行业、跨领域、跨媒体经营的现代媒体集团。以中国科技出版传媒股份有限公司、中华医学会杂志社、高等教育出版社等为代表的出版企业，旗下的学术期刊学术影响和经营业绩也都取得佳绩。同时，加大期刊集群建设，推动期刊集约化发展，以集约化运营和数字化平台为核心，推动期刊刊群建设和多模式集中办刊。中国航天期刊群、中国光学期刊联盟、中国社会学期刊群、中国水利期刊群等一批学科刊群加速聚合，集约化发展初具规模。

三是主业持续发展和多业态互补经营多元支撑，推动期刊转型升级。全国期刊业一边深耕主业，一边拓展产业经营。依托内容生产优势，升级服务体系，打造以期刊广告、发行为主干，新媒体、会展、培训、信息服务等多种经营方式为补充的“期刊+”发展新模式。

（五）精品期刊示范引领，第一方阵逐渐形成

实施精品期刊工程，重点培育和推出一批具有较强舆论引导能力、传播能力、市场竞争力和品牌影响力的优秀期刊，是我国从期刊大国迈向期刊强国的必然选择。2017—2018 年，国家新闻出版管理部门先后组织了第四届“中国出版政府奖期刊奖”评选、第三届“百强报刊”评选和第九届“向全国少年儿童推荐百种优秀报刊”活动。可以说全国以“百强社科期刊”和“百强科技期刊”为代表的我国期刊品牌第一方阵已经形成。如在大众期刊方面，以“百强期刊”为代表，涌现出一批社会效益、经济效益俱佳的精品期刊。如《求是》《中国国家地理》《幼儿画报》等。在专业期刊方面，我国已经形成了以“百强科技期刊”为代表，生命科学、材料科学、数学、物理、光学等具有国际影响力的科技期刊集群，《纳米研究》《石油勘探与开发》《分子植物》等期刊在本学科领域影响因子排名进入全球前 1/10。

精品期刊持续推动习近平新时代中国特色社会主义思想深入人心，推动传播手段和传播能力建设，提高主流媒体的舆论传播力、引导力、影响力、公信力，发挥了示范引领作用，同时在提高国家文化软实力，为加快建设期刊强国和创新型国家作出了应有的贡献。

（六）期刊管理持续加强，发展环境不断净化

2017—2018 年，管理部门一手抓建设、一手抓管理，为期刊的健康发展营造了良好的外部环境。

1. 坚持问题导向，加强行政监管

各级管理部门将日常监管与专项治理紧密结合，始终保持打击新闻违法活动与假新闻高压态势，重点查处导向错误、新闻敲诈、虚假新闻、转让出版权等违法违规行为，对查实的问题依法处罚并公开通报，形成震慑作用。2017 年依法对近 200 家报刊作出行政处罚或行政处理。印发《关于规范报刊单位及其

所办新媒体采编管理的通知》，用“一个标准、一把尺子、一条底线”统一管理各类媒体。

2. 加强监督检查，巩固扩大专项治理成果

针对新闻报刊领域存在的突出问题，开展重大专项行动集中治理，取得突出成效。其中，清理整顿中央新闻单位驻地方机构与深入开展打击新闻敲诈和假新闻专项行动取得重要进展。全国新闻单位驻地方机构压缩 37%，人员清理 12%。

3. 强化年检手段

将涉嫌存在导向错误、虚假新闻、买卖刊号等问题的期刊作为年度核验的重点，责令整改，对不具备出版条件的依法予以停办注销。2017 年，全国新闻出版管理部门共对全国 192 种违规报刊予以缓验，其中有 16 个省（区、市）43 种不具备出版能力的报刊被停办注销。

4. 着力规范学术期刊出版管理

2017—2018 年，学术期刊发展趋势继续向好，同时，“小散弱”带来的负效应和低质量问题也比较突出。一方面，国家新闻出版管理部门先后实施两批学术期刊认定，认定学术期刊 6 400 多种，对学术期刊出版正本清源，对超业务范围大量刊发质量低劣论文的期刊厉行整治。严肃查处买卖刊号、承包版面、论文中介公司合作编发稿件等违规行为。另一方面，从评优评先、政策扶持等方面，努力打造一批精品期刊。例如，中国科学技术协会、国家新闻出版署等部门共同组织实施“中国科技期刊国际影响力提升计划”，计划实施 3 年来，已有 135 种期刊获得资助，累计支持资金 2. 91 亿元，支持创办英文科技期刊 34 种。同时搭建交流合作平台。中国科学技术协会、国家新闻出版署联合主办第十三届、十四届中国科技期刊发展论坛，共同研究科技期刊的机遇与挑战。

5. 坚持以人民为中心的工作导向，加强期刊内容质量建设

针对当前有些期刊质量下滑甚至造成政治性差错等问题，国家新闻出版管理部门一方面加大编校质量检查力度，一方面起草完成《报刊质量管理规定（征求意见稿）》，拟适时印发实施。该《规定》要求报刊出版单位建立健全质量管理制度，全面加强内容、编校、印制、出版形式管理，确保产品质量。主管主办单位要督促报刊单位加强制度落实，对质量不合格的报刊提出处理意见

和整改措施。深入贯彻落实中办、国办印发的《关于推动国有文化企业把社会效益放在首位、实现社会效益和经济效益相统一的指导意见》，研究制订报刊出版单位社会效益评价考核办法。

（七）区域期刊品牌崛起，助力区域期刊建设

随着各地推动报刊业结构性改革，精品期刊的持续推进，区域期刊品牌日渐崛起，“沪刊”“鄂刊”“吉刊”“渝刊”已成为业界广泛关注的出版现象。

1. 沪版期刊

党的十八大以来，上海期刊业抓住机遇，在开拓中奋进，在转型中前行，在创新中发展。老的品牌期刊继续焕发出青春和活力，新的品牌期刊不断涌现，发展迅速。《第一财经周刊》《咬文嚼字》《细胞研究（英文）》等“专、精、特”期刊脱颖而出，上海期刊呈现百花齐放的局面，获奖数量均为各省（区、市）之首。在“中国出版政府奖”“百强期刊”“中国最美期刊”“向全国青少年推荐百种优秀报刊”等活动中位居各省（区、市）之首。此外，上海高端科技期刊已跻身国际一流，影响力不断提升。一方面，上海学术期刊入选国内顶尖评价体系。在 2018 年 12 月出版的《中文核心期刊要目总览（2017 版）》显示上海地区共有《声学技术》《中国寄生虫学与寄生虫病杂志》《肿瘤》等 90 种科技类学术期刊被“北大中文核心期刊”收录，《社会》《外语界》《学术月刊》等 67 种社科类学术期刊被“北大中文核心期刊”收录，上海入选期刊占“北大中文核心期刊”7.91%；2017—2018《中国科学引文数据库》（CSCD）显示，上海地区有 100 种科技类学术期刊被收录，2017—2018《中文社会科学引文索引》（CSSCI）显示，上海地区有 49 种社科类学术期刊被收录。此外，2017 年上海地区有 72 种社科类学术期刊被中国人民大学《复印报刊资料》列为重要转载来源期刊。另一方面，上海地区学术期刊入选《科学引文索引》（SCI）等国际顶尖评价体系。2018 年上海地区共有 17 种期刊被《科学引文索引》（SCI）收录，其中影响因子位于同学科 Q1 区的期刊有 8 种。2018 年上海地区共有被《工程索引》（EI）收录的期刊 12 种期刊，被美国国立医学图书馆《Medline》收录的期刊 11 种期刊，均位于国内前列[3]。

2. 鄂版期刊

湖北省推动新闻报刊工作“四聚焦”“四着力”，实施“四大工程”，即：

聚焦主题主线，实施舆论引导工程，着力为党的十九大营造良好舆论氛围；聚焦媒体融合，实施改革创新工程，着力推进报刊业转型发展；聚焦文化传承，实施精品期刊工程，着力满足人民群众日益增长的文化需求；聚焦阵地建设，实施文化安全工程，着力构建大传播管理格局。湖北省 3 种期刊入围第四届中国出版政府奖期刊奖提名奖，8 种期刊入选“百强期刊”。13 种期刊参评国家新闻出版广电总局期刊“走出去”项目库。湖北省 16 种期刊入选“2017 中国最具国际影响力学术期刊”和“2017 中国国际影响力优秀学术期刊”。

由湖北省新闻出版广电局承办的 2018 年中国（武汉）期刊交易博览会吸引了国内外期刊业的广泛关注和参与。本届展会上有来自 52 个国家和地区的 60 多个代表团参展，展销面积 3 万平方米，分 8 个功能展区，规模和活动比往届更大、更多。在全方位展示我国期刊业发展成果的同时，进一步推进期刊行业的创新与发展，准确把握新时代、新方位、新坐标、新起点特征，提升发展动力、共享发展成果，更好地推动社会主义文化繁荣兴盛。

3. 吉版期刊

吉林省继续实施精品工程，建立了报刊发展优秀项目库，培育精品期刊及期刊融媒产品，不断扩大吉林期刊的影响力和传播力。《意林》细分读者群，出版系列期刊，期发行量已达 120 万份，其品牌及市场影响力稳列全国同类期刊前列，成为全国学生励志第一刊；《中国医院院长》跨地域、跨界运营，举办中国医院院长年会，成为全国医界、期刊界极具影响力的高端品牌活动，成功探索出一条双效俱佳的融合发展之路；《光：科学与应用》持续打造国际期刊品牌，成功稳列世界百强期刊，学术期刊影响力连续三年位列世界光学期刊前三位，国际影响力不断提升，并设立了海外机构；《社会科学战线》获得了 2017 年第四届中国出版政府奖期刊奖提名奖；《光：科学与应用》《仿生工程学报》和《中国地理科学》3 种英文期刊获得中国科学技术协会等六部委联合实施的第二批“中国科技期刊国际影响力提升计划”支持期刊，获得资金支持；《光：科学与应用》获选中国科学技术协会等六部委所组织实施的“期刊登峰行动计划”支持期刊；《意林》《做人与处世》2 种期刊入选 2017 年“向全国少年儿童推荐的百种优秀报刊”；《光：科学与应用》《分析化学》《高等学校化学学报》《情报科学》获选 2017“中国最具国际影响力学术期刊”；《光学精密工程》《吉林大学学报（地球科学版）》《地理科学》《汉语学习》《现代情报》《人口学刊》《工业技术经济》获 2017“中国国际影响力优秀学术期刊”。

《意林》《中学生博览》《智慧少年》等期刊单位与吉林省电台进行合作对接，多媒融合，各相关期刊已与吉林省电台“FM 沐耳音频”签署了纸媒内容与电台名主持多端网络终端播音的战略合作，自运行以来，收到了很好的效果。

4. 渝版期刊

重庆始终坚持“办刊上的精品化战略、布局上的集约化战略、发展上的走出去战略”，实现从传统出版向现代出版、从出版弱市向出版强市的“两个跨越”，通过政策扶持、工作指导、项目支持、资金资助多措并举，全力推动了“渝版”期刊发展。

2017 年，《改革》《课堂内外（初中版）》《重庆大学学报（自然科学版）》《材料导报》《第三军医大学学报》《表面技术》《中华创伤杂志》共 7 种期刊入选“百强期刊”；《西南大学学报（自然科学版）》《中华肝脏病杂志》《功能材料》《材料导报》等期刊多次荣获“百种中国杰出学术期刊”称号；41 种学术期刊入列核心期刊。当代党员杂志社立足“两战略一格局”总体发展思路，投资 5 000 万元，新建数字出版印刷物流及第三产业基地总部项目，投资近 500 万元建设 CQDK 融媒体中心和市委党建门户“七一网”APP，形成了重庆党刊全媒体发展格局，构建党刊融媒体标准化采编流程。课堂内外杂志社出版有限公司着力推进书刊出版、教育服务及互联网运营的融合发展，书刊出版持续保持竞争力，在线出版及教育服务渐成体系，青少年活动赛事影响力巨大，培育了“壹笔作文 APP”等互联网产品，“课堂内外”被国家工商总局认定为中国驰名商标。商界传媒集团形成了以《商界》系列刊群与“商界 APP”为核心的商业财经媒体平台，全媒体平台拥有 3 000 万用户，延伸出了由商界内容营销咨询服务、商业模式创新咨询服务、国内外标杆企业游学以及商界系投资基金构成的企业家服务体系。同时，还涉足手工艺文创产业、少儿演艺经纪与教育产业、电子商务、新农业产业等多元化业务。中国眼镜科技杂志社微信平台粉丝关注持续增长，2017 年粉丝量同比增长 35%，每篇平均阅读量近万次，赢得了业界的认可。新媒体部门创收持续增长，其中，2017 年同比增长近 80%，在整体收入中的占比逐年提高。

（八）国际传播能力增强，“走出去”更具针对性

近些年，相关部门合力推动中国优秀期刊“走出去”“走进去”，国家相关部门在2017分别印发了《关于实施中华优秀传统文化传承发展工程的意见》《关于加强和改进中外人文交流工作的若干意见》《关于推荐中国优秀原创期刊纳入期刊“走出去”项目库的通知》，同时“走出去”项目持续推进，“走出去”渠道和平台更加多元，“走出去”也更具针对性。

外宣文化类期刊是海外读者了解当代中国的重要渠道，也是促进双向交流、搭建沟通我国与各国人民心灵的友谊桥梁，在“走出去”方面展现了中国力量，生动、深刻地阐释中国理念，为促进中国文化与世界多元文化的和谐共生做了很多有益的尝试。中国外文出版发行事业局主管的期刊实施外宣期刊本土化战略，以国内为基地，把策划编辑和印刷发行环节前移到对象国和地区。《北京周报》《人民画报》《今日中国》《人民中国》等国家级外宣期刊，出版了包括中、英、法、俄、西、阿、日等共9个语种14种文版，面向180多个国家和地区发行。北京《布达拉》（藏文）、山东《金桥》（韩文）、新疆《大陆桥》（俄文、塔文）、新疆《友邻》（哈文、英文）、黑龙江《伙伴》（俄文）、广西《荷花》（越文）、云南《吉祥》（缅文）、云南《湄公河》（泰文）、云南《占芭》（老挝文）、云南《高棉》（柬文）、内蒙古《索伦嘎》（斯拉夫蒙古文）等全国11家13个语种的边境外宣期刊积极服务国家周边外交大局，受到对象国读者的欢迎和好评。《人民文学》外文版《路灯》共出版了10个语种，创建了与优秀译者和汉学家的良好合作模式，用最快捷的方式把中国当代著名作家的作品翻译成不同文字。《作家》杂志和俄罗斯作家协会主办的文学丛刊《冰与火》《动力火车》双方合作，互译互发中俄当代作家作品，出版了“首届《作家》金短篇奖8个获奖翻译作品”俄期刊专号。孔子学院总部主办的《孔子学院》多语种期刊面向全球逾140个国家和地区发行。

中国科学技术协会、国家新闻出版署等六部委实施的“中国科技期刊国际影响力提升计划”，一方面引导一批学术质量高、重要学科的中国英文科技期刊SCI影响因子进入同学科Q1区或者Q2区，另一方面创办了一批具有我国前沿学科和优势学科，或能填补国内英文科技期刊学科空白的高水平英文科技期刊。2017年我国英文刊出版达431种，其中被SCI和SSCI收录期刊数量达到

177 种，位于学科 Q1（前 25%）的期刊数量达到 40 种。《工程索引》（EI）收录我国期刊 216 种；爱思唯尔 Scopus 收录我国期刊 606 种，这些数据都真实反映出我国科技实力在不断增强，并在工业、制造等领域发展迅速。2018 年 5 月，“中国科技期刊国际影响力提升计划”D 类项目入选项目公示，项目采取“以奖代补、定额资助”的形式，支持创办能够代表我国前沿学科、优势学科或填补国内学科空白的英文科技期刊，提升我国期刊国际影响力、竞争力及国际话语权，使一批英文科技期刊学术质量和国际影响力达到世界先进水平。

中国知网（CNKI）继续打造“国际中国学多语言文献数据集成平台”“英文信息集成检索平台”“全英文出版 & 双语出版全文集成平台”建设，用户遍及 45 个国家和地区，拥有 1 500 多个稳定的高端和大型机构用户、300 多万忠实读者，拓展到一般高校科研机构、公共图书馆、大型企业、医院、银行、博物馆、学会、中小学等多个行业领域，使国内优秀的期刊借助中国知网平台“走出去”。

2017 年 10 月，国家新闻出版管理部门组织部分中国优秀期刊参展德国法兰克福书展，搭载国际书展参展，首次亮相国际舞台，受到了世界各国期刊界的关注。启动了“中国优秀期刊海外推广计划”项目库，目前已有 200 余种期刊入库，为推动翻译资助项目的落地奠定了良好基础。支持开展多渠道、多形式的国际学术交流和期刊业务交流，拓展“走出去”平台。中国期刊协会努力拓展对外交流，积极组织期刊界参加国际性行业学术交流活动，与世界各国和我国台湾地区期刊组织及国际期刊联盟保持着良好的交流互动。2018 年 9 月 14 日，由中国期刊协会、国际期刊联盟（FIPP）、中国（武汉）期刊交易博览会组委会联合主办的“第六届亚太数字期刊大会暨 2018 中国期刊媒体国际创新发展论坛”在武汉召开。来自美国、英国、日本、韩国、印度、新加坡等多个国家以及中国台湾、香港等地的 30 余名嘉宾发表演讲，涵盖转型之路、内容价值、创新探索、技术驱动、跨界运营等多个热门话题。该论坛成为国际期刊交流的重要平台。广东省期刊协会在马来西亚吉隆坡建立全球首个“广东省侨刊乡讯海外阅览中心”，让海外侨民更全面了解广东各地的发展情况，增进文明互鉴和民族文化的认同感。

三、我国期刊业发展问题、对策与建议

（一）期刊业发展主要面临的问题

党的十八大以来，全国期刊工作者坚持正确的政治方向、价值取向和出版导向，着力加强内容建设，着力推进社会效益和经济效益相统一，我国期刊业取得了长足发展。同时，必须清醒看到，发展中不平衡、不协调、不可持续问题依然突出，制约持续健康发展的体制机制障碍较多。主要存在以下几个方面的问题：在内容建设方面，期刊整体质量还不高，同质化依然严重，原创力不足；在融合创新与转型升级方面，融合创新步伐缓慢，融合发展盈利模式和路径尚未清晰；在深化体制机制改革方面，不少期刊出版单位转企改制还没有到位，内部机制创新不够；在集团发展与集约经营方面，集团虽成立，但集约程度不高，合力不强，集团内部产品同质化依然存在；在期刊“走出去”方面，还缺少整体布局，缺少项目推进，没有形成有较大影响力的渠道、平台、品牌、特色；在期刊人才队伍建设方面，人才流失严重，新闻传媒院校人才培养与期刊出版单位用人要求不适应，全媒体复合型人才缺失；在期刊发展环境方面，政策扶持力度有待加强，报刊亭不断“消失”，期刊发行终端不足，评价体系不健全，期刊版权意识和运营有待加强。

（二）期刊业发展对策与建议

推动全国期刊业高质量发展必须从做强做优期刊内容、加快融合创新步伐、深化体制机制改革、推动期刊“走出去”、加强期刊人才队伍建设、加大扶持支持力度、完善期刊发展环境等方面着力推进。

1. 做强做优期刊内容

一是突出内容创新，推动高质量发展。内容创新是期刊出版的本质，也是期刊出版业发展的源头活水。中华民族五千年灿烂的优秀传统文化和改革开放以来的创新求索、生动实践为我国期刊内容建设提供了丰厚滋养。我们要将中华优秀传统文化与改革开放的生动实践相结合，立足新时代中国特色社会主义伟大实践，着眼于广大人民群众日益增长的精神文化需要，通过期刊主题策划、创新出版和多元传播，不断提升期刊出版的内容质量，不断满足人民群众的精神文化需求。

二是加大调整期刊结构，激活存量出版资源。随着我国经济的快速发展，人民群众的物质生活水平不断提升，精神文化需求也日益旺盛，并由一般性的知识需求逐步转向多样化、深层次的精神品质需求。要支持具有优势出版资源的出版单位积极创办新期刊，同时激活期刊出版存量资源，为满足人民日益增长的美好生活需要与深层次精神需求提供必要的补充。要鼓励“双一流”大学积极创办“一流学科”学术期刊和科普期刊，将优质的科研成果服务于社会建设，为创新型国家战略提供创新知识支撑。

三是加强制度建设，做好顶层设计。针对期刊质量下滑等问题，要建立健全期刊质量管理制度，同时开展出版质量综合评估和编校质量检查工作。另外期刊出版单位要全面建立健全质量管理制度，健全期刊编辑出版规范和质量控制体系，严把舆论导向关、学术质量关和编校质量关。

2. 加快融合创新步伐

大数据、云计算、物联网、人工智能、区块链等新兴信息技术为期刊业带来了理念更新、技术革新与模式创新，也为期刊融合创新带来了蓬勃发展的新动力。

一要推动期刊全方面融合发展。切实推动传统期刊与新兴媒体的深度融合、传统期刊产业与新兴文化业态深度融合、传统期刊与资本深度融合，实现传统期刊的全媒体、全业务、全流程、全渠道、全终端、全产业链的融合发展，不断增强我国期刊的知识服务能力和国际竞争力。

二要坚持一体化发展方向。通过出版流程优化、平台再造，实现各种媒介资源、生产要素有效融合，实现知识内容、信息内容、技术应用、平台终端、管理手段共融共通，催化融合质变，放大一体效能。

三要进一步增强优质内容供给和运营服务能力。期刊融合发展要始终坚持把优秀内容供给和运营服务能力建设放在首位，不断强化精品意识、力促精品出版，以高质量的数字内容产品满足用户日益多元的精神文化需求。同时不断创新服务方式，根据用户个性化需求，完善运营体系，提供精准的知识服务。

3. 深化体制机制改革

体制和机制依然是制约期刊业发展的主要障碍。要站在新的历史起点上，通过深化改革，破除一切不合时宜的思想观念和体制机制弊端，突破利益固化的藩篱，构建系统完备、科学规范、运行有效的制度体系，充分发挥我国社会主义制度优越性。

一要强化改革的意识，让改革措施落实到位。改革的目的是解放和发展期刊业生产力、创造力，实现期刊业高质量发展。必须逐步打通改革顶层设计与实际落地之间的梗阻问题，推进机制得到进一步完善，改革的系统性、整体性、协同性不断增强，建立健全改革激励机制、改革责任和约束机制、改革工作容错机制等，确保改革工作推进到位，改革方案落实到位。同时坚持改革的措施和要求要有利于发挥期刊工作者的积极性，有利于促进期刊业健康繁荣发展，有利于满足人民群众美好生活向往的精神需求，有利于服务国家大局，推进文化强国战略。

二要深化供给侧改革，加快期刊结构调整。期刊业结构性过剩与结构性不足仍然同时存在，要通过行政审批和市场调节，加快期刊产业结构、产品结构、消费结构调整，推动期刊业供给侧改革，从而推动期刊业的提质增效、转型升级。供给侧改革成功，期刊“同质化”“低效率”等问题也必将迎刃而解，事业产业将进入一个可持续发展的良性循环。

三要打破行业和区域壁垒，建立可行的融资渠道。从未来传媒业发展趋势来看，必须打破书、报、刊、广播、电视、网站及新媒体界限，进行跨媒体经营和跨区域发展。因此，期刊未来的发展和改革应该从整个传媒业未来发展的角度考虑。另外我国期刊业规模小、资源分散、经济实力不强，需要通过资金纽带拉动媒体资源聚合，进行集约化经营。通过建立安全有效的融资途径，解决期刊业发展过程中的资金“瓶颈”问题，同时促进期刊出版单位内部运营机制的改革[4]。

4. 推动期刊“走出去”

随着我国进一步对外开放和国际影响力不断提升，期刊“走出去”迎来了前所未有的重大发展机遇。我们应紧抓机遇，以传承和弘扬中华民族优秀文化的历史责任感与担当精神，以高度的文化自信，推动中国期刊“走出去”“走进去”。

一要加强宏观布局。全国期刊业围绕服务党和国家工作大局，按照提高国家文化软实力的总要求，结合“一带一路”的规划，坚持用好国际和国内两个市场，继续推动体现国家意志、代表国家水准、反映时代风貌的优秀期刊“走出去”。同时根据不同国家和地区不同文化需求，采取不同的“走出去”策略和方式。

二要实施多措并举。目前，国家对出版“走出去”的资助项目甚多，涉及内容生产、翻译出版、渠道建设、本土化运作等多个方面。全国期刊业要积极融入国家“走出去”资助项目和参与国际主要书刊展，如法兰克福书刊展、伦敦书展、美国书展、巴黎书展等。学术期刊“走出去”需要整体设计和协同推进，既要“借船出海”也要“造船出海”。继续推动国内优秀学术期刊与国际期刊传播平台的合作，扩大中国学术期刊国际传播。同时“造船出海”，创建我国具有自主知识产权、具有国际先进技术水平、具有深度数据分析、内容挖掘和知识服务功能、高附加值的稿件采编平台和发布平台。另外加快推动期刊版权“走出去”，加快推动期刊融媒体产品“走出去”，加快推动期刊出版企业资本“走出去”。

三要建设评价体系，确保走稳走好。应制订国家层面的完整“走出去”政策绩效、项目效果评价体系，这不仅是“走出去”评审和政策项目扶持的重要依据，也是出版企业“走出去”的行动指引，以此确保期刊“走出去”取得实效。

5. 加强期刊人才队伍建设

人才是期刊业发展的基石，加强我国期刊人才队伍建设要从以下两个方面推进。

一要牢固树立重视人才的理念。完善期刊法人治理结构，坚持用人机制的改革创新，建立科学、开放、灵活、高效的用人机制，为期刊转型升级和融合发展提供良好的环境，激发期刊出版单位活力和创造力，为想干事、能干事、干成事的期刊出版人才提供广阔天地。

二要创新人才培养机制。顺应信息社会深刻发展和媒体融合深度发展趋势，做到坚守与创新并存，既遵循新闻工作规律和人才成长规律，又不断探索新时代新闻人才培养的新模式、新方法、新途径，努力提高新闻传媒人才培养质量，满足新时代期刊工作发展的新需求。同时支持期刊出版单位与高校、科研机构、行业协会联合开展新时期复合型人才培养，为我国期刊转型升级和融合创新发展汇聚新力量。

6. 加大扶持支持力度

2017—2018 年，国家和地方相关部门出台了一系列利好政策，通过政府引导、政策扶持、项目带动、平台支撑的运行机制，提高了期刊在数字时代的生产力、传播力和影响力，加速扶持传统期刊业转型升级，为期刊业发展提供了强有力的保障。

继续延续并将优惠政策拓展到期刊出版和流通环节。免税政策将激励全国期刊出版单位将更多资金用于期刊高质量发展和推进媒体融合发展中，期刊发行企业也会将更多资金用于人力资源管理和建设、发行终端拓展及完善等方面。将期刊纳入国家出版基金资助范围，扶持期刊发展。

7. 完善期刊发展环境

营造期刊业良好发展环境，是推动我国期刊业融合发展和转型升级的重要保障。

一要建构版权规则，实现期刊业态健康发展。期刊推进融合发展和知识服务的基础主要来自期刊数年来积累下的内容资源和具有广泛影响力的品牌优势。融合发展和知识服务显著特征就是多元传播和“N 次售卖”，将积累的优质内容转化成相关内容产品，将品牌转成产业延伸的文创产品。因此，期刊出版单位必须增强版权意识，要充分认识到版权是生存之基和发展之源；要联合版权方，统筹考虑与版权方互惠双赢，积极挖掘版权衍生价值，同时介入现代的版权运营，提高期刊版权管理、运用、维护能力和水平，打击侵权行为，加强 IP 孵化、开发和转化。[5]

二要建立科学的评价体系，推动学术健康发展。从评价目的、评价指标、评价范围等方面来看，目前国内“核心期刊”评价体系对推动我国期刊发展发挥了一定作用。但是“核心期刊”评价还存在学术期刊“唯影响因子论英雄”的问题，忽略了对科学研究的引领和科学实践及普及的指导，从而制约了我国学术研究的繁荣和期刊健康发展。相关部门应完善学术期刊出版质量综合评估、评价体系建设，把科学权威的评价主体与公开透明的评价程序结合起来，把注重定量和定性评价结合起来，把合理的分类评价与规范的激励机制结合起来，让期刊评价回归本位。

三要统筹考虑科普类期刊发展和壮大。习近平总书记在 2016 年全国科技创新大会上指出，“科技创新、科学普及是实现创新发展的两翼，要把科学普及放在与科技创新同等重要的位置”。没有全民科学素养普遍提高，就难以建立起宏大的高素质创新大军，难以实现科技成果快速转化，更难以实现科技强国战略。多年来，《中国国家地理》《科学》《科学画报》《知识就是力量》《少年科学画报》等一大批优秀科普期刊为普及全民族的科学文化知识、科学方法，提高科学素养，培养科学精神发挥了重要作用。希望相关部门扶持“高、精、尖”科技期刊的同时也要重视科普期刊的发展，给予期刊出版资源的倾斜及相应的政策扶持。[6]

四要加强公共服务，促进全民阅读。随着《中华人民共和国公共文化服务保障法》的实施和发布，各地积极推进全民阅读活动和全民阅读立法，让全民阅读成为社会风尚并制度化、规范化发展。另外，以“书香中国”为统领，全国各地创建起一大批全民阅读品牌活动，推动全民阅读更加深入地开展。期刊作为传播优秀文化和创新知识的重要载体，其定价低且连续出版的特征，有助于培养公民的长期阅读习惯。促进全国期刊出版单位积极融入“书香中国”全民阅读活动中，将发挥其应有的作用。

五要“盘活”报刊亭，建设发行新终端。报刊亭是一座城市的文化之窗，是提供公共文化服务的重要载体。多年来，报刊亭为满足人民群众的文化需求，完善城市文化功能，推动报刊发行，拓宽再就业渠道都发挥了重要作用。但是，全国多个城市的报刊亭数量逐年下降，尤其以北京、上海、广州等大城市下降得最为明显。呼吁国家相关部门将报刊亭建设纳入“全国文明城市”评选表彰指标体系中，同时制订扶持报刊亭建设的措施，进一步明确报刊亭的功能定位，将其与公共服务拓展、智慧城市等发展统筹起来。另外鼓励各种超市、购物中心、便利店销售期刊。

（撰稿人：段艳文、张晓斌、卓宏勇、杨春兰）

参考文献

[1] 国家新闻出版署 .2017 年新闻出版产业分析报告 [R]. 北京：国家新闻出版署，2018

［2］国家新闻出版署．2018 中国新闻出版统计资料汇编［M］．北京：中国书籍出版社，2018

［3］上海市期刊协会．砥砺奋进：上海学术期刊发展报告（2018）［M］．上海：上海大学出版社，2018

［4］石峰．当前我国期刊业发展需要把握的几个问题［J］．中国出版．2004. 5

［5］段艳文．纸媒知识服务要重视版权管理和有效开发［J］．中国传媒科技．2018. 8

［6］段艳文．科技期刊要“高精尖”也要普及化［N］．中国新闻出版广电报．2018. 10. 16

分 报 告

医药卫生期刊发展报告

一、发展状况

医药卫生期刊在我国科技期刊中所占的比例最大，是促进我国医学学术交流、推动我国医学科技进步的重要平台。为了全面展示其发展状况，本章对我国医药卫生学术期刊的基本情况、取得的成绩及存在的问题、今后的发展趋势进行了分析，并针对医药卫生期刊的改革和发展提出了相关政策建议。鉴于本发展报告中已包括科普期刊发展报告，因此，医药卫生科普期刊不包括在本次分析之中。本次分析以目前可以获得完整资料的2016年度报刊核验年检数据为统计信息来源，共有1 003种医药卫生学术期刊具有有效年检数据。以下均以有效年检数据为基础进行数据分析。

（一）基本情况

1. 主管、主办和出版单位分布

本次统计的1 003种医药卫生学术期刊共有193个主管单位，其中主管100种及以上期刊的主管单位共3个，主管10种及以上期刊的主管单位共11个，仅主管1种期刊的主管单位有100个，平均每个主管单位主管5.2种期刊。主管医药卫生学术期刊数量排在前5位的单位分别为国家卫生和健康委员会（196种，19.54%）、中国科学技术协会（160种，15.95%）、中华人民共和国教育部（128种，12.76%）、国家中医药管理局（25种，2.50%）、上海市卫生和健康委员会（21种，2.09%）。

鉴于部分期刊的主办单位为2个或2个以上，为统一统计口径，本次只基于第一主办单位统计期刊的主办单位信息。1 003 种医药卫生学术期刊的统计结果表明，共有 492 个主办单位，平均每个单位主办 2. 04 种期刊。主办 1、2、3 种期刊的主办单位分别为 505、64、29 个；主办 10 种以上期刊的主办单位分别是中华医学会（137 种）、中国药学会（12 种）、中国医学科学院（11 种）、四川大学（11 种）。

1 003 种医药卫生学术期刊共有 829 家出版单位，出版期刊数量最多的是《中华医学杂志》社有限责任公司（114 种）。出版 2—5 种期刊的出版单位有 36 家，其中出版 5 种期刊的单位有 4 家，分别为湖南省湘雅医学期刊社有限公司（5 种）、山西医学期刊社（5 种）、中国实用医学杂志社（5 种）和中国协和医科大学出版社（5 种）。仅出版 1 种期刊的出版单位有 792 家，占期刊出版单位总数的 95. 5%，总体上显示出版单位比较分散、弱小的特点。根据 1 003 种期刊出版单位信息的数据统计，有 614 种期刊的出版单位为非法人，274 种期刊的出版单位为企业法人，108 种期刊的出版单位为事业法人，7 种期刊的出版单位性质未知。

2. 出版地分布

在本次统计的 1 003 种医药卫生学术期刊中，出版地覆盖全国 31 个省、直辖市、自治区，但北京的期刊数量遥遥领先（312 种，31%），接下来依次为上海（74 种，7%）、湖北（57 种，6%）、广东（52 种，5%）、四川（47 种，5%）；出版 30 种以上期刊的省、直辖市、自治区有 10 个（表 1）。

表 1　我国 1 003 种医药卫生学术期刊的出版地统计

单位：种

属　地	年　刊	半年刊	季　刊	双月刊	月　刊	半月刊	旬　刊	周　刊	总　计
北　京	1	0	29	87	151	28	15	1	312
上　海	0	1	7	42	23	1	0	0	74
江　苏	0	0	4	20	17	2	0	0	43
湖　北	0	0	2	25	25	5	0	0	57
四　川	0	0	10	22	14	1	0	0	47
广　东	0	0	4	24	16	7	1	0	52
辽　宁	0	0	0	10	19	1	1	1	32
黑龙江	0	0	0	14	6	0	3	0	23
陕　西	0	0	2	10	10	3	1	0	26

续表

属地	年刊	半年刊	季刊	双月刊	月刊	半月刊	旬刊	周刊	总计
天津	0	0	3	16	12	4	0	0	35
湖南	0	0	0	10	12	3	1	0	26
山东	0	0	2	13	14	2	0	1	32
河南	0	0	2	5	11	2	0	0	20
浙江	0	0	0	14	10	1	0	0	25
河北	0	0	2	6	11	4	3	0	26
吉林	0	0	1	6	7	5	1	0	20
山西	0	0	2	5	7	2	3	0	19
安徽	0	0	2	15	11	2	0	0	30
重庆	0	0	0	1	8	5	2	0	16
广西	0	0	2	10	2	0	0	0	14
福建	0	0	0	7	3	0	0	0	10
江西	0	0	0	4	5	2	0	0	11
甘肃	0	0	0	5	2	1	0	0	8
新疆	0	0	3	6	2	0	0	0	11
内蒙古	0	1	1	1	6	1	0	0	10
云南	0	0	0	2	3	1	0	0	6
贵州	0	0	1	4	1	1	0	0	7
青海	0	0	3	0	1	0	0	0	4
海南	0	0	0	0	1	1	0	0	2
宁夏	0	0	0	0	2	0	0	0	2
西藏	0	0	3	0	0	0	0	0	3
总计	1	2	85	384	412	85	31	3	1 003

3. 学科分布

1 003 种医药卫生学术期刊共分布在 17 个主要的医学学科，分别是综合性医药卫生（199 种）、医药卫生事业管理（29 种）、预防医学与卫生学（75 种）、中医学与中药学（120 种）、基础医学（56 种）、临床医学综合（103 种）、护理学（24 种）、内科学（105 种）、外科学（78 种）、妇产科学与儿科学（22 种）、肿瘤学（32 种）、神经病学与精神病学（25 种）、皮肤病学与性病学（7 种）、耳鼻咽喉科学与眼科学（26 种）、口腔医学（19 种）、军事医学与特种医学（20 种）、药学（63 种），见表 2。

表 2　我国 1 003 种医药卫生学术期刊的学科分布

单位：种

学　科	汉　文	英　文	中英文	少数民族文字	总　计
R 综合性医药卫生	182	6	4	7	199
R0 医药卫生事业管理	27	0	2	0	29
R1 预防医学与卫生学	71	0	3	1	75
R2 中医学与中药学	112	8	0	0	120
R3 基础医学	47	5	4	0	56
R4 临床医学综合	78	1	3	0	103
R47 护理学	21	2	1	0	24
R5 内科学	88	12	5	0	105
R6 外科学	68	5	5	0	78
R71/R72 妇产科学与儿科学	19	1	2	0	22
R73 肿瘤学	26	5	1	0	32
R74 神经病学与精神病学	23	1	1	0	25
R75 皮肤病学与性病学	7	0	0	0	7
R76/R77 耳鼻咽喉科学与眼科学	20	2	4	0	26
R78 口腔医学	17	1	1	0	19
R8 军事医学与特种医学	19	0	1	0	20
R9 药学	53	4	3	3	63
总　计	895	55	42	11	1 003

4. 文种分布

在 1 003 种医药卫生学术期刊中，中文科技期刊 906 种（90.33%），英文科技期刊 55 种（5.48%），中英文双语科技期刊 42 种（4.19%）。其中中文科技期刊中，少数民族文字 11 种。从总体上看，我国医药卫生英文科技期刊数量相对较少。

5. 出版周期分布

在 1 003 种医药卫生学术期刊中，月刊最多（412 种），其次为双月刊（384 种），半月刊和季刊均为 85 种（表 3）。双月刊最多的省市有 14 个，月刊最多的省市有 13 个。北京地区月刊数量（151 种）远多于双月刊（87 种），且北京地区半月刊有 28 种，占 85 种半月刊的 32.94%，在一定程度上也反映出北京地区在我国的医药卫生学术期刊出版中占有十分重要的地位。

表 3　我国 1 003 种医药卫生学术期刊的出版周期统计

单位：种

刊　期	刊　数	刊　期	刊　数	刊　期	刊　数
年　刊	1	双月刊	384	旬　刊	31
半年刊	2	月　刊	412	周　刊	3
季　刊	85	半月刊	85		

6. 定价分布

在 1 003 种医药卫生学术期刊中，定价数据有效的为 1 002 种。除《中华心血管病杂志（网络版）》可免费订阅外，其他 1 001 种医药卫生学术期刊的定价分布于 4—375 元/期（共 108 个定价），定价低于 20 元/期（含）的期刊共 868 种，占总数的 86.54%；定价低于 30 元/期（含）的期刊共 947 种，占总数的 94.42%；定价最高的一种期刊为《高等学校学术文摘·医学前沿（英文）》，375 元/期（季刊）；另有 1 种期刊定价未知，见表 4。从总体上看，我国医药卫生学术期刊定价还是比较低的。

统计结果表明，我国医药卫生学术期刊的定价相对比较集中，有 720 种（占中文期刊总数 79.47%）中文期刊单期定价分布在 10—30 元之间；有 43 种（占英文期刊总数 78.18%）英文期刊单期定价分布在 20—100 元之间，英文期刊定价相对中文期刊较高。

表 4　我国 1 003 种医药卫生学术期刊的定价（*D*）分布

定价（元）	刊数（种）	定价（元）	刊数（种）
0	1	$50 < D \leqslant 60$	7
$0 < D \leqslant 10$	402	$60 < D \leqslant 100$	9
$10 < D \leqslant 20$	443	> 100	5
$20 < D \leqslant 30$	102	未填写	1
$30 < D \leqslant 40$	19	合　计	1 003
$40 < D \leqslant 50$	14		

（二）办刊条件

1. 办刊场所

有关出版单位自有办公场所面积，有 342 种期刊填报，其中 337 种期刊填写为1 000m^2以下；另有681种期刊提供的数据中表示上级单位提供办公场所，提供100m^2（含）以下办公面积的期刊有556种；还有136种期刊表示租赁办公室，105种期刊租赁面积不超过100m^2。

有985种期刊提供了在职人均办公面积的数据，其中在职人员人均办公面积大于30m^2的期刊为28种、10—30m^2的期刊为588种、不足10m^2的期刊为369种。

2. 办刊人员

（1）编辑部总人数分析

参与年检的医药卫生学术期刊中，有997种期刊提供了有效的人力资源数据。调查显示，编辑部总人数主要集中在4—15人（865种），占有效数据997种期刊的86.76%。按照期刊出版频率统计，季刊1—7人，双月刊4—10人，月刊4—15人，半月刊7—15人，旬刊7—30人。

（2）编辑部在编人员与聘用人员数量分析

医药卫生学术期刊编辑部以在编人员为主。调查显示，有325种期刊的编辑部人员全部为在编人员；61种期刊的编辑部人员全部为聘用人员，在编人员占比主要集中在70%—100%的范围，可见在编人员在编辑部人员组成中占比更高。

（3）编辑部人员组成分析

为方便统计，编辑部人员组成分析只基于全职人员，有效年检数据共928条。采编人员通常负责选题组稿和稿件处理工作，在编辑部人员组成中占比最高；行政后勤和发行人员主要负责市场推广工作，在编辑部人员组成中占比较低；广告人员主要负责广告经营工作，新媒体人员主要负责学术推广工作，这两类人在编辑部人员组成中占比更低。

全部为采编人员的期刊有168种，占928种的18.10%；186种期刊采编人数占70%—80%，115种期刊采编人数占60%—70%，143种期刊采编人数占50%—60%。可见，采编人员数量在编辑部人员组成中占比较高。

没有行政后勤人员的期刊有312种，占928种期刊的33.62%；75种期刊行政后勤人数占比 <10%，354种期刊行政后勤人数占10%—20%，119种期刊行政后勤人数占20%—30%。可见，行政后勤人员数量在编辑部人员组成中占比较低。

没有发行工作人员的期刊有457种，占928种的49.25%；136种期刊发行工作人数占比<10%，284种期刊发行工作人数占10%—20%。大多数期刊没有广告工作人员（63.69%）和新媒体工作人员（81.25%）。

（三）稿件管理与审稿制度

在1 003种期刊中，90%以上的期刊制定了相对完善的稿件管理与审稿制度。

1. 采稿（约稿）管理制度

有6种期刊未填写，记为无效数据。在有效数据中，948种期刊表示有相应制度（95.09%），49种期刊表示没有制定相应制度。

2. 薪酬制度

有7种期刊未填写，记为无效数据。在有效数据中，931种期刊表示有相应制度（93.47%），65种期刊表示没有制定相应制度。

3. 发稿管理制度

有5种期刊未填写，记为无效数据。在有效数据中，993种期刊表示有相应制度（99.50%），5种期刊表示没有制定相应制度。

4. 奖惩制度

有6种期刊未填写，记为无效数据。在有效数据中，946种期刊表示有相应制度（94.88%），51种期刊表示没有制定相应制度。

5. 审稿管理制度

有4种期刊未填写，记为无效数据。在有效数据中，995种期刊表示有相应制度（99.60%），4种期刊表示没有制定相应制度。

6. 业务考核制度

有8种期刊未填写，记为无效数据。在有效数据中，957种期刊表示有相应制度（99.18%），38种期刊表示没有制定相应制度。

（四）经营情况

1. 平均期印数

在1 003种期刊中，7种期刊填写了数值0，有7种期刊未填写，剩余的

989种期刊填写了各刊每期的平均印数。对1 003种期刊的平均期印数进行统计，共划分了10个区间，各个区间中期刊数量及占比见表5。

表5　期刊平均期印数（N）①

平均期印数（册）	刊数（种）	占比（%）	平均期印数（册）	刊数（种）	占比（%）
0	7	0.70	2 000 < N≤3 000	177	17.65
0 < N≤500	39	3.89	3 000 < N≤5 000	139	13.86
500 < N≤900	69	6.79	5 000 < N≤10 000	69	6.88
900 < N≤1 000	134	13.36	> 10 000	30	2.99
1 000 < N≤1 400	97	9.67	未填写	7	0.70
1 400 < N≤1 500	64	6.38	合　计	1 003	100.00
1 500 < N≤2 000	171	17.05			

2. 平均期发行量

1 003种期刊中，7种期刊未填写，12种期刊填写了数值0，1种期刊填写的数据无效，剩余983种期刊填写了各刊每期的平均发行量。对1 003种期刊发行量进行统计，共划分为9个区间，各个区间中期刊数量及占比见表6。

表6　期刊平均期发行量（P）

平均期发行量（册）	刊数（种）	占比（%）	平均期发行量（册）	刊数（种）	占比（%）
0	12	1.20	3 000 < P≤5 000	116	11.57
0 < P≤500	100	9.97	5 000 < P≤10 000	75	7.48
500 < P≤900	120	11.96	> 10 000	26	2.59
900 < P≤1 000	93	9.27	未填写	7	0.70
1 000 < P≤1 500	158	15.75	无效数据	1	0.10
1 500 < P≤2 000	137	13.66	合　计	1 003	100.00
2 000 < P≤3 000	158	15.75			

3. 发行收入

有996种期刊填报了有效的“发行方式”项，其中138种期刊仅采用自办发行方式、314种期刊仅采用邮局发行方式、537种采用邮局发行+自办发行方式、1种期刊采用邮局发行+委托代理方式、2种期刊采用自办发行+委托

① 年检数据中共有1 003种期刊，未填写及数据无效者14种，数据有效的为989种。

代理方式、4 种期刊采用赠阅方式。

有 936 种期刊年检时填报了“发行收入”项，没有发行收入或发行收入不超过 10 万元的期刊分别有 137 种和 425 种，分别占填表总数 936 种的 14.64% 和 45.41%。

4. 广告收入

有 961 种期刊填报了有效的“广告经营方式”项，具体情况如下：自主经营 595 种、自主经营 + 委托代理 119 种、委托代理 84 种、其他（无广告经营）163 种。共有 910 种期刊年检时填表了有效的“广告收入”项，432 种期刊广告收入为 0，占填报该项期刊数量 910 种的 47.47%。广告收入主要集中在 0—40 万元（含）；广告收入超过 100 万元的仅有 47 种期刊，占填报该项期刊数量 910 种的 5.16%。

5. 数字出版收入

统计数据显示，有 154 种期刊未填写数据，有 735 种期刊填写了数值 0，剩余的 114 种期刊填写了各刊年度数字出版的收入。对年度数字出版的收入共划分了 11 个区间，各个区间中期刊数量及占比见表 7。需注意的是，绝大多数科技期刊均可从清华同方（CNKI）或万方数据等数字化资源营销公司获得数字出版收入，因此，年检中此项数据仅供参考。

表 7　期刊年度数字出版收入（*D*）

数字出版收入（万元）	刊数（种）	占比（%）	数字出版收入（万元）	刊数（种）	占比（%）
0	735	73	$10 < D \leqslant 20$	7	1
$0 < D \leqslant 0.5$	15	1	$20 < D \leqslant 50$	14	1
$0.5 < D \leqslant 1.0$	13	1	$50 < D \leqslant 100$	3	0
$1.0 < D \leqslant 2.0$	15	1	$100 < D \leqslant 150$	2	0
$2.0 < D \leqslant 3.0$	11	1	未填写	154	15
$3.0 < D \leqslant 5.0$	21	2	合　计	1 003	100
$5.0 < D \leqslant 10$	13	1			

6. 总收入

944 种期刊填报了有效的总收入数据。年度总收入主要集中在 200 万元以内，占填报该项期刊总数的 84.22%。

7. 总支出

1 003 种期刊中，945 种期刊填报了有效的总支出数据，期刊年度总支出主要集中在 90 万元以内。由于填表人理解差异，总支出所涵盖的项目有些可能只包括期刊的印刷费用，也有的可能包括人员薪金、固定资产等各项支出，因此本项统计可供参考的价值不大。

（五）融合出版情况

本次分析从《中国科技期刊发展蓝皮书（2018）》编写时所做的期刊问卷调查中抽取 289 种医学科技期刊进行分析，其中中文期刊 271 种、英文期刊 16 种、中英文期刊 2 种。刊期为月刊 150 种、双月刊 95 种、半月刊 20 种、季刊 16 种、旬刊 6 种、年鉴 2 种。

在网络传播渠道方面，建立期刊单刊网站的 219 种，在期刊群网站展示的 104 种，在所在单位网站展示的 3 种，在国内期刊专业平台如同方知网、万方、超星等展示的 252 种，在国际出版商平台展示的 20 种。建立微信公众号的 202 种，拥有微博、博客、行业社区等社交媒体的 22 种，在自媒体聚合类平台（如今日头条、一点资讯等）展示的 8 种，开发 APP 的 15 种。

在期刊针对不同媒体的内容展示形式方面，利用网络展示期刊及论文相关其他内容（包括文本、图片、音频、视频、数据等）的 59 种；网络版与纸质期刊内容相同，但是经过了重排以适应不同屏幕阅读的 113 种；网络版与纸质期刊内容完全相同（包括版式）的 185 种。

289 种期刊仅 6 种未建立网站，其中 130 种（45.9%）期刊网站上能体现摘要及全文 PDF，82 种（29.0%）期刊网站实现了全文 HTML，45 种（15.9%）期刊网站仅能展示摘要，其他 26 种（9.2%）期刊网站未说明呈现方式。期刊网站实现的在线功能及服务包括在线投审稿、在线优先出版、热点资讯、广告、社交功能等。网站日访问量主要在 5 000 次以内。

289 种期刊中有 87 种未开设微信公众号，其他期刊的微信公众号实现的功能有发布每期论文目录和摘要等、发布相关学科领域热点内容、在线投稿查稿、发布论文等。微信公众号粉丝数主要集中在 1 万以内的有 164 种（81.2%），32 种期刊粉丝数在 1 万—10 万（15.8%），有 4 种期刊粉丝数超过

10 万（2.0%）。

289 种期刊中仅有 15 种开发了 APP，其所实现的功能主要包括发布论文（15 种）、在线投稿查稿（9 种）、在线审稿（6 种），其他包括在线广告（2 种）、市场营销或学术推广性活动（2 种）及提供解决方案或工具（1 种）。下载计数 1 000 以内的 9 种，1 000—5 000 的 2 种，超过 10 000 的 4 种。2017 年 289 种期刊在数字出版方面的收入为 0 元的 140 种、1 万元（含）以内的 63 种、1 万—10 万元（含）的 54 种、10 万—100 万（含）的 28 种、100 万—500 万（含）的 2 种、超过 500 万的 2 种。

网站和新媒体盈利方面，220 种期刊无收入，其他期刊主要的盈利方式包括付费阅读 44 种、广告 32 种、学术及项目合作 29 种、会员费 23 种、电子商城 17 种、教育培训 9 种、收费信息服务 4 种。

数字媒体专业人才队伍方面，进行融合出版的 235 种期刊中，112 种（47.7%）期刊没有专人也不计划引进专人、46 种（19.6%）期刊计划引进专业技术人才、47 种（20.0%）期刊配有 1—5 人的专职团队、30 种（12.8%）期刊配备有 5 人以上的专职团队。

在数字出版、新媒体方面增加资金投入方面，仅 29 种期刊表示不会增加投入，其他期刊的资金投入主要集中在网站建设升级、内容更新、论文数据加工等方面。

二、成绩与特点

（一）期刊基本覆盖所有医学学科，但综合性期刊偏多

对纳入研究的 1 003 种医药卫生期刊进行相关学科分类，分析结果（表 2）显示，我国医药卫生期刊学科分布大致合理，基本覆盖了所有的医学学科领域，可及时反映各学科学术进展和发展趋势。

对纳入本研究的 1 003 种医药卫生学术期刊同 2016 年 SCI 收录的相关医学期刊数量进行横向比对（表 8，图 1），数据显示：中国医药卫生期刊分布比例在医药卫生事业管理、基础医学、内科学、外科学、妇产科学与儿科学、神经

病学与精神病学、皮肤病学与性病学等领域较 SCI 收录期刊的比例明显偏少，尤其在基础医学、医药卫生事业管理和精神病学与神经病学领域的比例严重偏少。这提示了国内这些学科领域还需创办更多期刊，争取将研究成果更多地发表于国内期刊。在综合性医药卫生以及临床医学综合领域，国内杂志数量比例明显偏多，这与学报、各省市综合性医药杂志的政策支持相关（1 003 种医疗学术刊物中，学报数量高达 126 种，以各省市命名的医药、医学杂志 40 余种）。这也提示部分综合性期刊应根据医学发展关键领域和学科发展需求进行专科化转型。此外，具有中国特色的中医与中药学期刊群数量庞大，这是国内传统医学领域优势强项的结果。

表 8　中国医药卫生学术期刊与 SCI 收录医药卫生期刊的分类数量对比

学　科	中国医药卫生学术期刊数量	SCI 收录医药卫生学术期刊数量	SCI 收录期刊量/中国期刊量
R 综合性医药卫生	199	224	1. 125 628
R0 医药卫生事业管理	29	264	9. 103 448
R1 预防医学与卫生学	75	253	3. 373 333
R2 中医学与中药学	120	24	0. 2
R3 基础医学	54	748	13. 851 85
R4 临床医学综合	114	233	2. 043 86
R47 护理学	24	116	4. 833 333
R5 内科学	98	843	8. 602 041
R6 外科学	78	564	7. 230 769
R71/R72 妇产科学与儿科学	24	200	8. 333 333
R73 肿瘤学	32	213	6. 656 25
R74 神经病学与精神病学	30	795	26. 5
R75 皮肤病学与性病学	7	61	8. 714 286
R76/R77 耳鼻咽喉科学与眼科学	26	124	4. 769 231
R78 口腔医学	20	91	4. 55
R8 军事医学与特种医学	9	0	0
R9 药学	64	345	5. 390 625

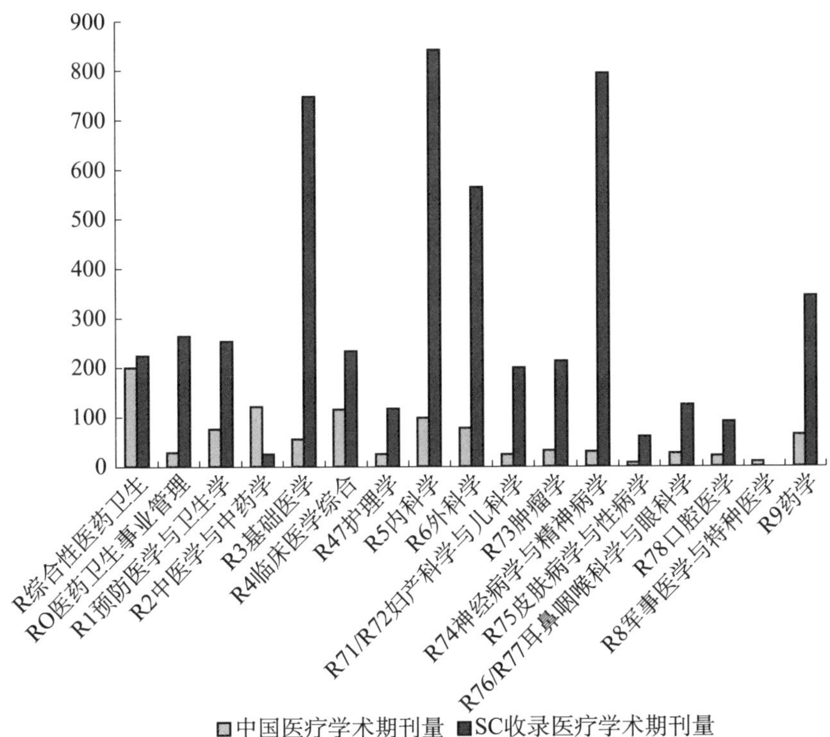

图1　中国医药卫生学术期刊与 SCI 收录医药卫生期刊的分类数量对比图

（二）中文医药卫生期刊主要引证指标情况表现良好

《2017 年版中国科技期刊引证报告（核心板）》中共收录 2 396 种科技期刊，其中医药卫生科技期刊 550 种，占总数的 22.95%。将医药卫生科技期刊的总被引频次、影响因子、即年指标与科技期刊总体的相应指标进行比较，可见医药卫生科技期刊的上述指标优于科技期刊总体，差异有统计学意义（P 值均 <0.05，表 9）。

表 9　医药卫生科技期刊主要引证指标与科技期刊总体的比较①

项　目	医药卫生科技期刊		总体均数	t 值	P 值
	均数	标准差			
总被引频次	1 568.0	1 504.1	1 241.7	5.099	0.000

① 总体均数为《2017 年版中国科技期刊引证报告（核心板）》收录的 2 396 种科技期刊的相应指标的平均数。

续表

项　目	医药卫生科技期刊		总体均数	*t* 值	*P* 值
	均数	标准差			
影响因子	0.702	0.392	0.605	5.803	0.000
即年指标	0.100	0.092	0.088	3.059	0.002

将收录的全部科技期刊分别以总被引频次、影响因子、即年指标降序排列，按每区200种分为12区（第12区为196种），计算医药卫生科技期刊占各区的比例，可见医药卫生科技期刊占第1—6区期刊的比例超过平均比例（22.95%），而占第7—12区期刊的比例较低（图2）。

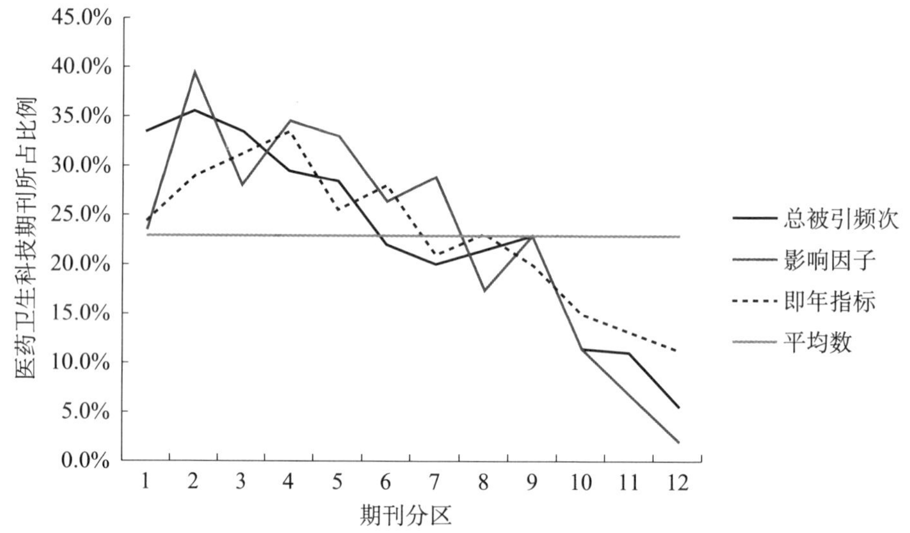

图2　医药卫生科技期刊主要引证指标占各区期刊的比例①

（三）医药卫生期刊已经具备一定的国际影响力

1. Pubmed数据库收录的中国医学期刊

截止到2018年8月，在Pubmed数据库中检索到81种中国医学期刊。期刊分属于19个主管单位。其中，中国科学技术协会主管期刊被收录数量最多，为36种，占44.4%；其次为教育部，共14种，占17.3%。81种期刊的第一

① 以总被引频次、影响因子、即年指标降序排列，以每区200种分为12区（第12区为196种）。

主办单位41个，其中中华医学会主办期刊被收录最多，为28种，占34.6%。从发文语种来看，英文期刊29种，占35.8%；中文期刊52种，占64.2%。期刊出版单位分属于11个地区，北京地区出版40种期刊，数量最多，占49.3%；上海其次，占11.1%。

从Pubmed学科分布上来看，多数期刊属于辅助疗法类别（10种）；其次是医学综合（9种）、肿瘤学（5种）、外科学（4种）、牙科学（4种），这5个学科期刊占了收录期刊总数的37.6%。

2. Scopus收录的中国医学期刊

截止到2018年4月30日，Scopus数据库共收录了101种中国大陆的医学期刊。这些期刊由19个主管单位分管，其中中国科学技术协会主管期刊数量最多，共44种，占43.6%；教育部其次，共20种，占19.8%。在主办单位方面，共有142个主办单位参与到期刊的主办工作中，其中，中华医学会作为第一主办单位主办的期刊最多，为32种；其次为中国药学会和四川大学，各主办6种期刊。在出版地区方面，北京出版的期刊最多，为54种，占53.5%。大多数期刊为中文期刊（79种），另有20种期刊以英文出版，并有2种中英文期刊。

101种期刊分布于33个Scopus分类中，其中医学综合类期刊最多，为43种；肿瘤学6种；补充和替代医学（中医学）4种。Scopus数据库医学期刊的CiteScore中位数为0.17，中文期刊为0.15，低于英文刊的1.325（$P<0.001$）。国际引用总被引次数中位数是97次，中文刊为81次，低于英文期刊的449.5次（$P<0.001$）。期刊引用指标的学科影响力分区多在Q3、Q4区（约占80%），远多于Q1、Q2区期刊个数。

3. JCR收录的中国医学期刊

共有20本医学专业期刊被SCI数据库收录，其中，中国科学技术协会和教育部各主管其中的6种期刊，并有37个单位参与到期刊的主办工作中，包含11个学会。从出版地可见，北京为主要的出版地（9种），所有的期刊均以英文出版。

20本期刊的影响因子中位数为3.207，并且大多数期刊影响因子有所提升，《亚洲男性学杂志（英文版）》2002年影响因子为0.827，在未缩减发文数的情况下，2017年其影响因子为3.259。《药学学报（英文）》于2011年开始

OA 出版，2017 年被 Web of Science 数据库收录，影响因子为 6.014。《癌症生物学与医学（英文版）》2017 年进入 Web of Science 数据库，由中国抗癌协会主办，主要作者来自中国、美国、意大利。

在被引频次方面，中国医学期刊被引频次的中位数为 1 502.5 次，《中国药理学报（英文版）》与《中华医学杂志（英文版）》被引次数较多，分别为 8 041 次和 7 606 次。

另外，由美国科学信息研究所（Institute for Scientific Information，ISI）推出的基本科学指标数据库（Essential Science Indicators，ESI）中，临床医学类别有 1 106 本期刊，其中 8 种为中国期刊；药理学和毒理学类别有 4 种，神经系统科学和行为类别有 2 种，生物学与生物化学、免疫学、分子生物学与遗传学各有 1 种。

（四）正在积极探索从集群化管理向集约化出版转型

我国医药卫生期刊整体上正处于由以主办单位为主体的集群化管理向以出版单位为主体的集约化出版的转型中。从主办单位平均主办期刊数量和出版单位平均出版期刊数量来看，医药卫生期刊与我国全部期刊水准基本相当，期刊“小、散、弱”的情况仍然明显。

医药卫生期刊中有多个主办单位的情况比较常见，而其第一主办单位则相对集中，表 11 中列出的 13 个主办单位主办了 345 种医药卫生期刊，表明医药卫生期刊在以主办单位为主体的集群化管理方面积累了长期的经验，为向集约化出版转型奠定了基础。

表 10　我国医药卫生期刊主办单位主办期刊数量

第一主办单位	主办期刊数量（种）
中华医学会	142
中华预防医学会	35
中国医师协会	25
华中科技大学	23
中华中医药学会	20
中国医学科学院	17
四川大学	14
上海交通大学	13

续表

第一主办单位	主办期刊数量（种）
西安交通大学	13
中国药学会	12
北京大学	11
中南大学	11
中国医院协会	10

在实施集群化管理的基础上，医药卫生期刊正在积极探索集约化出版，表10的13个主办单位均是医药卫生期刊向集约化出版转型的响应者和探索者。这些主办单位多数都经历了由最初组建编辑部直接编辑出版，之后陆续采用委托编辑出版、联合编辑出版、中外合作出版等多种办刊模式，通过办刊模式的创新使刊群规模日益扩大，通过规范化管理的加强使期刊质量得到不断提升。但同时我们也看到，限于体制机制等多种原因，上述主办单位未能够及时抓住计算机、互联网、信息化、数字化等技术进步带来的发展机遇快速实现从集约化管理向集约化出版和数字化出版的转型，期刊仍然以编辑部为主要的出版单位，"小、散、弱"的局面没有得到根本上的改变，期刊的出版效率和传播能力相对低下，从而与国际先进期刊出版机构产生了巨大的差距。以中华医学会为例，其主办的系列杂志虽然较早地实现了在会内编辑出版的25种期刊编辑与经营相分离、编辑与出版相分离，建立了编辑、出版、发行、广告、新媒体、市场等专业化业务部门，实现了科技期刊编辑、出版、经营的精细化分工、协同化作业的出版模式，但对其他117种杂志的集约化出版尚处于不同阶段的整合过程中。目前中华医学会正在大力推进两个方面的转型：一是主办与出版的分离，通过成立《中华医学杂志》社有限责任公司，将所主办期刊的出版业务从学会中剥离出去，赋予出版企业独立经营权，重塑出版主体；二是大力推进编辑与出版和经营分离，逐步将分散在各个编辑部的出版和经营业务剥离到《中华医学杂志》社有限责任公司，从而实现从分散出版向集约化出版转型。经过几年的努力，目前已有40余个期刊的出版和经营业务转交给杂志社，约占中华医学会期刊总数的1/3。

目前医药卫生期刊出版单位所做的集约化出版转型探索，主要体现在努力实现出版方式集约化、载体形式数字化、经营模式多元化等方面。建设功能完善的数字化出版平台是实现上述目标的重要手段，通过搭建平台使期刊的管理、采编、出版、传播等跨上一个新的台阶。

（五）数字化转型及媒体融合发展取得成效

近年来，受数字化、“互联网 +”等大环境影响，学术期刊的呈现形式、功能等都在发生深刻变化。据《中国科技期刊发展蓝皮书（2018）》融合出版问卷调查——医药卫生类显示，在289份回收问卷中（即289种期刊），有268种期刊实现在线投审稿系统、262种建设了网站、200种开设了微信号、149种实现数字出版营收、82种实现全文HTML呈现、77种设有数字媒体专业人才。由此可观，医疗学术期刊的数字化转型、媒体融合发展已成大势所趋。

由于期刊主管、主办单位性质多有不同，中国医疗学术期刊的数字化转型及媒体融合发展之路也迥然不同；但大致可分为单刊融合、数字化出版和刊群融合、数字化出版等两大类。

单刊的发展之路，有的是不断整合自身技术与资源，通过开发HTML阅读，提升期刊的显示度和引用率，或通过改编学术论文，促进二次传播（如《中华护理杂志》）；有的是综合利用微信平台，探索融合出版，实现基于服务号的在线会议系统（如《中国中药杂志》）、实现移动查稿、论文检索等；还有的依托期刊主办单位（各大学、出版社等）等平台，利用国内外大型数据库，实现期刊数字传播，加快融合出版进程。

在刊群的融合、数字化发展方面，具备规模和实力的医药卫生期刊主办单位都在积极探索和尝试。中华医学会杂志社在规划刊群融合发展的最初，就提出实现载体形式数字化、出版方式集约化、经营模式多元化，建设功能完善的数字化出版平台的目标；并据此在期刊的管理、采编、出版、传播等关键环节进行了有益探索，提出一整套复合出版解决方案。截至2018年10月，中华系列医学期刊规模已达180余种，业已实现期刊管理数字化、内容采编数字化、生产数字化与内容数据化、期刊传播数字化等目标。中华医学会杂志社前期的数字化、媒体融合出版工作实践证明，数字化、集约化出版方式可强化期刊的专业化管理、提高期刊出版效率、提升期刊内容质量、降低工作成本、并持续增强多元化经营能力。在不断开发和使用数字化、网络化期刊出版技术的进程中，中华医学会杂志社已逐渐完成从单纯纸质出版向全媒体出版的转变，从内容提供商向信息服务商的转型，培养了专业的技术、出版和经营团队。未来，中华医学会杂志社还将持续提升集约化管理的能力和水平，掌握和利用最新数字化出版技术，打造和完善垂直服务的全文数据库平台，力争早日实现中华系列医学刊群从内容提供商向信息服务商的全面转型，进一步提升服务我国医学学科发展的水平和满足广大医学科技工作者需求的能力。

（六）多元化经营取得一定成效

我国医疗卫生领域产业规模逐年增加，有报道称，2020 年中国医疗健康产业市场规模将高达 8 万亿元。国内医学科技期刊作为学术期刊中最大的一个学科领域，在经营方面有很多的特点。

1. 出版发行收入保持相对稳定

根据《中国期刊发展蓝皮书（2017）》统计，4 936 种期刊中 4 573 种填报了“发行收入”项的科技期刊中，没有发行收入的有 1 243 种（27.18%）、发行收入不超过 10 万元的有 1 732 种（37.87%）。其中 936 种医学期刊年检时填报了“发行收入”项，没有发行收入或发行收入不超过 10 万元的期刊分别有 137 种和 425 种，分别占填表总数 936 种的 14.64% 和 45.41%。可见医学科技期刊与其他行业科技期刊的发行收入相当。

在发行方式方面，医学科技期刊自主发行的比例还偏低，这可能与整个医药领域期刊编辑部较为分散，集约化出版发行未形成规模有关。若医学科技期刊能整合形成集群，或各个期刊编辑部开始重视自主发行后，出版发行的收入将会有一个更大的提高。

2. 抽印本发行得到重视

抽印本是针对期刊中个别文章进行再次印刷后进行售卖的一种产品，因为医学科技期刊的一些特点，抽印本发行收入往往能成为一个主要的收入来源。医学科技期刊内容，很多涉及新技术、新方法，有很好的宣传价值，相关医疗厂家也希望对这些内容进行更多的宣传。另外，随着国家对医疗行为规范化的要求，医疗行业指南类文章数量逐年增加。以中华系列杂志为例，2015、2016、2017 年度发表的指南及共识类文章分别为 406、512 和 501 篇。这些文章在从业人员中的需求较高，有很高的传播价值。正是因为这些特点，医药卫生领域期刊可以制作抽印本的内容较多，抽印本发行收入较高也是医学科技期刊的一个显著特点。

3. 广告经营收入不容忽视

2017 年医学期刊年检共有 910 种期刊年检时填报了有效的“广告收入”项，432 种（47.47%）期刊广告收入为 0、广告收入在 0—40 万元（含）的共 367 种（40.33%）、广告收入超过 100 万元的有 47 种（5.16%）期刊。961 种医学科技期刊填报了有效的“广告经营方式”项，其中 82 家（8.53%）期刊无广告经营、自主经营 594 家（61.81%）、委托代理经营 84 家（8.74%）、自主经营 + 委托代理经营 119 家（12.38%）、其他经营方式的 82 家（8.53%）。广告经营方面绝大多数期刊采取自主经营的方式，这是因为医疗行业处方药及器械类产品广告只能在学术期刊投放的限制，使得医学科技期刊在医疗行业广告市场中处于垄断地位。随着医疗产业的不断扩大，新药及新技术的不断涌现，医疗行业广告市场应该是不断扩大的。进一步扩大期刊品牌影响力，增加广告服务模式会进一步提高广告收入，这时引入专业的广告营销经营机构会显得尤其必要。

4. 学术会议及活动成为期刊的重要收入来源

我国医药卫生领域从业者众多，有报道称全国执业医师数量已达到 339 万。随着医学生物技术的飞速发展，医药卫生行业的新知识、新技术层出不穷，发展迅猛。整个行业对于这些新知识、新技术的需求也很强烈。另外，不论是学科特点还是国家政策要求，医药卫生行业从业人员需要不断学习，提高专业水平及能力。因此，医学科技期刊利用自身内容资源、专家资源、学科资源等，举办一系列的学术会议等活动，在扩大期刊影响力的同时，增加了期刊的收入。

2017 年国内 944 本医学科技期刊填写了总收入，共计 509 457.17 万元，其中除去发行、广告、新媒体、版权转让等收入后，其他收入共 388 709.79 万元，占 76.30%，这其中很大一部分就是会议及活动收入。以中华医学会杂志社为例，自 2014 年成立市场营销部，在多个学科领域开展学术经营活动，逐渐形成以重点学科大会、指南与进展巡讲及基层医生培训等涵盖大、中、小规模，对象覆盖高端医疗人才至基层医生所有医疗水平的从业人员。不仅围绕期刊发表的重点指南、共识文章，更利用已有的专家资源，策划产生新的学术产品作为培训内容，同时发挥期刊优势，通过举办论文竞赛，讲授科技研究及论文写作的相关课程，在吸引学员参会同时提高了期刊的影响力。与此同时，在举办会议及活动的同时，进一步拉近了与专家的关系，将一批热爱期刊的专家团结起来，为期刊发展献计献策。

5. 新媒体经营崭露头角

在新媒体经营方面，医学科技期刊也因为学科特点有很多优势。2017 年 849 本医学科技期刊填写了新媒体收入，共计 1 257.53 万元，医学科技期刊新媒体经营的成果相对比较显著。

根据统计，2017 年国内 1 003 本医学科技期刊中填写了网站建设情况的有 951 本，建立了门户网站的有 835 本，占 87.8%；填写官方微博及微信建设情况的有 714 本，拥有官方微博或微信的有 385 本，占 53.9%。可见医药领域期刊在利用互联网建立宣传和应用平台上都做了非常好的工作，这些工作肯定与促进新媒体经营密不可分。因为医学领域技术发展迅速，新产品新技术层出不穷，医学从业者对新知识的学习热情较高，这使得医学科技期刊利用网站，微博及微信平台的传播和展示优势进行多种经营活动的优势明显。

医学科技期刊有海量的文献资源，通过新的技术手段能对这些内容进行重复利用，包括产生数据库产品和其他知识服务工具，依照国际大的出版集团经验，这些基于期刊内容产生的电子产品的收益将远远超过目前期刊经营的总收入。但是目前国内没有成熟的相关产品，这一部分有待日后的设计开发。

三、面临的机遇与挑战

（一）机　遇

1. 医药卫生科技创新体系建设为期刊提供了巨大的需求空间

“十三五”深化医药卫生体制改革规划（以下简称“规划”）[①] 要求“全力推进卫生与健康领域理论创新、制度创新、管理创新、技术创新，推进医药卫生治理体系和治理能力现代化”。医药卫生科技期刊应紧密围绕国家科技重大专项和重点研发计划项目，建立重点研究成果的追踪报道机制，将最新的创新

① 国务院 2017 年 1 月 9 日发布的《“十三五”深化医药卫生体制改革规划》（国发〔2016〕78 号）。

成果发表在期刊上，促进研究成果的交流和共享，提升期刊对科技创新的宣传和引领能力。应依托各类重点实验室、国家临床医学研究中心和协同研究网络，大力推进临床诊疗指南和技术规范的制定和推广，加快科技成果转化和应用，提供更多满足人民群众健康需求的医药卫生技术和健康产品。

2. “一带一路”建设为医学期刊架起国际合作的桥梁

随着“一带一路”建设的不断扩展，国际医学交流合作不断增多，中国医药卫生期刊要努力建设成一个国际化公共服务平台，从“引进来”和“走出去”两个方面加强多双边交流合作，深入参与全球卫生治理，在竞争比较中取长补短，在交流借鉴中共同发展，增强中国医学领域的国际话语权。特别是要重点加强与“一带一路”沿线国家的医学合作与交流，为“一带一路”建设增砖添瓦。要充分发挥英文医学期刊的作用，鼓励外国科研工作者在我国期刊上发表研究成果，积极借鉴国外先进医学研究成果和经验。

3. 医疗卫生体制改革要求科技期刊发挥更大的作用

医疗卫生体制改革涉及分级诊疗、医院管理、医疗保障、药品供应保障、综合监管以及人才培养和激励等方面。医学期刊不仅要作为医学理论和医学技术交流的主流媒体，还要为医疗制度创新和管理创新搭建学习和交流的高质量平台。医学期刊要抓住医改的良好机遇，创新服务专家、大众、服务社会的工作方式。在办好期刊的基础上，要积极与利用自身丰富的专家资源，为医疗工作者举办形式多样的职业培训活动。特别是对于一些中西部医疗资源匮乏的地区，如西藏、新疆、青海等，可重点加强相关的培训和扶持，可结合国家援藏、援青、援疆的总体规划和部署，通过继续教育努力提升当地的医疗工作水平。

4. 出版技术进步使集群化、集约化出版转型成为可能

技术进步往往带来巨大的机遇和挑战，是出版业不可忽视的环境力量。传统出版的发展已进入了瓶颈期，单一的纸媒出版已远远无法满足用户的需求。国内的学术期刊也已深刻认识到了这种变化，积极利用数字化技术与网络环境，谋求自身的改变和持续的发展。数字化出版技术可以对内容进行深加工，使之以多种不同的形式（文字、图像、声音等）呈现给用户，使其更方便快捷地获取更丰富的信息并获得更良好的体验。新的媒体形式对人们的阅读方式以及获取信息的方式均产生了深远的影响。网络数据库检索、手机终端订制、微

信推送、智能终端 APP 等现代传播手段满足了人们“碎片化”时间的阅读需要，同时也培养出了“碎片化”阅读习惯，人们更习惯于获取重要信息“点”，在捕捉到价值“点”后，才可能进行通篇阅读。这些“点”信息适合于新媒体的“碎片化”传播特点，也符合现代读者习惯①。

“小而散”的传统封闭式期刊发展已不能适应高速发展的科技和融媒体传播传经。在国家转企改制的政策推动下，在出版技术进步的有力保障下，我国科技期刊界出现了一些集约化、规模化经营的探路者，例如中国科学出版集团出版的学术期刊、中华医学会杂志社、卓众出版社等均是集团化管理的探索者②。统一的发展战略、资源配置、专业职能的统一管理，实现了质量监管、印刷发行、广告经营、网络运营、行业服务及人力资源的统一管理。在整合集群效应的基础上，谋求与优秀数字技术单位的合作，促成新媒体与传统纸媒的结合，使期刊在服务于学科发展的基础上提升了自身品牌价值，拓展了发展空间。

5. 期刊规模和丰富的内容使信息服务向知识服务转变成为可能

随着新媒体融合的不断发展，科技期刊的出版环境、编辑环境及其服务对象的关系都在悄然发生着变化。科技期刊担负着科技信息的交流、传承、传播任务，传统期刊的信息单向发布模式已经走到尽头。新经济时代的科技期刊着眼于向读者提供知识服务。知识服务就是充分挖掘用户的需求，向用户提供高度专业化的知识以及问题的解决方法或方案。知识服务是信息服务的拓展和延伸，是根据市场需求变化而主动开展的信息服务；应立足读者本位，顺应读者心理，尊重读者诉求，让读者享有充分话语权，运用先进的传播手段，构建读者、编辑、作者三方交流互动的平台。对于科技期刊来说开展知识服务具有先天优势，集群化、规模化的优质期刊资源更是如此。

目前已经开展的知识服务功能包括以下几点。

（1）网络数据库

利用现代化的网络和先进的信息技术，以各类数据库为基础，向读者提供

① 樊雅梦、刘国正：学术期刊融合发展与集约化经营，中国科技期刊研究，2017，28（4）：340—343。

② 刘泽林：学术期刊：规模化出版·集约化经营·集团化管理——卓众出版的探索与实践，编辑学报，2010，22（6）：508—511。

符合问题需要的知识产品服务。例如中国知网、万方数据库、维普资讯等汇集了海量文献的知识资源数据库在为读者、作者提供知识服务方面进行了不断地探索。用户可以通过对设置项目的搜索了解所关注研究领域的热点问题，以及影响学科发展的经典文章。数据库也可根据作者的主要研究方向和兴趣，推送相关文献。

（2）统一的期刊网站

集群化、规模化的科技期刊可以建立统一的网站，满足用户浏览新文献，查询过往文献，了解期刊简介、投稿指南、学术动态、会议信息等。

（3）统一的采编平台

系列杂志采用统一的投审稿系统，方便作者注册后向不同刊物投稿，也方便不同期刊之间共享审稿专家资源，更符合当前学科交叉、知识交叉的现状，也为后期知识服务提供了快速敏捷的内容资源支持。

（4）移动终端

目前大多数科技期刊的移动终端采用订阅号的形式开展信息传播和知识服务，方便微信读者互动交流，发表评论、咨询、讨论，并可进行期刊内容检索以及投审稿状态的查询等①。

目前我国科技期刊集群化的程度仍然偏低，大多数期刊网站和微信订阅号都是孤立、分散地为读者提供知识服务内容。今后科技期刊开展知识服务将尝试同类期刊集群化协同创新，实现知识服务平台的共享。

（二）挑　战

1. 体制机制制约

我国的期刊出版机构运行机制行政化。大多数期刊编辑部没有独立的法人地位，对经济效益和企业化管理的要求不积极，只是小作坊式的运转方式；少数期刊成为法人实体，但也没有完全脱离上级主管单位的管理，经营、管理仍然不能完全自主。由于大多数编辑部没有独立的法人地位，没有用人的决定权，因此不能够完全按照编辑部内的岗位要求选人用人。

---

① 陈建华：媒体融合环境下科技期刊知识服务创新的探索，中国科技期刊研究，2017，28（12）：1099—1103。

2. 优质稿源外流

从20世纪90年代开始，随着SCI在国内成为各种项目、人才乃至机构评价的金标准、指挥棒，优秀稿件流向国外SCI收录期刊的现象愈加严重。2016年我国在SCI收录期刊上发表的论文中，有93%发表在国外期刊上。优秀论文外流导致的直接后果是，国内科技期刊优质稿源匮乏，所刊载论文水平下降，我国中文科技期刊的发展与科学研究的进步、科技工作者的期待、其应承载的社会责任都不相匹配。目前我国尚无国际影响力较大的期刊和期刊出版机构，无法与国际商业出版机构竞争。超级国际出版集团在中国挑选优秀期刊加盟其集团，我国科技期刊虽凭借“借船出海”策略曾取得了积极成效，从中学习和借鉴了一些国际顶尖期刊的办刊之道，缩小了水平差距，从跟跑变为并跑，但“借船出海”时间一长，这一举措的弊端愈加明显。只有靠自己的实力造船出海，才能扬帆远航。

3. 出版专业化人才匮乏

当前形势下，医药卫生期刊出版机构正处于产业转型的阵痛期。出版产业的转型需要高质量专业人员的推进和驱动，必然对出版从业人员的素质和能力提出更严更高的要求。医药卫生期刊出版从业人员不仅要掌握丰富的医学专业知识，还需涉及出版学、编辑学、出版法规、版权管理、出版营销等多方面。在大数据主导的新媒体时代，出版从业人员还须具备互联网思维下的编辑能力、新媒体技术的使用能力、计算机应用能力，以及市场分析、管理运营等专业技能。出版专业人才培养须同时兼顾对出版研究型人才与出版应用型人才的培养。研究型人才须具备丰富的理论基础和扎实的科研技能，应用型人才须具有较强的跨媒体出版的专业技能，适应产业的实际需求。而我国医药卫生期刊多是以编辑部为单位的分散模式进行出版工作，这种小而散的出版模式导致单个编辑部很难引进现代出版模式所需的多方面专业化人才。目前出版专业技术职称评定系统缺乏针对除编辑以外的其他人员职称评定体系，导致出版单位无法吸引并留住擅长市场分析、运营管理等其他应用型人才。

4. 与国际期刊出版理念和政策执行仍有差距

国际医学期刊常围绕同行评议、利益冲突声明、出版伦理、临床试验注册、研究报告规范、原始数据共享等编辑出版政策和话题展开调查研究，并定期举办国际会议展开讨论，不断更迭出版理念方向。我国医药卫生期刊近年来虽逐步遵循国际出版理念，但在执行程度上仍存在一定差距。

国际医学期刊中存在多种同行评议模式，比如盲法评议、级联型评议、出版后同行评议、开放性同行评议、外包型同行评议等。为使同行评议更透明化，目前国际期刊对开放性同行评议关注较多。开放性同行评议最大的优势是有助于增强审稿人责任感和维护学术公正。国际期刊在同行评议阶段还会结合ORCID（开放研究者与贡献者身份）、Publons 等平台以确认审稿人身份、杜绝虚假评审。目前我国期刊的同行评议模式较为单一，以盲法评议为主（包括单盲或双盲审稿）。有研究对我国 155 种科技期刊开展同行评议的情况进行调查，结果显示 82.3% 选择盲法评议、13.5% 为开放性审稿[①]。开放性同行评议包括多种形式，比如公开审稿人身份、公开审稿内容、公开邀请审稿等。但目前国内医学期刊对开放审稿的接受程度普遍较低，也存在较多争议。一项对中华系列医学杂志学术质量控制机制应用现状的调查发现，大部分杂志并没有公开评审专家信息，仅 21.1% （20/95） 的杂志曾于 2016 年在纸质版杂志或期刊网站上公布了评审专家信息（主要是以审稿人致谢或者定稿会纪要的形式），但多数审稿专家审读的具体稿件无法追踪[②]。

利益冲突主要指作者、同行审稿专家、编委会成员及编辑出版人员因为某种次要利益，而可能会对主要利益进行不恰当选择和评价的影响。医药卫生期刊披露存在的这类利益关系，或者明确声明不存在这些利益关系，有利于读者对论文内容的客观性和公正性进行判断，也是保障学术质量的重要举措。然而目前期刊中披露的利益冲突只能依赖于自行报告，且期刊对利益冲突的披露形式多样、程度深浅不一。一项对我国 95 种医学期刊的调查发现，仅有 29.5%（28/95） 的期刊提供了利益冲突声明，且在这些期刊中，大部分的声明形式过于简单，即一个字“无”。

医学文献常由于研究报告质量欠佳阻碍其在临床实践和进一步研究中的应用，不仅违背了出版道德，甚至可能导致潜在危害。自 20 世纪 90 年代初，主要由方法学家和医学杂志编辑组成的不同研究组分别制订了多个国际报告规范指南，帮助提高医学研究报告质量。目前我国医学期刊发表的文章质量与过去

① 冯广清：科技期刊同行评议审稿方式调查与评析，学会，2016（12）：56。

② 郭兰、董燕萍、王攀智、雷水英：中华系列医学杂志学术质量控制机制应用现状调查，编辑学报，2017（4）：376。

比较已有大幅提高，但与国际优秀英文期刊相比仍有较大差异。有学者利用 CONSORT（CONsolidated Standards Of Reporting Trials）声明评价我国医学期刊中发表随机对照临床试验研究报告的质量，或运用 STROBE（STrengthening the Reporting of Observational Studiesin Epidemiology）声明评价期刊发表的流行病学观察性研究，均发现规范条目报告率较低①。

临床试验注册是指在公开的临床试验注册机构登记足以反映该试验进展的重要研究和管理信息，并向公众开放，以实现临床试验设计和实施的透明化。临床试验注册是研究者的伦理义务和责任。国际医学期刊编辑委员会从 2005 年即已要求其成员期刊只发表已在公共临床试验注册机构注册的临床试验结果报告，目的在于促使研究者完成其伦理义务，而我国的中文医学期刊至今却只有极少部分实行了此项政策。有研究检索了 7 种优秀中文临床医学期刊 2013 至 2016 年间发表的 284 篇随机对照临床试验，其中只有 4 篇（1.61%）文章经过临床试验注册。近年来，国际医学期刊着重研究发表论文与临床试验注册内容的一致性，以及着重探讨发表临床试验中期暂时性结果对真实疗效的影响②，而国内医学期刊还停留在推动临床试验注册制度普及阶段。目前，我国医学研究者对临床试验注册制度知晓度仍然很低，即使是在三级医院和大学附属医院等高级别医院，知道临床试验需要注册者均为少数。“注册是为了发表文章”的错误认识在我国研究者中占了相当大一部分，国内中文期刊未将注册作为发表文章的一项必须条件，也是导致临床试验注册率长期低下的主要原因之一③。

国际医学期刊编辑委员会于 2016 年 1 月 20 日发布了关于临床试验数据共享的建议，要求研究者在临床试验投稿时提供其原始数据在公共数据库的信息，供编辑、审稿专家和公众共享。在 2017 年 6 月，国际医学期刊编辑委员会又发表了一项对临床试验数据共享的声明，并将其作为在其成员刊发表临床试验报告的考虑条款。一项调查了 111 种中国高影响力医学期刊的研究发现，其中仅有两种期刊（1.8%，2/111）在编辑政策公告中建议作者共享原始数据并

---

① 尚淑贤、颜艳、吴晓初：中文临床医学期刊随机对照临床试验摘要报告质量评估，中国科技期刊研究，2017（12）：1123。

② Woloshin S，Schwartz Lm，Bagley Pj，et al：Characteristics of interim publications of randomized clinical trials and comparison with final publications，*JAMA*，2018（4）：404。

③ 米娜瓦尔·阿不都、郝园、孔翔瑜、陈硕、李幼平、吴泰相：中国临床试验注册十年：现状与问题，中国循证医学杂志，2018（1）：3。

提供了期刊接受何种共享方式等信息。而 BMJ 出版集团出版的 62 种期刊中有 54 种（87.1%）在约稿或编辑政策公告中建议作者共享原始数据。从调查数据中可以看到，目前我国医学期刊对原始数据共享政策的介绍和支持远低于国际医学期刊[①]。

我国医药卫生期刊应遵循国际医学期刊编辑委员会制定的各项编辑政策，与国际医学期刊一起，引导作者规范和完善伦理声明、积极宣传普及国际报告规范、推动临床试验注册发展，维护学术发表的科学性、完整性、透明性，规范科研行为、促进科研诚信。

四、未来发展趋势

（一）建立健全与严格实施科研与编辑出版伦理规范是期刊健康发展的基石

医学期刊是记录和传播医学研究成果的重要载体，不仅承担着传递医学新知、促进学术交流的重要使命，还扮演着医学信息传播过程中的“守门人”角色，其对稿件的评判、筛选、取舍在很大程度上决定着医学科学的发展走向，甚至对人类的健康命运产生重大影响。因此，医学期刊在监督和维护科研诚信、抵制和防范学术不端行为方面有着不可推卸的责任和义务。

国际出版伦理委员会（COPE）、国际医学期刊编辑委员会（ICMJE）、世界医学编辑学会（WAME）等国际组织对全球范围内违反科学研究及出版规则的学术伦理问题有着广泛的探讨，并且在此基础上制定了一系列科学出版伦理方面的规范指南。其中以 COPE 发布的指南涵盖面最广、影响力最大，涉及重复发表、剽窃、伪造数据、署名、利益冲突、伦理问题以及审稿违规等 7 个方面的具体内容。[②] 此外，COPE 还提出了出版伦理常见问题的处理流程，对编辑、作者、审稿人、编辑委员会成员、出版者等具有很强的指导和借鉴意义。

---

① 季媛媛、陈立敏、刘冰、包雅琳、齐文安：中华医学会系列杂志及作者支持原始数据共享政策的调查分析，编辑学报，2018（1）：52。

② 中国科学技术协会：中国科技期刊发展蓝皮书（2017），北京：科学出版社，2018：182，184—185。

近年来，我国对医学科研活动和医学期刊出版的诚信建设和道德规范越来越重视，中国期刊协会医药卫生期刊分会医学编辑与出版伦理委员会等出版伦理组织应运而生。他们致力于制定实用的编辑出版伦理规范，应对违反科学研究及出版规则的学术伦理问题，提供与出版伦理和道德相关问题的处理建议，为业内同行就编辑出版伦理问题进行交流和接受培训搭建良好的平台。①② 2018年，中国期刊协会医药卫生期刊分会医学编辑与出版伦理委员会出台了《医学期刊编辑出版伦理规范》，标志着我国医学期刊在编辑出版伦理方面有了统一、完善的实践指南，为实现负责任的医学期刊出版奠定了制度基础，为防范学术不端事件、净化学术生态环境提供了技术支撑。相信今后我国在医学编辑与出版伦理方面的规范和指南会日臻完善。它们在医学科研工作者和期刊出版工作者中的传播和推广，将会有效规范学术研究实施与报告和编辑出版行为，促进我国医学期刊的健康发展。

国际性和全国性的医学出版伦理规范虽然为科研人员和医学期刊提供了一般性指导原则，但各期刊实际情况有所不同，面向的作者群、读者群、审稿专家群也有差异，所以期刊根据自身特点和具体情况制定本刊的出版伦理政策是非常必要的。虽然很多期刊已在稿约中增加了医学伦理和出版伦理方面的要求，但仍不够具体和全面。当前仅有部分期刊如《第三军医大学学报》《中国全科医学》《中国临床保健杂志》等参照 COPE 和 ICMJE 制定了各自独立的出版伦理规范、指南或说明。希望未来有更多期刊制定出自己的伦理规范，建立常见问题的标准处理流程，以便及时、妥善解决出版过程中遇到的伦理问题。

随着科技的不断进步和发展，学术不端行为的技术检测手段越来越完善，这有效地防范了学术论文中的抄袭或剽窃现象。国外已有相当多数量的学术不端文献检测平台，如 Turnitin、CrossCheck、SafeAssign、爱思唯尔的 PERK 等，它们在运行技术方面已经比较成熟，并且数据的更新和维护也非常及时。我国虽然也有 CNKI 科技期刊学术不端文献检测系统、万方论文相似性检测系统、维普—通达论文引用检测系统、ROST 反剽窃系统等学术不端检测平台，但无论从算法结构、后台核心数据库、用户数，还是用户选择上，仍与国际著名学

① 中国科学技术协会：中国科技期刊发展蓝皮书（2017），北京：科学出版社，2018：182，184—185。

② 林琳、姜永茂、李英华：医学期刊编辑出版伦理规范，北京：人民卫生出版社，2018：7—10。

术不端文献检测平台之间存在很大差距。今后我国应着力建设含有现今完整中文文献数据库和强大中文网络搜索比对功能的科学文献平台，相信依托此平台建立的反剽窃系统将在抵制和防范学术不端行为方面发挥更大的作用①。

我国一段时间内对学术不端行为惩戒制度的缺失导致其违规成本太低，各种违规行为屡禁不止，甚至愈演愈烈。因此，必须加大治理处罚力度，不断完善学术监督、控制机制。美国是目前科研诚信管理体系建设最完善的国家，其针对科研诚信的行政部门中以美国卫生与人类服务部下属的科研诚信办公室（ORI）最为著名。该办公室专门负责调查和处置由美国政府资助的研究项目中的不诚信行为，并随时公布违规者的姓名、单位、违规情节和处置决定。我国可参照美国政府对学术不端的处理办法，建立专门的医学科研诚信审查和监督机构，明确界定严重失信行为的范围，并严惩违规行为的负责人。此外，还应探索共建学术不端行为记录体系，对于失信行为的内容、责任人、严重程度进行详细记载，为实现不同期刊之间信息共享、开展联合惩戒奠定基础。

社会舆论对学术研究也有着重要的监督作用，充分发挥社会舆论的力量，有助于发现并防范学术不端行为，如 Retraction Watch 是由生物医学领域的记者（编辑）Adam Marcus 和 Ivan Oransky 在 2010 年创立的一个报道学术论文撤稿情况的博客，2014 年得到基金资助后开始扩大调查内容②。此类网站有助于及时曝光学术不端事件，深挖其中的责任人，对遏制学术不端行为会起到一定的积极作用。各级出版伦理机构也应畅通举报渠道，提供多种途径的投诉方式，从而建立全方位的学术不端监控机制。

（二）集群化建设、集约化出版是医药卫生期刊规模化发展的重要方式

纵观国际医药卫生期刊行业的发展历程，规模化发展模式效果普遍优于散布式单独运作，要实现规模化发展则需要走集群化建设和集约化出版之路。近

① 知网学术不端行为检测系统、万方查重、维普查重、turnitin 等论文检测系统的比较，知网查重网站，2016 年 9 月 22 日，http：//www. cnkivip. net/wp/1394. html（2018 年 10 月 9 日）。

② 刘清海：国际期刊我国学者论文被撤销情况与分析——基于 RetractionWatch 网站结果，中国科技期刊研究，2016（4）：339—345。

20 年来，我国医药卫生期刊在集群化、集约化方面进行了尝试与努力，目前形成了一些大型期刊集群，如中华医学会系列杂志、中国医师协会系列杂志等，以及按学科专业聚集的刊群，如中华预防医学会、中国药学会、中国抗癌协会系列期刊等。上述期刊出版机构正积极实现以期刊群为品牌，统一出版经营、统一资源配置、统一管理的运营模式，提升从出版业务及流程到编辑出版人才队伍建设的集约化发展能力。

1. 打造期刊群品牌，实现规模化集团化发展

当前国际医药卫生出版产业已较为成熟，规模化发展程度较高，形成了一批具有垄断竞争实力的出版商。相关资料显示，2015 年全球医药卫生出版业总收入约为 106 亿美元，其中排名前十位的出版商收入占到 1/3，第一位爱思唯尔（Elsevier）的市场份额占到 11.2%。在医药卫生期刊领域，大型商业出版商的期刊数量更是达到了上千种。同时，以美国医学会杂志（JAMA）、英国医学杂志（BMJ）为代表的学会办刊也形成了品牌效应，从一本期刊不断发展成为旗下拥有众多子刊的系列杂志。

与此相比，中国的科技期刊大多停留在“小、散、弱”的小作坊时代，集团化建设步伐缓慢，市场化程度低，难以获得规模经济效益。当然近年来在以市场为导向的发展环境下，随着出版企业深化改革，我国医药卫生期刊出版行业已形成颇具规模的期刊集群和学科专业刊群，如拥有 138 种期刊的中华医学会、拥有 70 种期刊的中华预防医学会、拥有 28 种期刊的中国医师协会以及拥有 23 种期刊的中国抗癌协会等①。

我国期刊群多以学协会为管理单位，缺少能更好顺应市场化运作的商业出版商，且与国际知名期刊群的出版商相比，我国期刊群建设仍处于起步阶段，一些期刊群只是简单做到了主办单位的统一，在实际的运营管理中仍是各自为政的状态，没有实现真正意义上的集团化发展。未来的集团化发展应在现有基础上扩大规模，实现日常经营与期刊管理的集约化，采用市场化运作模式。可尝试培育一些具有较高影响力与知名度的龙头期刊，逐步创立子刊，形成相应期刊群。

① 中国科学技术协会：中国科技期刊发展蓝皮书，北京：科学出版社，2017：195。

2. 优化配置出版资源，实现产业链运作

集群化建设与集约化出版的优势在于可以最大程度地利用有限的出版资源，硬件及软件均可实现优化配置。在硬件方面可以实现以期刊群为单位，多个期刊使用基于同一模板的网站架构、相同稿件采编系统以及生产排版系统，在保证适度个性化区分度的前提下可大幅节约办刊成本及人力成本，这也是目前国际众多大型出版商所使用的模式。在软件方面，如同学科期刊群使用同一稿件采编系统，将可实现作者、审稿人的期刊间互通使用。审稿人可同时为数本期刊审阅稿件，作者在投稿时也可根据自身文章及期刊情况拥有更多选择余地。目前国际上已有医药期刊的出版商实现所收稿件在自身系列期刊的内部消化，即“瀑布式”（cascade）稿件录用模式。出版资源得到优化配置后，编辑人员就可以实现精细化、专业化分工，专人负责某一环节，实现产业链式运作，进一步降低成本。

3. 加强编辑出版人才队伍建设与经营管理的集约化

加强编辑出版人才队伍建设与经营管理的集约化是办好科技期刊的重中之重。在注重制定编辑人才战略规划，创建完备的人才培养、评价及奖励机制的同时，还应不断提高中英文医药卫生期刊编辑队伍的国际化视野和专业化水平，加强编辑人才业务培训的国际化，选派优秀编辑到国际知名期刊或出版商学习。此外，还应加强总编及编委会与期刊的联系及办刊的参与程度。目前国内医药卫生期刊的总编及编委多是兼职，繁重的诊疗、教学及科研工作容易造成挂名编委及编委会名存实亡的情况。而国外成功期刊多已实现总编及编委的全职化，更多精力的投入有利于期刊学术质量的提升。未来国内期刊可尝试聘请高水平全职总编及编委，或对优秀办刊人、编委及审稿人给予奖励①。

在经营管理方面，应尝试打破编辑部界限，打破编辑既要做学术编辑，又要做文字编辑，同时还要顾及经营与收入的“全能型”编辑。以期刊群为单位，将学术与经营分离。将编辑进行专业分类，开展组稿约稿、采编策划、文字处理等学术内容工作。同时设立市场部、销售部及学术会议部等经营部门，负责所有期刊的发展与市场运作，作为期刊发展的财力支撑。此外，设立生产部门，完成对全部期刊的统一排版制作。加强数字出版和传播平台建设，设立

① 马茂洋：科技期刊集团化、集约化发展的几个关键要素，出版广角，2016（3）：15—17。

与新媒体相关的部门，负责对于学术内容的二次深度加工。各部门各司其职，同时分工协作，最终形成具有国际竞争力的期刊集群。

4. 办刊数字化和知识增值服务

数字化出版已成为出版行业的发展方向，大有取代传统纸质出版的趋势。医药卫生期刊作为科技期刊出版业的重要组成部分，实施数字化办刊也是必然。科技期刊的增值服务是指以用户需求为中心，以数字化技术为基础，加工和重组内容资源，为用户提供满足个性化需求的、内容更丰富、表现形式更多样的信息资源个性化服务。医药卫生期刊拥有很强的专业性，其读者用户群体较为固定。期刊在考虑开展增值服务的设计过程中，应当以读者用户为核心，在对需求进行详细了解的情况下更好地把握市场动向①。

（1）投审稿系统、采编平台的数字化国际化

当前国内医药卫生期刊已基本不存在纸质投送稿件、审稿以及编辑的传统出版模式，绝大多数期刊已使用数字化的网络投审稿系统及采编平台。中文期刊多采用国内软件开发商研发的投审稿系统，英文期刊则采用国产系统或与国际出版商合作，采用国际主流的投审稿系统。各期刊的系统已基本实现投稿、处理、审稿、退修以及编辑加工的网络化、流程化。但进入排版生产、出版、上传至数据库等环节，部分系统因设计局限性或各部门协调问题，出现脱节现象，即前期稿件处理与后期的生产出版无法实现全流程运作，浪费了有限的出版资源。而国际主流医药卫生期刊采用的系统及平台较为成熟稳定，可真正实现一篇稿件从提交到最终被数据库收录的闭环。国内期刊软件服务商与国际主流服务商的产品相比，流程设计及稳定性方面仍存在一定差距，这也是未来国内投审稿系统及采编平台的需要加强的方向所在。

（2）期刊内容的深度数字化加工及传播

在未实现期刊数字化和期刊内容初步数字化阶段，读者用户获取期刊内容的方式仍停留在查阅纸质期刊或以期、篇为单位进行网络查找，获取信息的效率较低、准确性较差。国际医药卫生期刊出版商对于期刊的数字化起步较早，现已较为成熟，数字化程度达到以出版商系列期刊或期刊群为单位，将全部期刊内容进行结构化提取，建立医学信息资源整合体系。与传统数据库相比，医

---

① 关颖：数字环境下科技期刊增值服务模式探析，中国传媒科技，2018（7）：123—124。

学信息资源整合体系将高质量的信息资源、独特的信息分析工具和专业的信息管理软件整合到一起，使其兼具知识的检索、提取、分析、评价、管理与发表等多项功能，具有检索专业性更强、用户黏着度更高、结果命中更准等优势。我国医药期刊出版单位目前也在尝试此种模式，如中华医学会系列期刊对旗下180余种中英文纸质刊及电子刊内容进行深度数字化整合，建立了中华医学网及中华医学期刊网①②。各期刊在今后的发展中应加强对数字化内容的深度加工及传播，尽快与国际水准接轨。

（3）基于专业分类的知识内容整合及增值服务

在医药卫生期刊的出版发展中，知识的增值服务逐渐显露出越来越重要的地位。高质量且丰富的增值服务不仅可以为用户提供有针对性的便利服务，还可以为期刊创造收益，进而投入更多资金发展期刊。当今国际主流医药卫生期刊对于知识增值服务的普遍做法是充分了解读者用户的自身需求，基于学科专业分类，通过各种数字化技术将已有的知识内容进行整合、提炼以及深度开发。如可将已有内容按照分科或疾病分类，单本期刊纵向或多本期刊横向提取内容，汇编成册精准推送给相应学科的读者用户、提供试读及购买服务；或提供情报、咨询、相关培训课程等。总之，充分利用期刊的高质量学术内容进行整合及二次加工，进而衍生出丰富的增值服务产品，培养用户购买使用增值服务的习惯，是未来我国医药卫生期刊的发展方向之一。

5. 媒介融合发展

快速发展的数字技术、互联网及移动互联网技术，正在改变全球出版产业的发展以及人们的阅读方式。科技期刊传统出版方式已不能满足当前时代的要求，取而代之的是多种数字出版方式相融合的新型出版模式。医药卫生期刊的传统出版形式主要为文字、表格、图片传播医学知识。但医学知识具有复杂、精细等特点，具有很强的实践性，往往需要演示实验方法、过程和手术操作等。这类内容以纸质出版形式较难通过文字精确表达，适合通过视频、演示动画等手段呈现。传统纸质期刊受篇幅限制，一些原始数据、问卷量表等内容无

① 中华医学网，medline. org. cn（2018年9月24日）。
② 中华医学期刊网，medjournals. cn（2018年9月24日）。

法展示[①]。而媒介融合的多种出版形式可弥补这一缺憾。媒介融合是医药卫生期刊未来的必然趋势。

（1）传统媒体与新媒体的融合

目前我国医药卫生期刊正积极开展传统出版与新媒体出版的融合，各期刊基本已建立了网站，形成了基础的数字发布平台。同时微信及微博公众号也以较快速度在医药期刊中普及。一些期刊还通过建立微信群，开发移动应用 APP 等方式推进内容共享。这与国际科技期刊领域重视网络及社交媒体的媒介融合发展方向较一致，但与知名出版商及期刊相比，国内期刊应对网站及社交媒体的发布形式及内容进行深耕，在内容的深度及形式的广度上下功夫。

（2）出版形式的数字化与多元化

在国际科技期刊出版领域，XML 结构化排版技术和 HTML 的广泛应用，实现了期刊内容通过一次结构化加工（排版），可提取出文章的各个部分（如题目、作者、摘要、方法、结果、图表等），根据不同出版媒介的需要，可自由生成 HTML 文件。目前国际医药卫生期刊领域已广泛使用 XML 技术及 HTML 进行内容的发布与传播。国际著名医学期刊对于多媒体出版的应用也已较为成熟，四大医学期刊网站上均有固定的多媒体栏目板块。期刊会对重点文章的作者进行音频或视频采访，为总编录制短视频对当期文章的内容进行梳理和推介，或将文章制作成有声读物等。这些出版形式可以使读者更直观、清晰、便捷地了解期刊发布的成果，同时增加了阅读的趣味性。我国已有部分医药卫生期刊使用 XML 技术及 HTML，但更多期刊仍处在纸质文章的数字化上网，媒介融合出版存在形式较为单一、结构较为简单，技术较为单调等情况。这也是今后我国期刊需要考虑加强的方向之一。

（3）内容的新媒体“碎片化”呈现形式

近年来，微信公众号、微信群及微博等新兴社交媒体的广泛发展为医药卫生期刊带来了更多的机会和挑战。读者群体已更习惯利用碎片时间在手机、平板等移动端查阅及阅读资讯。但微信、微博渠道的阅读，多是碎片化阅读和浅

---

① 崔铁、包雅琳、姜永茂：媒介融合背景下医学科技期刊的全媒体出版方案实践探究，中国科技期刊研究，2017，28（6）：521—525。

阅读[①]。而医药卫生期刊的内容更多的需要深度阅读。因此，医药卫生期刊在进行微平台的内容发布及推送时，应考虑将期刊内容进行再编辑加工，以适应媒介特点并增加可读性。在保留重要元素的前提下，尽可能提炼内容要点，或将内容以图片、视频等更直观形式呈现给读者。文中适当位置添加原文链接或扩展阅读链接，引导读者从浅阅读转向深度阅读。

（4）过刊内容的跨媒介保存与呈现

新中国成立后，我国科技期刊行业取得了长足的发展，医药卫生期刊作为科技期刊的重要组成部分，经过数十年的发展已有相当庞大的体量。具有一批拥有悠久历史和丰富内容的期刊，最早的医药卫生期刊可追溯到19世纪末20世纪初。受限于曾经的出版技术，大部分过刊内容均以纸质形式保存，部分以影印或拍照形式存储。纸质保存容易受到物理因素如空间、环境、不可抗力因素的影响而造成损坏，简单的电子存储又不便于内容的查阅及再次利用。因此，有必要采用现代化技术手段对过刊内容进行保存及呈现。目前较为普遍使用的技术是光学字符识别技术（OCR识别），即将印刷品的文字转化为图像信息，再利用文字识别技术将图像信息转化为可以使用的计算机输入技术。该项技术对于被扫描物的版式、表格等具有较好的识别能力，可实现全文识别，取代手工录入，大大节省了过刊跨媒介保存的成本。同时提取出的信息也可以充分满足媒介融合出版环境下对内容的再次编辑加工及发布的需要。目前我国已有部分医药卫生期刊开展了此项工作，未来有条件的期刊应考虑开展此项工作。

6. 中英文医学期刊协调发展是创新型国家建设的必然要求

近年来，我国英文医学期刊发展势头迅猛，无论是“质”和“量”均得到了很大程度的提升，与中文期刊在争取优质稿源、优秀人才和国家资助等方面形成一定的竞争关系。当前国内有些管理部门、高校、医院、科研院所过分强调SCI论文的数量、影响因子和引用率，使得中文期刊对科研的贡献被人为的歧视性对待。此外，中文期刊改办或增办英文刊的现象日渐增多，将在原有办刊队伍的稳定、管理层政策制定、作者和编委资源维护以及人才培养引进等

① 谢文亮、杨小川：移动互联网时代学术期刊的浅阅读与深阅读，中国科技期刊研究，2014，25（1）：152—154。

方面对中文科技期刊产生影响，导致某种程度上的办刊环境变化和资源竞争①。这些“不协调”的声音伴随着我国医学期刊事业繁荣发展的局面悄然而起。

诚然，我国医学期刊正处于高速发展的轨道上，出现一些矛盾和问题也在所难免。中文和英文医学期刊担负着不同的出版使命，面向不同的读者和作者群体，虽然在某些方面存在着不和谐的“音符”，但都服务于国家创新体系建设的大局。相信随着国家对中英文科技期刊的宏观布局日益清晰以及学术数据越来越共生共联，未来两者可在互帮互助的基础上实现协调发展。

目前，英语仍是国际高水平学术交流的通用语言，而我国英文医学期刊比例偏低，应继续引导有条件的出版单位创办英文新刊，搭建高质量的学术交流平台，不仅要将我国最新的医学成果以最快的速度面向世界发布，还要吸引国外的前沿科技成果到我国的期刊上发表，从而逐步逆转我国优秀科研论文外流的现象。

中文医学期刊在未来相当长一段时间内依然是主力，服务于我国最广大的医生、科研人员群体，具有无可比拟的影响力和渗透力，但同时也面临着新媒体和国际 SCI 杂志的强烈冲击。因此，中文期刊应明确角色定位，办出自身特色，专注于向国内临床和科研人员传播最前沿的学术信息；同时深化改革，适应全媒体时代的需求，开辟多种论文发布渠道。

我国中文医学期刊目前在国际上显示度不高，一方面，需采取积极有效的学术推广策略提升国际影响力。例如，增加长英文摘要、英文图表题信息，提高英文信息的质量；开发期刊网站英文界面；争取进入国际知名数据库，如 PubMed、Scopus 等，拓宽期刊数字化国际展示平台；积极参加国际编辑学术交流培训；引进具有国际影响力的专家编委；打造中英双语对照的学术期刊网络版。另一方面，要进一步加大我国英文医学期刊在国内的显示度，促进英文资源的本土化，提高其服务于我国科研工作者的能力。例如，鼓励英文期刊在文后增加中文题目、摘要、关键词、创新要点等在内的论文关键信息，以方便中文科研工作者查阅；积极向国内医院、科研院所和企业的文献采集机构宣传、推广，提高数字化服务能力；鼓励英文期刊与国内期刊数据库合作，增加面向

① 陈征、张昕：中文科技期刊和英文科技期刊协同发展的对策研究，编辑学报，2016（3）：217—219。

国内读者的窗口；鼓励中文科技期刊定期介绍我国同学科英文科技期刊的最新论文①。

我国中英文医学期刊在发展的过程中互动不够，应加强两者资源共享，挖掘中英文期刊资源“结合部”的潜力，实现在编委队伍、稿件和作者资源、审稿人库、编辑人员等方面的相互融合和共享。

此外，中英文期刊之间应建立有效的沟通机制，可通过定期组织高水平的学术研讨会、讲座、沙龙以及培训活动，围绕期刊发展面临的共同问题进行探讨，在交流中促进相互学习，共谋发展。

7. 建设高素质、专业化的编辑出版人才队伍是期刊可持续发展的关键

人才是期刊发展的命运所系，直接关系着期刊的质量、水平和发展。我国的医学期刊事业要想蓬勃发展，必须加强专业化期刊人才队伍建设，建立结构合理的期刊编辑、出版和运营团队，充分调动团队的积极性和创造性，最大限度地发挥优秀人才的群体效应。

五、对策与建议

（一）加快出版体制改革

1. 全方位推进医学期刊出版体制改革

在我国科技期刊整体处于重要发展机遇期的背景下，医学期刊作为重要组成部分，需要从出版管理体制、内部运行机制等各个层面同心协力，全方位地推进医学期刊出版改革的进一步深入。对管理层而言，应制定合理政策，引导医学期刊出版单位通过改制、重组、加盟等各种有效手段，不断推动医学期刊出版产业的集群化发展，以及生产经营的集约化改革，从根本上扭转医学期刊数量多、分布散、竞争力弱的现状；同时，应进一步加强医学期刊出版数字化转型的顶层设计，统筹完善产业布局，推动我国医学期刊数字化实现从出版数字化到数字化出版的深入变革。对医学期刊出版单位而言，应进一步增强市场

① 陈征、张昕：中文科技期刊和英文科技期刊协同发展的对策研究，编辑学报，2016（3）：217—219。

竞争意识和危机意识，完善期刊评价、人员考核、人才激励等绩效管理制度，以激发期刊发展的强大内生动力，应对新形势下全球出版市场的挑战。

2. 进一步完善主管、主办、出版三级管理体系建设

长期以来，在我国医学期刊主管、主办、出版的三级管理体系中，存在着期刊主管、主办单位多元化、多部门交叉管理、自身产权、所有权归属不甚明确的现象，不利于医学期刊的快速健康发展。[①] 在医学期刊出版体制机制的改革中，应进一步明确各部门单位的职责，厘清权属：主管主办单位应当在战略指导、政策引领等宏观方面为医学期刊创造有利的发展环境，加强期刊资助、期刊评价、质量管控、出版伦理建设等职能；出版单位则应当牢固树立市场经营的主体意识和责任意识，不断加强学术内容质量及编辑出版质量建设，稳步发展，积极创新，持续实现社会效益与经济效益的共同提高。

在不断加强同一主办单位下的医学期刊的集约化、市场化经营管理的同时，还应进一步从行业整体发展利益的高度出发，打破不必要的人为壁垒，努力促进跨主管、跨主办、跨地域的医学期刊出版资源的互联互通，推动有利于资源优化、生产集约的出版业态的联盟、重组及兼并。特别是对于同一学科领域的医学期刊，主管主办单位应积极有为，为期刊出版集群化、集约化生产经营提供有利的政策条件，出版单位应主动寻求联合发展，对业内资源进行有效整合和优化配置，不断提升学科定位专业化水平，形成具备规模优势的大型医学期刊集群，从而增强我国医学期刊在国际市场中的学术影响力和竞争力。

（二）改革和完善科技期刊评价体系

1. 单一的基于引文分析的期刊评价指标不宜滥用

医学期刊评价方面，由于国内各大高校、医院及科研院所等长期以来存在的“唯 SCI 论”政策导向等原因，国内优秀医学学术论文大量流向国外英文期刊，同时，中文期刊中“唯指标论”的现象也很严重，表现为对中国科学引文数据库（CSCD）、北京大学中文核心期刊要目总览、中国知网（CNKI）中国

---

① 刘静、朱琳、贾非等：我国科技期刊出版管理改革与创新初探，中国科学基金，2014（3）：195—199。

学术期刊影响因子年报等期刊评价指标过度功利化的推崇。① 实际上，以 WOS 数据库的《科学引文索引（SCI）》为代表的，基于引文分析的单一期刊评价指标的滥用存在诸多弊病，如一篇论文是否被引及引用次数的多少，与论文的学术价值并不具有绝对的相关性，而且针对期刊整体引用情况的评价指标也并不能完全代表某一篇论文的水平和质量。从整体来看，一个国家的所有医学期刊，也不能一味地向顶尖的医学学术期刊看齐，而理应既有高精尖的基础研究类刊物又有实用性很强的临床研究刊物，形成既有参天大树、也有大量灌木，同时还存在大片草原的层次丰富的期刊生态。以“唯 SCI 论”和“唯指标论”为代表的单一的引文分析评价指标的滥用，严重影响了中文医学期刊及应用型医学期刊的发展，从某种意义上削弱了我国医学科学的国际话语权，也不利于我国完整健康的医学期刊生态的构建，应及时在政策制度层面进行科学、合理的治理和调整。

2. 使用科学、多元化的期刊评价指标，建设期刊分类评价体系

完善医学期刊评价体系，需要从管理层面上，倡导使用科学、多元化的期刊评价指标，避免对单一指标的过度依赖，同时，还应建设期刊分类评价体系，对期刊进行等效评价。一方面，应加强自主创新，加大对 CSCD、CNKI、万方数据等国内文献数据库及评价体系的扶持力度，促进其进行不断的优化升级，在其基础上，尽快建成高水平的，具有中国特色同时又高度国际化的，更为科学、公正、对中文和英文学术期刊兼收并蓄，一视同仁的期刊评价体系，以扭转我国在国际医学期刊评价体系中的被动局面，拿回应有的国际话语权，这对于我国医学科学事业国际影响力的提升也具有重大意义。另一方面，随着网络及数据库技术的不断进步，以及社交媒体和社交工具的发展，新的基于动态信息的定量化评价，主要是替代计量方法的出现和快速发展，使得评价重点逐渐出现由期刊整体表现向具体文章内容质量转变的趋势。基于文章在社交媒体和社交工具上的转载、分享、阅读，引用等动态数据信息的新兴替代计量学指标，为文章内容评价提供了新的维度，可避免传统期刊评价指标以刊评文、时间滞后等弊端。如何科学、合理地利用替代计量学指标，将其纳入现有评价

① 游苏宁、陈浩元、冷怀明：砥砺前行实现科技期刊强国梦，编辑学报，2018，30（4）：331—336。

体系，需要进行大量创造性的研究和实践；此外，应建立并完善医学期刊分类评价体系，按期刊所属类别特点，如基础研究类医学期刊、临床应用类学术期刊以及综合性医学期刊、专科类医学期刊等细分类目，以对医学期刊进行等效评价，从而保障我国各级各类医学期刊从业人员的积极性，促进我国医学期刊生态圈的整体繁荣和全面发展。

（三）大力扶持龙头出版企业

1. 进行资源整合，形成具有规模实力的医学期刊出版企业集团

近年来，以中华医学会、中华预防医学会、中华中医药学会、中国医师协会等学会、协会主办的医学期刊为代表，国内医学期刊初步形成了具备一定规模和实力的刊群，这些期刊主办单位旗下系列期刊通过管理、编排、经营等方面的统一运作，在出版资源整合方面做出了积极探索，取得了一定成绩。[①] 但整体而言，国内医学科技期刊“小、散、弱”的现象仍很明显，发展水平不但与爱思唯尔、斯普林格等国际大出版商存在巨大差距，也滞后于我国医学事业高速发展的现状。今后需要从政策层面上加强引导，进一步促进国内医学出版资源的深入整合。此外，从国际上医学期刊经营发展的成功经验来看，知名医学期刊的背后都离不开医学学会、协会的支持和推动。在管理层面上，对于我医学期刊的发展，应继续加强对学会、协会主办的医学期刊的政策支持，确立其主导地位，对于学会、协会主导下的已具备一定规模的国内医学期刊出版企业予以重点扶持，鼓励其进一步做大做强，从而培育出一批具备相当规模实力的医学期刊出版企业集团，增强我国医学期刊在国际市场竞争中的综合实力。

2. 打造高水平数字化出版和传播平台，提升国际竞争力

当前我国一批高水平医学科技期刊采取了与国际知名出版集团合作，即“借船出海”的策略，在提升期刊影响力、服务水平等方面取得了一定成效，但在我国从出版大国向出版强国迈进的过程中，急需在政策层面进行有力引导，加快打造具有自主知识产权的国家级、高水平、面向全球的数字化出版平台、学术数据库及发行网络，只有这样，才能全面提升我国医学期刊专业化全

① 卓宏勇：加强体制机制创新　培育一流科技期刊，科技与出版，2018（9）：6—11。

流程数字出版水平和整体传播力度，更好地保护我国医学期刊的数字知识产权和相关经济利益，并从根本上保障我国医学期刊的国际传播渠道。

对于医学期刊出版单位，应大力推进网络出版、优先出版、数据出版、富媒体出版、语义出版等各种新型出版业务的发展，并善于利用各种新媒体及社交媒体等传播推广手段，积极建设或融入网络学术社群，创造性地开展个性化、精准化的信息服务和知识服务等，不断提升基于期刊数字内容资源的多元化信息服务能力，从而在数字化出版与传播的时代背景下，占领行业高地，赢得发展先机。

（四）鼓励专业化人才成长

1. 建立高度专业分工化的编辑人才队伍

目前国际知名医学期刊的编辑人才已实现了高度专业化分工，编辑部成员可分为三类：医学编辑、文字编辑和美术编辑。另外，一些高水平医学学术期刊还有专门的统计学编辑，各类编辑均为各自领域的专家，具有极高的专业素养，在编辑部的统筹安排下分工协作，各施所长，因而内容生产加工能力极强，这直接转化为期刊强大的竞争力。[①] 相较而言，我国医学科技期刊的编辑人才队伍还普遍存在专业水平不高、业务能力不足、分工不够细化的问题，需要期刊主管、主办及出版单位共同努力，提供有竞争力的待遇条件以及良好的职业发展前景，吸引具有高学历、高业务水平和娴熟专业技能的医学及各类相关人才进入医学期刊编辑队伍。此外，期刊出版单位还应重视医学期刊编辑的业务培训，努力创造良好的培训条件、切实保障专门的培训时间，合理提高培训费用的支出、以不断提升编辑的业务水平及经营管理能力。

2. 加强数字化、新媒体以及市场推广运营所需各类人才的发掘、培养

高度专业化及分工的编辑人才，保证了期刊高质量的内容，但优秀的内容，尚需同样优秀的推广方案及有效的运作经营才能最终转化为期刊的影响力和经济效益。同时，在媒介融合的新时代背景下，医学期刊不仅要应对由传统出版向数字化转型的挑战，还要面对来自其他传媒领域的跨界竞争，并须具备

① 贺伟、孙芳：国际知名科技期刊办刊经验初探，编辑学报，2017（s2）：93—94。

敏锐的市场嗅觉，紧紧抓住不断变化的市场需求，因此，高度专业的数字化、新媒体以及市场推广运营人才对于医学期刊未来的发展显得尤为重要。但从我国医学期刊发展整体现状来看，期刊内容编辑与出版经营尚未合理分离，在数字化、新媒体、市场推广运营所需的专业人才储备上还很不足，今后需要在进一步完善医学期刊产业链建设，逐步推进编营分离的过程中，大力加强数字化、新媒体以及市场推广运营所需的各类专业人才的发掘、培养，并为其提供公平良好的工作环境和完善的职业发展路径。一支符合市场需求的，高度专业化分工化的、内容编辑和出版经营并重的优秀人才队伍，将是医学期刊发展最有力的保障。

3. 建立完善的期刊人才评价和奖励机制，加大对优秀人才的培育支持力度

如引入岗位竞争机制，建立有效的绩效考核制度、奖惩制度和晋升制度，激励更多优秀人才脱颖而出。中国科协精品科技期刊工程设立了出版人才培训项目，每年对优秀出版人才给予一定的资金资助。未来，期刊出版单位及其主管部门仍需加大对优秀人才的政策支持力度，培养一批高素质的领军人才，为医学期刊事业的繁荣发展打下坚实的人才基础①。

4. 加强与国外顶级学术期刊的交流，开阔编辑的思路和视野

可选派编辑骨干人员到国外著名出版机构学习其先进的办刊理念和运作模式，提高编辑队伍的国际化、专业化水平。

随着国家出版体制改革的进一步深入，各项政策制度的不断完善，我国医学期刊在当前的发展机遇期必将克服各种困难挑战，迎来巨大的飞跃和发展。

（撰稿人：姜永茂、王旌、付晓霞、包靖玲、季媛媛、夏爽、刘红霞、沈锡宾、李鹏、范洪涛、武昱、赵巍、李静、郑湃、崔轶、魏佩芳、史强、范姝婕）

① 中国科学技术协会：中国科技期刊发展蓝皮书（2017），北京：科学出版社，2018：192。

科普期刊发展报告

习近平总书记在全国科技创新大会上指出："科技创新、科学普及是实现创新发展的两翼，要把科学普及放在与科技创新同等重要的位置。"科学的普及离不开大众传媒科技传播能力的增强，而科普期刊是普及科学技术知识、倡导科学方法、传播科学思想、弘扬科学精神的一支不可忽视的传媒力量，加强对科普期刊资源的开发和集成利用，对完善科普资源共享平台、提高科普期刊科技文化传播能力和提升全民科学素质具有重要意义。

截至2016年年底，我国共有科普期刊535种，占全国科技期刊总数的10.7%。中国期刊协会是新闻出版管理部门联系期刊行业的重要纽带和桥梁，自1992年成立以来，见证并推动了我国期刊业改革发展的历史进程，在我国期刊业自我管理、自我服务、自我发展方面发挥了重要的作用。鉴于中国期刊协会对推进我国期刊业高质量发展工作的重要责任，以及科普期刊对传播科学思想、普及科学知识的重要作用，中国期刊协会于2018年7月正式立项《中国期刊业发展报告（2017—2018）》研究课题，并委托科普期刊分会承担科普期刊分报告的调研及撰写工作。本报告以呈现科普期刊的出版现状为基础，分析科普期刊发展面临的形势及趋势走向，同时探索科普期刊发展对策，对相关管理部门推进科普期刊体制改革、促进我国科技事业的繁荣以及科普工作的开展具有现实意义。

一、科普期刊概述

（一）科普期刊的界定

科普（Popularization of Science），即科学技术普及。在《中华人民共和国科学技术普及法》（以下简称《科普法》）中明确，科普是“普及科学技术知识、倡导科学方法、传播科学思想、弘扬科学精神的活动”。因此，科普期刊顾名思义就是以普及科学技术知识、推广科学技术的应用、倡导科学方法、传播科学思想、弘扬科学精神为办刊宗旨的期刊。

国家科委和新闻出版署 1991 年联合发布的《科学技术期刊管理办法》①，将我国的科技期刊分为五大类，即综合类、学术类、技术类、检索类和科普类。其中，以刊登科普知识为主要内容的科技期刊即是科普类期刊。随着我国科学技术事业的飞速发展，新的学科、边缘学科、交叉学科不断产生，相应地一批新创办的科技期刊也不断涌现，这些变化导致科技期刊五大类的分类模式已不能完全满足科技期刊管理和进一步繁荣的需求。2005 年，科技期刊转由新闻出版总署管理后，在新刊审批及期刊年度核验分类中，已经没有对科技期刊五大类分类法的明显体现。但是，由于没有更好的期刊分类法，在科技界特别是科技期刊出版界，目前仍经常沿用五大类科技期刊的分类法。

鉴于这种情况，本研究报告仍沿用五大类科技期刊分类法，将科普期刊界定为：具有固定刊名、中国标准连续出版物号（由国际标准连续出版物号和国内统一连续出版物号组成）、刊期、年卷或年月顺序编号，印刷成册，以普及科学技术知识、倡导科学方法、传播科学思想、弘扬科学精神为主要内容的连续出版物。

根据报道内容所属学科的不同，科普期刊又可大致分为综合科普期刊和专业科普期刊两大类：综合科普期刊主要包括自然科学综合类和百科知识综合类；专业科普期刊包括理科类、工科类、农林类、医药保健类、少儿科普及军事公安消防类等专业类别。

（二）科普期刊的功能及作用

科普期刊具有信息传播、宣传导向、教育培训、文化娱乐等重要社会功能，是宣传科学思想、弘扬科学精神、传播科学方法、普及科学知识的重要阵地和不可忽视的传媒力量，在提高全民科学素质、培养科技人才、促进科技成

① 1991 年 6 月 5 日国家科委、新闻出版署令第 12 号发布，2008 年 1 月 25 日科学技术部令第 12 号废止。

果转化等方面具有重要作用。

1. 科普期刊的社会功能

（1）宣传导向功能

宣传导向功能是科普期刊实现其社会功能的前提和根本。科普期刊的宣传功能不仅仅是一般传播意义上的宣传，其重要职责在于科学精神、科学思想、科学方法和科学知识的宣传推广以及大众科学文化思想的培养，其导向意义十分明确。思想文化是社会意识形态，是一定社会的政治和经济的反映，同时又反作用于社会的政治和经济。科普期刊是宣传的窗口和喉舌，要为党和人民的教育事业鼓与呼，以增强政治性、先进性、群众性为目标，加强政治引领、突出问题导向。这就要求编辑出版人员不断提高政治觉悟和业务素质，紧紧把好宣传关，坚持正确的舆论导向，既要从正面引导广大的读者，又要从反面鞭挞和揭露丑恶的东西，不断净化我们的思想领域，营造浓厚的学习氛围，真正发挥好自己的宣传导向功能。

（2）信息传播功能

作为大众科学素质建设的重要载体，科普期刊肩负着普及科学知识、倡导科学方法、弘扬科学精神的艰巨任务和社会责任。信息传播功能是科普期刊的基本属性，是其实现社会功能的基础。由于科普期刊本身定位于对大众进行科学普及，有较大的受众面和社会影响力，使其在信息传播方面具有得天独厚的有利条件。合理、充分地利用这一条件，可以更有效地传播科学文化知识，促进科学技术及时转化为生产力，创造显著的社会效益和经济效益。随着社会的进步和科学技术的发展，信息量越来越大，信息传播手段越来越多样化，信息传播速度也越来越快，使科普期刊的信息传播功能越来越发达，同时对其信息传播的能力和质量也提出了更高的要求。

（3）教育培训功能

科普期刊的教育培训功能旨在通过通俗易懂、深入浅出、易于被接受的方式，完整系统地向人们介绍科学知识，从而激发大众的科学热情，提升全民思想道德素质和科学素质，最终促进全社会形成崇尚科学的社会氛围和健康文明的生活方式。科普期刊因其内容的丰富性、形式的多样性和受众的广泛性等特点，已经成为提高全民科学素质的基本途径。国务院办公厅 2016 年发布的《全民科学素质行动计划纲要实施方案（2016—2020 年）》中针对科普教育工作作了规划，《方案》指出，要基本完善科技教育与培训体系，充分发挥现代信息技术在科技教育和科普活动方面的积极作用，不断壮大科普人才队伍，为公民提升自身科学素质提供更多的机会与途径。①

（4）文化娱乐功能

科普期刊的传播内容具有科学性、权威性和严肃性等特点，因此也在一定程度上对受众文化层次和接受能力提出了要求。随着科技进步、大众科学素质的不断提升以及传播媒介的日趋多元化，科普知识传播的形式及内容也在不断地丰富和改变，互动性、即时性和个性化阅读是人们获取信息的主要特征。科普期刊也在不断尝试将科学的严肃性和文化娱乐性有机融合，从而满足大众日益增长的对科学文化知识的需求，使科普工作事半功倍。《中国国家地理》青春版《博物》杂志官方微博本着“为科学做广告”的宗旨，以寓教于乐的形式，用风趣幽默的语言宣传科学知识，现已拥有 920 万粉丝，成为名副其实的“科普网红”。由此可见《博物》杂志充分发挥了科普期刊的文化娱乐功能并收到了良好的传播效果，具有一定的借鉴价值。

科普期刊是信息传递的产物，它的发展动力来源于社会各阶层知识群体和广大公众。人们在政治、经济、文化、科学探索与生产实践方面的成果和贡献，通过科普期刊得以汇集、提炼和传播。现代技术的进步只会促使它发展与延伸而不是被取代。它的多样性与适应性将令其在可以预见的未来继续保持旺盛的生命力。高质量、有特色的科普作品能够给人们带来乐趣和启迪，丰富大众的业余生活，对推动人类社会发展与进步也起着历史性的重要作用。

2. 科普期刊的作用

（1）普及科学知识的重要园地

科普期刊是记载、报道、传播和积累科学信息的重要载体，它的文字深入浅出、形式生动活泼，较之其他科技期刊，更加易于让公众接受，为普及科学知识和先进文化作出了不可磨灭的贡献。纵观我国科普期刊的发展史，我们可以深切地感受到科普期刊在读者心中的份量：20 世纪 70 年代到 80 年代，科普期刊如雨后春笋般快速增长，一些复刊后的老牌刊物，如《知识就是力量》《科学画报》《无线电》《我们爱科学》等的发行量都在数十万份，甚至

① 《全民科学素质行动计划纲要实施方案（2016—2020 年）》（国办发〔2016〕10 号）。

《无线电》《我们爱科学》都一度曾达到二百万份以上，为人民群众提供了精神食粮，满足了他们对科学知识的需求。20 世纪 90 年代，随着时代的进步和新兴学科的不断发展，医药保健与计算机通信类科普期刊成为热点，如《家庭医生》的期发行量在 100 万册以上。近年来，多数期刊都增加了新的媒体形式面对读者，但无论是在哪个年代，科普期刊都承担了公众与科学技术之间的桥梁作用，拥有数以千万计的读者，被誉为“不见面的老师”“没有围墙的学校”。

（2）实现科技成果转化的重要媒介和桥梁

随着经济结构的不断调整，企业的市场竞争越来越多地由价格竞争转变到技术进步特别是技术创新的竞争上，加强技术进步与创新将越来越成为企业求生存求发展的内在需求，企业对科学技术的需求越来越强烈。科学技术作为第一生产力，其成果的转化、扩散，需要广大公众对科学技术的掌握与参与。科普期刊在此方面具有其他期刊所不可比拟的优势，成为科技成果转化为现实生产力的重要桥梁，为促进社会生产力的发展作出了重要的贡献。

（3）使优秀科技人才脱颖而出的平台

科普期刊是专门面向公众传授科技知识信息、提高国民科技素质的大众传媒，它们的科学精髓深刻地影响了国内的无数读者，甚至培养了几代人，为培养优秀科技人才提供了广阔的土壤。1955 年创刊的《无线电》，是我国创刊最早、发行量最大的电子刊物之一，被读者誉为“跨进无线电技术大门的钥匙”。有几代青少年通过《无线电》的启蒙引导和自身的刻苦努力，成为电子科技界的骨干，其中不乏成绩突出的佼佼者。如联合国“WIPO 大奖”和第 13 届“日内瓦国际发明展览会金奖”获得者刘忠笃、“全国青年爱迪生发明奖”一等奖获得者赵雷，都曾经是《无线电》的读者。

（4）宣传科学思想、反对愚昧迷信的重要阵地

科普期刊既传播自然科学知识，也传播哲学和社会科学知识，在帮助广大人民群众增强识别伪科学、反科学和各种歪理邪说的能力和自觉性方面，发挥了强大的主力军作用。用科普期刊当武器与愚昧作斗争，通过宣传科学技术来揭露各种骗术、迷信和伪科学，使人们认识到科学就是要发现规律，就是要揭示事物最基本、最普遍的规律，使人们能够正确地、科学地对待所处的自然与社会环境，反对各种迷信、愚昧思想及荒诞行径。

（5）引导人民群众建立科学观念的指路灯

科学是一种生活方式，标志着人类文明的进化程度。科普期刊广泛地传播科学思想、科学精神和科学方法，使科学的观念像血液一样溶进人们的身体。当前，在我国的科普期刊中，内容为王仍然是办刊的基本理念，许多科普刊物不断创新报道内容和报道方式，坚持以普及科学知识、倡导科学方法、传播科学思想、弘扬科学精神为己任，坚持以科学理论武装人，以正确舆论引导人，以科学精神塑造人，以优秀作品鼓舞人，在服务和指导人们建立科学的生活方式方面发挥着积极作用。

（三）科普期刊的发展历程

新中国成立之前，我国只有《科学画报》《科学大众》等少量科普期刊，自新中国成立以来，已经走过了半个多世纪，经历了新中国成立初期的辉煌、“文化大革命”十年的停滞、浩劫后的复苏和繁荣以及改革开放新时期的探索和发展。在不同的历史阶段，科普期刊也呈现出了不同的特点。

新中国成立之初（1949—1965）的十余年中，党和政府对科学技术普及工作给予了高度重视，我国科普期刊事业已初具规模。1956 年夏，全国科普协会建立了科学普及出版社，许多地方科普协会也纷纷建立编辑出版机构，全国性科普期刊和地方科普期刊纷纷创刊，科普期刊出现了其发展历程中第一次辉煌。《科学大众》《科学画报》《知识就是力量》《无线电》《航空知识》《学科学》《科学普及资料汇编》《天文爱好者》等就是当时发行量大、影响较广泛的全国性的科普类期刊。在这一阶段，中国科普工作以科普宣传和组织建设为主，科普期刊立足于人民群众的生产生活实践，有效地发挥了宣传导向和科学文化知识传播的社会功能与作用。

1966 年至 1976 年“文化大革命”十年间，我国科普期刊出版工作遭受到严重破坏，绝大多数科普期刊都被迫停刊，科技期刊出版工作处于停顿状态，科普期刊发展遭遇严重挫折。在 1970 年，全国出版的科普期刊仅有《科学实验》和《科学技术普及资料》两种①。

“文化大革命”之后的 1977 年至 1988 年，由于党中央对科学技术的重视，

① 刘新芳：当代中国科普史研究（学位论文），合肥：中国科学技术大学，2010：33。

社会上形成了重视科学的良好氛围，科普期刊在改革开放历史新时期得以复苏并蓬勃发展。1978 年，科普出版社重建，《现代化》《知识就是力量》《无线电》《航空知识》《科普创作》《科学大观园》《大自然》《中国科技史料》《气象知识》等一大批科普期刊在此后 10 多年里先后创办和恢复出版。全国科协和学会系统主办的科普期刊达到 76 种，科技报 42 种，加上其他部门和单位所办的科普报刊、科学副刊、专栏等总数不下几百种之多①。这些期刊侧重于不同的科普内容，面向各个层次的人民群众，成为普及科学技术、提升全民科学素质的重要力量。

1988 年，邓小平同志提出“科学技术是第一生产力”这一划时代的论断；1995 年，科教兴国战略确定实施并成为我国的基本国策。科普工作是科技工作的重要组成部分，是实施科教兴国战略、实现提高全民科学素质目标的基础。科普期刊在这一阶段得到充分发展，不仅仅在期刊品种数量上持续增长，期刊内容质量也在不断提升。至 1995 年已逐步形成地域覆盖全国各省、直辖市、自治区，内容涵盖各学科专业的期刊方阵，呈现出百花齐放、百家争鸣的良好局面。

1996 年，国家深化出版行业改革，国务院颁发了《关于加强新闻出版、广播电视业管理的通知》，对新创办期刊的审批进行严格控制。科技部实施了“精品期刊”战略，将这一阶段科技期刊的发展模式从数量的增加向质量的提高转移。科普期刊无论在数量上还是在质量上都取得了可喜的成就。据 2003 年数据统计，科普期刊数量达 450 种，涌现出一批深受读者喜爱和欢迎的优秀期刊，如《大众医学》《无线电》《航空知识》《家庭医生》等②。

2003 年 3 月，新闻出版总署、对外贸易经济合作部联合发布《外商投资图书、报纸、期刊分销企业管理办法》，标志着我国出版物分销市场的正式对外开放。科普期刊面临着来自内部和外部的诸如多类传播媒体迅猛发展带来的影响、大量生活文化类期刊争夺读者、加入 WTO 后外来科普期刊的冲击以及科普期刊内部计划经济与管理体制的束缚等各种挑战。这一阶段，科普期刊的数

① 朱效民：建国以来我国科普发展的历史回顾，中国在职研究生网，2010 年 11 月 15 日，http://lunwen.zzyjs.com/kexcsz/20101115/0939479318_1.shtml（2018 年 8 月 20 日）。

② 朱晓东、宋培元、曾建勋：新中国科技期刊 60 年发展回顾与展望，中国科技期刊研究，2009(5)：761。

量仍有持续增加：截至 2009 年年底，共有科普期刊 455 种；到 2016 年年底，数量已增至 535 种；科普期刊占科技期刊比例也由 2009 年的 8.9% 上升到 2016 年的 10.7%。与此同时，在新媒体的冲击下，科普期刊的发行量在普遍下滑。在激烈的市场竞争中，科普期刊同质化严重、科普人才队伍不稳定、产品结构不均衡等各类问题凸显。面对前所未有的机遇和挑战，科普期刊需要加快探索和改革的步伐，除了充分考虑社会环境变化、政策的引导和人们精神文化需求的变化等出版行业共同性因素外，还要深入挖掘自身发展的可能性，提高产品质量，开拓创新，力争在不久的将来能够走出一条中国科普期刊健康发展的新路，为国家科学技术进步、全民科学素质提高贡献更大的力量。

二、我国科普期刊出版现状分析

截至 2016 年年底，我国内地（不包括港、澳、台地区）公开出版发行的科普期刊共 535 种，占全国科技期刊总数 5 020 种的 10.7%。最近几年，科普期刊总体数量趋于稳定，办刊质量和水平不断提高，在办刊队伍建设、广告经营、扩大发行、品牌推广、数字化及多种经营等方面呈现出持续发展的良好势头，但仍需进一步扩大经营规模、拓宽发行渠道以及加快与新媒体融合的步伐。

（一）基本情况

通过对科普期刊内容和概念的界定，根据新闻出版总署信息中心编制的《中国新版期刊名录大全（2008）》以及期刊核验名录，课题组经过几轮筛选，从我国正式出版的 1 万余种期刊中遴选出科普期刊共 535 种。

遴选的主要依据：一是刊名，入选期刊刊名带有科学字样，或者显而易见的“科普”含义，如《科学大众》《科学画报》等；二是办刊宗旨，在期刊办刊宗旨描述中，明确表示本刊为“科普”期刊；三是受众群体，根据内容判断期刊面向广大群众，受众面广；由以上三点均无法判断的期刊，通过其他方式，如网络检索、纸版刊物查询或直接电话联系期刊社等，进行具体辨别，期刊文章内容以面向大众普及科学技术知识为主的则界定为科普期刊。在遴选时，课题组还参考了科技部2017年科普期刊普查名录以及中国科普期刊研究会会员名录等相关资料。

截至2016年年底，全国科普期刊数量稳定，所涉及的学科分布广泛，贴近行业的专业类科普期刊占多数，出版频率明显高于学术期刊。

1. 数量和分类

（1）科普期刊数量稳定增长

1980年以来，我国科普期刊的数量稳步增长，在全国科技期刊中的比重显著增加（见表1）。

表1 科普期刊数量变化情况（1980—2016）①

年 份	期刊数量（种）	科技期刊数量（种）	科普期刊数量（种）	占科技期刊比例（%）	增长数量（种）
1980	2 191	1 384	100	7.2	
1987	5 687	2 877	132	4.6	32
1988	5 865	2 951	150	5.1	18
1990	5 751	3 190	153	4.8	3
1992	6 486	3 715	210	5.6	57
1995	7 916	4 386	252	5.7	42
2000	8 725	4 600	386	8.4	134
2009	9 851	5 100	455	8.9	69
2016		5 020	535	10.7	80

（2）分类及学科分布情况

根据期刊内容所涉及的专业，我国科普期刊可以分为综合科普期刊和专业科普期刊两大类。综合科普期刊主要以综合类和百科类为主，还有少量科幻类期刊也归入此类中；专业科普期刊根据学科分类可分为理科类、工科类、农林类、医药保健类、少儿类（少儿类根据本蓝皮书编撰委员会的分工将在少儿期刊发展报告中论述）以及军事公安消防类共6类。统计数据显示（见表2），

① 数据来源：中国科普研究所编：中国科普报告（2002），北京：科学普及出版社，2002：167；刘杲、石峰：新中国出版五十年纪事，北京：新华出版社，1999年；范鲁彬：全国期刊广告业发展分析，中国期刊年鉴2002/2003，北京：中国期刊年鉴社，2003：191—197；张品纯：科普期刊出版产业化研究（学位论文），北京：中国农业大学，2004年；国家新闻出版总署：2009年新闻出版业基本情况，国家新闻出版总署官网，2010年11月23日，http://www.gapp.gov.cn/cms/html/21/493/201009/702538.html（2018年8月20日）；中国科学技术协会：中国科技期刊发展蓝皮书（2017），北京：科学出版社，2018。

我国科普期刊以专业科普期刊为主，共有 366 种，占总数的 68.4%；综合科普期刊有 169 种，占 31.6%；专业科普期刊与综合科普期刊的比例约为 2∶1。

表 2 科普期刊分类情况

<table>
<tr><th colspan="2" rowspan="2">科普期刊类别</th><th colspan="4">全国科普期刊</th></tr>
<tr><th colspan="2">数量（种）</th><th colspan="2">比例（%）</th></tr>
<tr><td colspan="2">综合科普</td><td colspan="2">169</td><td colspan="2">31.6</td></tr>
<tr><td rowspan="5">专业科普</td><td>理科类</td><td rowspan="5">366</td><td>51</td><td rowspan="5">68.4</td><td>9.5</td></tr>
<tr><td>工科类</td><td>140</td><td>26.2</td></tr>
<tr><td>农林类</td><td>59</td><td>11.0</td></tr>
<tr><td>医药保健类</td><td>109</td><td>20.4</td></tr>
<tr><td>军事公安消防类</td><td>7</td><td>1.3</td></tr>
<tr><td colspan="2">合计</td><td colspan="2">535</td><td colspan="2">100.0</td></tr>
</table>

科普期刊涉及自然科学的多个学科领域，分布较均匀，数量较多的是医药卫生学科和工业技术学科等应用性强的科普期刊。据统计（见表 3），我国科普期刊分属 13 个学科领域①，其中医药卫生、工业技术和自然科学总论三大学科的科普期刊，占我国科普期刊总数的 52.3%。

表 3 科普期刊学科分布情况

学科分布	数量（种）	比例（%）
医药卫生	109	20.4
工业技术	104	19.4
自然科学总论	67	12.5
农业科学	63	11.8
文化、科学、教育、体育	40	7.5
交通运输	35	6.5
数理科学和化学	30	5.6
天文学、地球科学	26	4.9
航空航天	8	1.5
生物科学	7	1.3
综合类	13	2.4
其他	27	5.1
总计	535	100.0

① 按照《中国图书馆分类法》（第四版）分类。

2. 主管单位和主办单位分布

（1）主管单位分布情况

目前，我国科普期刊的主管单位包括地方政府机构、中国科协及地方科协、国家部委、出版机构、高校及科研院所、企业、全国性社会团体以及解放军系统单位。据统计（见表4），由地方政府机构主管的科普期占到总数的1/4。

表4 科普期刊主管单位分布情况

主管单位分布	数量（种）	比例（%）
地方政府机构	136	25.4
国家部委	93	17.4
出版机构	72	13.5
高校及科研院所	61	11.4
中国科协	51	9.5
企　业	40	7.5
地方科协	39	7.3
全国性社会团体	38	7.1
解放军系统	5	0.9
合　计	535	100.0

（2）主办单位办刊情况

我国科普期刊大多由1个单位主办，部分期刊有2个或2个以上的主办单位。据统计，535种科普期刊共有649个主办单位，单一主办单位的期刊共436种，其余99种为合办期刊。

统计数据显示（见表5），科普期刊的主办单位主要有报刊图书出版单位、高校及研究院所、全国学会及地方学会、党和政府相关部门或机构、中国科协及地方科协、企业、医院等。主办科普期刊数量较多的包括报刊图书出版单位、研究院所、全国学会及地方学会，这三类单位共主办科普期刊达440种，超过总数的80%。

表5 科普期刊第一主办单位分布情况

第一主办单位分布	数量（种）	比例（%）
报刊图书出版单位	169	31.6
高校及研究院所	157	29.5
全国学会	71	12.9

续表

第一主办单位分布	数量（种）	比例（%）
地方学会	43	8.0
党和政府相关部门或机构	41	7.7
地方科协	24	4.5
企　业	22	4.1
医　院	6	1.1
中国科协或其直属单位	2	0.6
合　计	535	100.0

3. 登记地与文种分布

从地域分布情况来看，我国科普期刊覆盖全国 31 个省（直辖市、自治区）。据统计（见表6），北京地区出版科普期刊最多，共有 207 种，占总数的 38.7%，这是因为北京作为全国政治科技文化中心，拥有众多科研机构、全国学会等办刊单位。除北京以外，其他 30 个省级行政区平均拥有科普期刊 10.9 种。

表 6　科普期刊登记地分布情况

地区分布	数量（种）	比例（%）	地区分布	数量（种）	比例（%）
北　京	207	38.7	广　西	10	1.9
上　海	33	6.2	吉　林	10	1.9
广　东	23	4.3	云　南	10	1.9
湖　南	19	3.5	四　川	9	1.6
天　津	18	3.4	河　南	8	1.5
新　疆	18	3.4	河　北	7	1.3
江　苏	15	2.8	内蒙古	7	1.3
黑龙江	14	2.6	贵　州	6	1.1
江　西	14	2.6	安　徽	6	1.1
山　西	13	2.4	海　南	4	0.7
陕　西	13	2.4	福　建	4	0.7
湖　北	13	2.4	西　藏	3	0.6
浙　江	13	2.4	青　海	2	0.4
山　东	11	2.1	甘　肃	2	0.4
重　庆	11	2.1	宁　夏	1	0.2
辽　宁	11	2.1	总　计	535	100

本次遴选的全国科普期刊是指在我国内地出版发行的科普期刊，以中文为主，英文科普期刊只有3种。根据不同地区尤其是少数民族地区人民群众的需求不同，一些科普期刊使用少数民族文字出版。我国目前共有9种少数民族文字出版的科普期刊，占总数535种的1.7%，分布于我国的新疆维吾尔自治区、西藏自治区、吉林延边朝鲜族自治州等少数民族聚集区，其中维吾尔文5种、哈萨克文2种、藏文1种、朝鲜文1种。

4. 其他出版指标

与学术期刊相比，出版频率较快也是科普期刊的一个特点。据统计（见表7），在出版周期方面，科普期刊以月刊为主，共有283种，占总数的52.9%；其次较多的是半月刊，共105种，占19.6%；另外有双月刊68种、旬刊46种、周刊17种、季刊15种、双周刊1种，暂无年刊和半年刊。

2017年，共有67种科普期刊出版增刊，平均出版增刊0.14期，增刊出版的数量和频率还有待提高。

表7　科普期刊出版周期分布情况

出版周期		数量（种）	比例（%）
高频区	周　刊	17	3.2
	双周刊	1	0.2
	旬　刊	46	8.6
	半月刊	105	19.6
中频区	月　刊	283	52.9
	双月刊	68	12.7
低频区	季　刊	15	2.8
	半年刊	0	0.0
	年　刊	0	0.0

（二）编辑出版状况

目前，我国科普期刊编辑出版情况良好，办刊队伍稳定，各类人员分布结构较合理，内容生产和质量管理方面也有进步，但是发行量情况不够理想。

1. 办刊队伍情况

（1）社长、总编情况

社长和总编是科普期刊的领路者和带头人，在刊社的地位和作用非常重要。社长的职责主要体现在期刊社的经营管理等方面，担负着期刊发展战略以及业务综合管理的重要职责，而总编主要对期刊的内容负责，包括内容策划和编辑质量把关等工作，在他们的领导和管理下，科普期刊才能够获得全面发展。根据统计（见表 8），535 种科普期刊中，共有 412 位社长、489 位总编，部分社长兼任总编，少量科普期刊由主编履行主要管理职责。

科普期刊的社长和总编具有高学历、高职称等特点，综合素质普遍较高；近 70% 的社长和总编具有高级职称。在年龄结构方面，科普期刊社长的平均年龄 54 岁，总编平均年龄 51 岁，其中分布在 51—60 岁年龄段的最多，占总数的 48% 左右。

表 8　科普期刊社长和总编情况

项　目		社　长		总　编	
		人数（人）	比例（%）	人数（人）	比例（%）
职　称	正　高	232	56.3	207	42.3
	副　高	89	21.6	85	17.4
	中级及以下	61	14.8	156	32.0
	不　详	30	7.3	41	8.3
年　龄	40 岁以下	15	3.6	57	11.7
	41—50 岁	120	29.1	153	31.3
	51—60 岁	225	54.6	211	43.1
	61—70 岁	37	9.0	45	9.2
	71 岁以上	15	3.7	23	4.7
合　计		412	100.0	489	100.0

（2）办刊队伍结构

截至 2016 年年底，科普期刊办刊队伍总人数达 5 400 人，刊均 10.1 人（见表 9）。其中，采编人员刊均 6.5 人、经营人员刊均 1.3 人、行政人员刊均 1.5 人，科普期刊的办刊队伍结构及人员配置基本合理，但经营人员比例有待提高。

在办刊人员学历方面，我国科普期刊硕士及以上学历人员占 21.4%，较 2009 年的 12.4% 有显著增加；现有本科学历人员 3 165 人，占总数的 58.6%（略低于 2009 年 59.3% 的人数占比）。随着科普期刊不断发展，各出版单位对高学历人才的需求也在不断增加，高学历的人员比例将进一步增大。

职称级别高低表明科普期刊办刊人员的从业时间和业务能力，科普期刊中的高级、中级职称人员约占总人数 1/2，人员配置较合理，以老带新的梯队建设基本完善。

随着我国新闻出版业体制改革的不断深化，各相关出版单位的用人机制越来越灵活，除了少量在编人员，大量新进人员都已经开始采用合同制。在科普期刊办刊队伍中，目前在编现职人员比例为44.9%，聘用人员比例为55.1%。

表9　科普期刊办刊队伍结构现状

项　目		比例（%）	人数（人）
人员总数和平均数	统计总人数	—	5 400
	刊均人数	—	10.1
岗位类型	刊均采编人员	—	6.5
	刊均经营人员	—	1.3
	刊均行政人员	—	1.5
学历结构	硕士及以上	21.4	1 155
	本　科	58.6	3 165
	大专及以下	20.0	1 080
职称结构	高级职称	24.7	—
	中级职称	24.3	—
	初级职称	51.0	—
身份性质	在编现职人员	44.9	—
	聘用人员	55.1	—

2. 内容生产与质量管理

多年来，广大科普期刊编辑出版工作者以出版高质量、高水平的期刊为己任，始终以提高期刊全面质量为中心，涌现了一批科学水平和出版水平上乘、社会效益和经济效益较高、深受读者喜爱和欢迎的优秀期刊。

根据统计结果（见表10），2016年，我国有专人负责采稿（约稿）管理的科普期刊共487种，占总数的91.0%；专人负责审稿的科普期刊共493种，占总数的92.1%；由此可见，科普期刊质量管理机制已经逐步建立健全，但目前仍有48种和42种期刊未设立专人负责采稿与审稿的管理。

表10　科普期刊是否专人负责采稿与审稿的管理情况

是否专人负责采稿与审稿	采稿管理		审稿管理	
	数量（种）	比例（%）	数量（种）	比例（%）
有专人负责	487	91.0	493	92.1
尚未设置专人负责	48	9.0	42	7.9
合　计	535	100.0	535	100.0

3. 发行状况

我国的科普期刊在20世纪80年代曾经有过一段发行量高峰期，《无线电》曾创下了期发行量超过200万册的纪录。自2009年以来，全国范围内科普期刊发行总体情况不乐观，部分期刊发行量有较大幅度下降。

根据数据统计（见表11），2016年全国科普期刊期发行量在3万册以下者占总数的95%，比2009年的70.4%增加近25个百分点；另外，自2009年以来，期发行量在10万册以上的全国科普期刊从原来的25种下降到4种，减幅达84%。在科普期刊发行量下降成为普遍现象的今天，也有个别期刊通过努力取得了发行量的突破和提升。

表11　科普期刊期发行量变化情况

期发行量（万册）	2016年全国科普期刊		2009年全国科普期刊	
	数量（种）	比例（%）	数量（种）	比例（%）
100以上	2	0.9	2	0.5
50—100	1	0.5	1	0.2
30—50	0	0	4	0.9
10—30	5	2.3	25	5.7
3—10	21	9.8	98	22.3
3以下	185	86.5	310	70.4
有效数据合计	214	100.0	440	100.0

（三）经营管理状况

目前，已有近1/2的科普期刊由独立法人出版单位出版，在发行、广告经营等方面取得了一些成绩，但是仍然存在经营规模普遍较小、品牌推广不力等问题。

1. 出版单位性质

根据统计结果（见表12），独立法人出版单位出版的期刊比例为45.6%，其中，企业法人单位出版的期刊共166种，占31.0%；事业法人单位出版的期刊共78种，占14.6%；非法人单位出版的期刊共258种，占总数的48.2%。在非法人出版单位中，除了部分单刊独立运作、尚未转企改制的非法人杂志社外，还有一部分非法人期刊出版单位是某期刊集团或某出版社的一部分，虽然其个体属于非法人出版单位，但是整个集团或出版社已经成为企业法人单位或事业法人单位。因此，实际上企业法人和事业法人的比例还会更高。

表 12　科普期刊出版单位性质

出版单位性质	数量（种）	比例（%）
非法人	258	48.2
企业法人	166	31.0
事业法人	78	14.6
不　详	33	6.2
合　计	535	100.0

2. 主要盈利模式

目前，我国科普期刊的盈利模式主要有三种，分别为发行主导、广告主导以及其他业务主导。发行主导模式的科普期刊主要特点是发行量大、广告不多，是科普期刊的最主要的盈利模式。广告主导类科普期刊大多是一些专业类期刊，与行业结合紧密，能够获得丰富的广告资源，如医药保健类期刊及汽车类期刊等，这些期刊多采用全册铜版纸印刷，外观精美，成本较高，主要依靠广告收入支持期刊的运营，如《车主之友》及《科学养鱼》等。最后一类是近年来出现的一种新情况，期刊通过开展多元化经营，以其他业务为主导获得收益，期刊非主营业务的收入甚至已经超越期刊本身的收入，如靠出版增刊获得广告费、合作出版图书、举办各类活动特别是开展新媒体营销业务等，这些新业务的开展与期刊本身建立的品牌、期刊内容的关系密不可分。

3. 发行策略

我国科普期刊大多仍以邮局征订为主要渠道开展期刊发行，同时采用与自办发行相结合的方式进行发行工作。随着我国出版业的不断发展，尤其是在进入 WTO 之后，我国承诺开放书报刊的批发市场，大量的外资发行商涌入我国，出版物发行市场的竞争日益激烈，因此各类出版物的发行渠道有所拓宽，发行方式更加多元化。目前，科普期刊发行渠道主要有 3 种：邮局发行作为传统的发行渠道，虽然近几年所占比例有所下降，但目前仍然是期刊的主流发行渠道；另外一种是自办发行，出版单位依靠自身渠道，直接将期刊投递到读者手中，一般与邮发并行；最后一种，是近年来开始兴起的第三方发行渠道，大都是一些专业的发行公司，在国内发行领域还属于新兴渠道。

据统计数据（见表13），科普期刊的发行渠道仍以邮发为主，其中，与自办发行相结合的期刊338种，占63.2%，单一使用邮发方式的期刊共84种，占总数的15.7%；其次，完全依靠自办发行的期刊有70种，占总数的13.1%，还有15种期刊选择其他方式发行，占2.8%，28种科普期刊发行方式不详。

表13　科普期刊发行方式

发行方式	数量（种）	比例（%）
邮发+自办发行	338	63.2
邮　发	84	15.7
自办发行	70	13.1
其　他	15	2.8
不　详	28	5.2
合　计	535	100.0

4. 广告经营

科普期刊的广告经营方式以自主经营为主，部分期刊采用委托其他公司代理广告方式，具体经营方式有以下几种（见表14）：期刊自主经营广告，共有286种期刊，占总数的53.4%；其次是自主经营和委托代理并行，共有101种，占18.9%；委托独家代理广告的科普期刊有56种，占10.5%；还有57种期刊选择其他方式经营广告，占10.7%；35种科普期刊情况不明。

表14　科普期刊的广告经营方式

广告经营方式	数量（种）	比例（%）
自主经营	286	53.4
自主经营+委托代理	101	18.9
委托独家代理	56	10.5
其　他	57	10.7
不　详	35	6.5
总　计	535	100.0

5. 新媒体相关工作

新媒体是互联网时代利用现代化通信技术发展起来的信息传播形态，它具有传播速度快、传播形式多样、信息量丰富和资源共享等优势，毋庸置疑，这给传统期刊带来巨大冲击和挑战。面对挑战，传统期刊如何调整战略、促进转型，变革创新、引入发展新模式是期刊界思考的重要课题。

从数据来看，截至2016年年底，共有211种占总数39.4%的科普期刊已设置新媒体人员 392 人，刊均约 2 人。开通官方微信公众号的科普期刊有 219 种，占总数的 40.9%；开通官方微博账号的科普期刊有 161 种，占比 30.1%（见表 15）。目前仍有 59.1% 和 69.9% 的科普期刊未设立官方微信公众号和官方微博账号。

表 15 科普期刊的新媒体情况

统计项目	期刊数量（种）	占比（%）	人 数	账号数量（个）	刊 均
设置新媒体人员	211	39.4	392	—	2
开通官方微信公众号	219	40.9	—	223	1.0
开通官方微博账号	161	30.1		167	1.2

6. 社会效益与经济效益统一

科普期刊是传播科学知识的主要媒体，是精神产品，也是物质产品。因此，在办刊中把社会效益放在首位，力求社会效益和经济效益完美的统一，是办好科普期刊的基本原则。遵循这一原则办刊，就会取得社会效益和经济效益最佳结合；如果不能按照这一原则办刊，将二者对立起来，单纯追求社会效益而忽视经济效益，或者本末倒置，一味追求经济利益而不顾社会效益的做法都是错误的，会出问题，甚至会犯错误。事实上，社会效益与经济效益往往是矛盾的统一体，二者相辅相成，但有主次之分。一种期刊的社会效益越好，经济效益相应地也会越高。一本高质量的期刊，读者多、使用率高、影响大，社会效益自然就好，由于社会效益好，读者就广泛，订户增多，发行的收入、广告的收入就会增多，经济效益自然也随之提高。在社会主义市场经济条件下，科普期刊出版工作者不能忘记自己的崇高使命，和所肩负的向广大人民群众普及科学知识的艰巨任务，要坚定不移地确保社会效益功能的充分体现，绝不动摇。

三、面临的形势与发展趋势

（一）党和国家愈加重视科普工作，为科普期刊提供更广阔的发展空间

习近平总书记指出："科技创新、科学普及是实现创新发展的两翼，要把

科学普及放在与科技创新同等重要的位置。”这充分肯定了科学普及的地位和重要性，是党和国家从事科学普及工作的指导方针。

而早在2002年，《中华人民共和国科学技术普及法》就由第九届全国人民代表大会常务委员会第二十八次会议通过并颁布施行。该法是为了实施科教兴国战略和可持续发展战略，加强科学技术普及工作，提高公民的科学文化素质，推动经济发展和社会进步，根据宪法和有关法律而制定，适用于国家和社会普及科学技术知识、倡导科学方法、传播科学思想、弘扬科学精神的活动。该法第四条规定：科普是公益事业，是社会主义物质文明和精神文明建设的重要内容。发展科普事业是国家的长期任务。2016年，国务院办公厅印发的《全民科学素质行动计划纲要实施方案（2016—2020年）》中也指出：“科学素质决定公民的思维方式和行为方式，是实现美好生活的前提，是实施创新驱动发展战略的基础，是国家综合国力的体现。”

当前，提升公众科学素质已经成为全世界各国的共识，伴随综合国力的提升，我国在全球公众科学素质促进工作中的地位和作用也更加重要。2018年9月，世界公众科学素质促进大会在北京举行，会上发布的《世界公众科学素质促进北京宣言》中指出：科学素质是人的全面发展的内在要求，是国家创新能力和可持续发展的社会基础，也是增进人类理解包容、理性平和的思想基础。科学素质不仅包括对科学知识、科学方法的掌握，更体现对科学精神和科学思想的尊崇。提升科学素质，关乎个人前途、国家命运，赋予人类应对风险挑战、共建繁荣世界的智慧与能力。

毋庸讳言，经济和科技越发展，国家和公众对于科学普及就愈加重视和需要。随着生活水平不断迈上新台阶，科技在人民生活中扮演的角色越来越重要，许多科技前沿成果已经成为未来生活的“剧透”。科学素质的提升让探索求真、实证理性成为中华民族的精神内涵之一，为公众提供了更为理性更加遵循客观规律的生活方式，让公众更加懂得为何以及如何与自然和谐共生。而让公众特别是青少年不断了解我国科学技术发展状况也是提高民族自豪感的重要依据，并同时为科技创新提供了精神动力和潜在人才储备。科普期刊工作就是科普工作中的重要组成部分，随着我国科普事业和产业的繁荣发展，科普期刊的发展空间必然会更为广阔。

（二）积极拥抱新媒介，国际优秀科普期刊以品牌和优质内容为尊

万物互联的时代已经到来，我国期刊人也已经从最初“狼来了”的心态中走出来，在这里，笔者也更愿意用“拥抱新媒介”取代“面对新媒体冲击”这样的字眼。在新媒介形式产生初期，国际期刊界也经历了探索和重新洗牌，比如2011年11月，有着25年历史的美国著名科普杂志《科学家》（The Scientist）因经济困境停刊。出版人简·亨特（Jane Hunter）说：《科学家》杂志的主要资金来源就是广告收入，但当下的广告市场越来越难以取得好的业绩，所以他们除了关闭杂志，别无选择。这也启示我国科普期刊：如何在传统广告收入呈现断崖式下滑的局面下，探索出更多的生存模式。坚持下来的优秀科普期刊采取的发展方式是跟上形势，主动拥抱新时代，运用新技术、新工具、新渠道，比如《国家地理》有广泛的全球读者，除英语期刊外，还有32种语言的出版物，仅少儿版就有170万册的销量。尽管纸质期刊的发行量有所下滑，但随着网络新媒体技术的发展，其出版产业已经由传统纸媒发展为数字新媒体和全媒体刊物，该刊出版的各种数字杂志支持不同的移动终端，持续吸引着不同年龄段的读者。《科学美国人》和《大众科学》则更多使用更加紧密的合作模式向其他国家进行版权输出，特别是通过做好线上线下读者俱乐部活动，受到读者的青睐的同时集聚了大批“粉丝”。还有很多期刊人开发与手机终端结合、能够实现零距离供给的科普产品，如VR（虚拟现实）、AR（增强现实）、MR（混合现实）的短视频、新型的科普读物、影视游戏产品等，同时，以人工智能技术为主导将成为未来媒体的流行趋势，成为科普传播的主要媒介。

运用新技术和新媒介实现发展，优质内容无疑是基石，而在受众中树立的品牌则是做各种延伸的基础。如果没有《国家地理》的品牌，读者不会随意选择一个数字版本的内容进行阅读。也正是基于优质内容和品牌影响力，版权合作才成为可能。品牌彰显的是优质内容，优质内容也夯实了品牌的价值。基于内容和品牌的延伸才是真正的衍生发展。当然，如果守株待兔，不能及时抓住趋势运用适合的新技术和新渠道，久而久之就会被其他媒体取代。因为不管期刊存在与否，受众的需求始终在那里。

（三）我国科普期刊发展步入新阶段，转型过程中大浪淘沙

传统媒体转型是近十年讨论最多的话题，转型有成功也有失败，取得阶段性成果、正在向全媒体发展迈进的为多数。尽管新媒体的冲击确实来势凶猛，竞争也很惨烈，但现在看来，整个过程更像是大雨冲刷、大浪淘沙，如果本来就是读者和用户所需要的，期刊就能生存下来，继续发展，并在品牌效应的基础上实现集群化繁衍。

以《中国国家地理》为例，该刊不论是品牌还是内容，对读者而言都是不可或缺的，因此不但没有萎缩，还推出了面向青少年学生的科普杂志《博物》，丰富了产品线，传承了优质“基因”。《博物》还开设了公众号、官方微博、文创产品店、线上线下科普活动。该刊专门成立了品牌运营中心，内容制作和运营都以打造品牌为要务，基于品牌运营实现了多种渠道盈利。

北京卓众出版有限公司是另外一个例子，在转型压力和动力下，该公司从刚转制时候的十多种刊物发展到现在的31种刊物，并且在此过程中运用成熟的期刊品牌比如《汽车导购》《农业机械》《汽车与驾驶维修》《工程机械与维修》等发展出“HD说车”“知谷”“扳扳”等根植于读者需求的新媒体产品及“第一工程机械”等行业物联网平台，获得了用户认可，并已经实现新媒体业务收入超过传统广告和发行收入。

不论是何时代，“适者生存”总是不变的定律，只是在新媒体时代，较之于前，变化剧烈，因此，谁能更快适应环境，谁就可能获得新生。在经过大浪淘沙之后，期刊业也正在形成新的市场秩序，进入一个新的发展阶段。未来一段时期，过去存在的“泡沫”将会被进一步挤压，科普期刊将更加实事求是，回归初心，引导好舆论，满足好需求，打造好品牌，实现良性发展。

四、发展对策与建议

（一）科普期刊自身应当做出的努力

如前文所述，科普对于一个国家来说至关重要，那么科普期刊肩负的重任不

言而喻。如果想要生存发展，就需要让自己具有价值，科普期刊对于国家和人民的价值与意义就在于要成为党和国家在科普领域的喉舌，要运用读者感兴趣的形式和内容来普及科学技术知识、倡导科学方法、传播科学思想、弘扬科学精神。

首先，要抛开对“纸媒”的执念，不忘初心，肩负为国家和公众服务的使命，运用各种载体和形式，普及科学技术知识、倡导科学方法、传播科学思想、弘扬科学精神。

期刊本意是“按期刊出”，那么就不分纸媒还是网媒，也不论用什么介质和形式。目前发展形势较好的科普期刊均不囿于纸质刊物发展，发行上百万册的《我们爱科学》引入了AR（增强现实）技术，读者按照杂志上的有关提示在手机或平板电脑上安装“4D点读书”APP，就可以“唤出”隐藏的4D世界，体验平面变立体的神奇。同样是发行量较大的《家庭医生》杂志通过分析市场环境，梳理自身优势，确立了“双融合”的发展路径：一是与新兴媒体创新融合。以内容建设为根本，以先进技术为依托，构建内容变现的健康科普知识服务体系。该刊在微博、微信、客户端、多个第三方平台都有布局，其中微信公众号是重中之重。目前有3个官方微信号：家庭医生、养生每日推送、一分钟健康养生，粉丝数约250万。二是与健康产业深度融合。依托内容、品牌输出优势，嫁接外部技术和渠道资源，构建一系列新的健康产品和服务，实现产业变现。该刊尝试了基层医疗智库服务平台、校园健康传播平台、健康管理服务平台等多个项目，积累了产业变现的经验。要实现全媒体发展，必须积极与新媒体融合，传统媒体与新媒体融合发展，已是不争的趋势，传统媒体要谋求更高、更远的发展，就要积极拥抱互联网、融合新媒体，科普期刊也不例外。一方面，要使内容传播形式多样化，比如图文、漫画、音频、视频等；另一方面，要使传播渠道途径多元化，利用自有渠道（官网、APP等）、第三方平台进行内容建设。当前，面对发行成本飙升、传统广告收入下滑严重的严峻形势，也需要谋求更多的变现模式。除了传统的内容授权、广告合作外，积极探索新媒体领域的经营模式，积极运用大数据、物联网等技术，发展知识付费、电商等。在上海市新闻出版局的资助下，《科学画报》正在制作《开讲啦！让孩子爱上科学》的线上科普课程。该课程每月1个专题，每个专题包括5个小课程。课程主要形式为音频和短视频，还有配套的线上图文内容及家长必读手册。本项目计划以少儿课外科学课程融媒体产品为模式，在提升期刊核心竞争力的同时，利用知识付费的商业模式加以全媒体运营，达成期刊转型发展与价值再造的目的。《科学画报》由中国最早的民间学术社团——中国科学社于1933年创办，能够在新媒体时代获得持续发展，凭借的就是不忘高举“科学精神”大旗的初心，一方面在内容上挖掘纸媒深度优势，打造独一无二的原创文章，并着眼于一系列科研成果科普化的知识传播，另一方面则积极拥抱新技术、新形式，借助数字化传播与读者形成更多互动。

其次，找准自身定位，把读者和客户变成用户。

尽管从宏观角度，科普期刊应该把自己定位成为国家和公众服务的科学传播者，但在运营中一定要找准定位，特别是综合科普期刊，要明确自己的用户在哪里，这也是在市场上求生存的必需。地处江苏省的《科学大众》创刊于1937年，作为一本综合科普期刊，面向青少年，深入贯彻国务院《全民科学素质行动计划纲要》和《江苏省全民科学素质行动计划纲要》文件精神，依托杂志平台，开展形式多样的青少年科普活动。杂志已经连续22年成功承办了江苏省中小学生“金钥匙”科技竞赛活动。该活动由江苏省教育厅立项，江苏省科协、江苏省文明办主办，以服务中小学课程改革、推进素质教育、加强未成年人的思想道德建设为宗旨，始终围绕素质教育的要求，把握学校课程改革的趋势，融传播科技知识、科学精神、科学思想、科学方法与创新意识于一体，深受广大师生、家长和社会各界的好评和支持。2017年，“金钥匙”科技竞赛吸引了全省134万名中小学生参加，覆盖了全省3 300余所中小学。竞赛举办22年来，累计参赛人数达到2 470多万人次，成为江苏省参赛人数最多的科技赛事。《科学大众·小诺贝尔》专门定位于适合低幼年龄段儿童阅读，倾力打造原创科学有声童话故事，与荔枝FM合作打造“格雷斯童话”精品栏目——不仅可以“看”书，只需用手机扫一扫，还可以“听”书。浙江省科协主管的《科学24小时》也定位于少年儿童，积极拓展科协发行渠道，并与浙江省教育报刊合作，拓展教育系统渠道，开展科普进校园活动。《无线电》杂志针对自己的受众群体积极策划、组织创客教育类、机器人及编程类青少年科普活动。《博物》在分析用户的亲子特点基础上，推出“博物课堂”周末亲子自然科学课，每年大约50次活动，并开发了“博物旅行”长线博物旅行探索活动，每年大约在境内外组织10次活动。

在服务用户过程中，科普期刊一定要坚持内容为王。无论传播的渠道、形式怎么变，用户对高质量内容的需求都是不变的。科普期刊担负着科学普及的责任，更要注重内容的科学性、严谨性；同时，为了扩大内容的传播和影响，还要兼顾可读性、趣味性，用通俗易懂的方式科普。此外要增强与用户的互动，要组织科技工作者和科普作者、编者走下“神坛”，到公众中去，了解用户需求，这样可以避免“闭门造车”，进而更好地挖掘，满足用户的需求。为了培养上海市民尤其是青少年科技创新的兴趣、意识和能力，《科学画报》编辑部就邀请上海市知名科学家（同时也是该刊的作者），在图书馆、科技场馆和学校等场所，开展“言之有物”——科学家公益科普互动活动。

从内容到服务乃至智库建设，“三大知识”（《航空知识》《兵器知识》《舰船知识》）之一的《舰船知识》杂志进一步增强研究能力，形成了完整的、多层次的、具有突破性的“研究—咨询—媒体融合发展规划”，实现战略目标从智库型传媒到传媒型智库的扭转，着眼于《舰船知识》总体转型升级，与中船文科共同成立了专注于智库方向发展的部门——理论创新研究部，使智库方向的模式探索、能力培育、长远建设有了固定的组织依托，研究、咨询、传媒多业态互相撬动，实现了融合创新。

再次，培养和珍惜各类人才，为中国科普和科普期刊的未来发展积蓄能量。

一本科普期刊能够发掘的不仅仅是记者、编辑和发行、经营人员，更有科普创作者，这包括杂志的作者和编者，科普创作者有很多本身就是科学家，这些从事科普创作的科学家，是科普期刊尤其要珍视的。一线科学家的科研任务和压力都比较重，能够抽出宝贵时间做科普的科学家实属难得。《中国国家地理》《中国国家天文》等科普期刊就是依托优秀科学家的科普创作成就了一个个独家科普文章和专题。科普期刊为培养优秀科技人才提供了广阔的土壤。此外，能够创作科普作品的其他科普作者和科普记者、科普编辑也多是有一定学科背景或者对科学技术有浓厚兴趣的，他们也是我国科普人才队伍的重要组成部分。与其他面向大众的期刊相比，科普期刊的编辑工作要求更高，既要掌握现代编辑技能，深谙各项编辑加工标准，同时又要对文章所涉及的专业知识有一定了解，并有鉴别能力，给出专业评价。科学技术发展速度飞快，科普期刊对编辑人员的要求更高。除了编辑人员自身不断学习新知识、不断扩充知识边界外，期刊社还要建立相应的聘用、考核、奖赏制度，调动编辑人员的积极性，为源源不断地产出高质量的内容提供强有力的保障。在当前比较严峻的市场环境下，能够为科普期刊带来经济效益的经营人才也是非常难得的。期刊业是轻资产的创意产业之一，人才是最重要的资产，也是发展的根本，科普期刊要培养好人才，才能在未来的发展中取得优势。尽管目前有很多人才都流动到新媒体，但是这些人其实只有在科普期刊才得到了扎实的基本功训练而成材，在国家科普事业和产业的发展中，科普期刊在科普人才培养方面功不可没，并且是不可或缺的。《科学世界》杂志在意识到新媒体是助推出版的有力手段之后，从2011年开始就在人员配置及工作安排上做了对新媒体的倾斜和投入，事实证明，在人员到位后，新媒体运营见到了成效，微信粉丝数达到十余万，新媒体营销成为重要的销售手段之一。

抛下执念，找到定位，用好人才，就是干好事业的前提，科普期刊就能在我国科普事业和产业发展中发挥更大作用，为提高全民科学素质作更大贡献。

（二）管理部门和行业组织应当为科普期刊铺路架桥

1. 管理部门在明确科普期刊的重要作用的基础上应当加大对科普期刊的扶持力度

科普期刊是普及科学知识的重要园地，是实现科技成果转化的重要媒介和桥梁，是使优秀科技人才脱颖而出的平台，是宣传科学思想、反对愚昧迷信的重要阵地，是引导人民群众建立科学观念的指路灯，是提升全民科学素质伟大工程的重要力量。期刊业的产业化步伐虽然已经越走越快，但鉴于科普本身的公益属性，希望管理部门能够对科普期刊有相应的扶持措施。

第一，建立优秀科普期刊的奖励机制，鼓励和支持优秀科普期刊发展。对于已经具有一定品牌基础的科普期刊，应当大力支持他们进行全媒体传播，可以考虑采取遴选项目资助的形式。国家相关部门和人民团体目前对学术期刊和科普图书都有相应政策、资金的扶持，对科普期刊也应有对应政策和资金，可以采取选择优秀科普期刊进行全国推介以及专门的项目资助或面向学校青少年的优秀科普期刊采购赠阅。

第二，除了资金支持，还应当就科普本身的发展出台鼓励科技工作者将科研成果的科普化文章发表在科普期刊上的政策，让更多科研成果得到传播，也进一步丰富科普期刊稿源，壮大科普创作队伍，促进国家科普事业进一步发展。也可以引导优秀科普期刊获得重大科研课题经费中的科普经费支持。

第三，针对科普业大发展过程中出现的科普主体良莠不齐、网络科学谣言不止的情况，应当突出科普期刊作为正规连续出版物的权威性，制定行业规范，建立行业壁垒和准入机制，净化市场风气。同时，定期检查科普期刊社会效益和经济效益成果，促进和激励科普期刊在全民科学素质建设工程中建功立业，发挥出应有作用。

2. 行业组织要加强行业培训、交流、展示，积极为科普期刊鼓与呼，促进行业健康发展

第一，科普期刊多分属于不同学科和行业，同时综合科普期刊也大都不在一个省份或地区，因此彼此之间的竞争并不大，更多的是可能的合作机会，因此行业组织应当充分发挥作用，多组织科普期刊之间的交流活动，加强彼此之间的沟通协作。

第二，加强对科普期刊人员队伍的培训，多引导科普期刊向行业外、学科外看，向国际优秀科普期刊对标，甚至组织跨界培训和交流，开阔人员眼界，提高发展境界。

第三，利用各种行业大会机会组织专题展示，展示科普期刊风采，并组织科普期刊集体面向公众开展各类进校园、进社区活动，降低科普期刊活动成本和负担。

第四，在渠道建设上，行业组织也可以对科普期刊提供帮助，目前有少数第三方在主流网店经营期刊，但与图书销售相比远远不成气候，主流电商并没考虑如何经销期刊，连条码识别都有困难（一书一码，但期刊不是），目前与电商进行谈判不是一家刊社能自行解决的问题，而行业组织可以出面组织与主流电商（京东、当当、亚马逊）探讨如何在其自营平台上开设便利的科普期刊乃至各类期刊的经营销售通道，为期刊发展带来实实在在的好处。

在一定时期内，环境、政策对所有科普期刊的影响都是一样的，但永远不变的是期刊要为用户提供高质量的产品和服务。科普期刊要关注细分市场、关注读者和用户、关注人才，重视差异化，紧跟时代潮流，勇于改革创新，才能在竞争中获得发展，实现自身对国家和社会的作用和价值。

（撰稿人：刘泽林、苏婧、刘元春、刘玉平、刘莹、张洁、陆艳、杨先碧、蒋华、周明、娄贞、李怡琳、赵慧君、林育智、张伟、张玉春、张凯、房桦）

少儿期刊发展报告

一、少儿期刊概况

本报告所称的“少儿期刊”，是以0至18岁的未成年人为特定服务对象的有出版周期规律的连续出版刊物。按照以上定义，2017年我国共有少儿期刊326种，占全国期刊出版总量10 130种的3.22%。

国家新闻出版署《2017年全国新闻出版业基本情况》对少儿期刊的统计范围是初中及初中以下大众类少年儿童期刊，不包括学习辅导类期刊、高中生期刊和动漫类期刊。按此口径，2017年我国少儿期刊为211种，占全国期刊出版总量10 130种的2.08%。考虑到学习辅导类、高中生和动漫三类期刊读者对象以少年儿童为主，在少年儿童中有很大的读者群，新闻出版行业主管部门每年向少年儿童推荐的优秀报刊中，也包括这三类期刊，故本报告所述少儿期刊，包括上述三类，为326种。

我国目前出版的少儿期刊分别以周刊、旬刊、半月刊、月刊和双月刊这五种刊期形式出版。其中以周刊形式出版的占3.00%，以旬刊形式出版的占23.42%，以半月刊形式出版的占21.63%，以月刊形式出版的少儿期刊占50.45%，以双月刊形式出版的占1.50%（如图1所示）。

少儿期刊按内容可分为综合类期刊、文学艺术类期刊、科普类期刊、学习辅导类期刊等；按受众年龄段可分为：低幼类期刊、小学类期刊、中学（初中、高中）类期刊（见表1）。

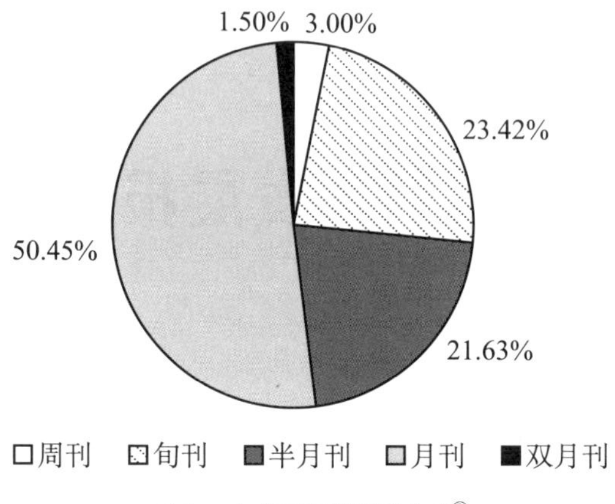

图1　少儿期刊出版形式①

表1　少儿期刊类型②

分类标准	种类数量	具体种类
内　容	8	综合类、文学艺术类、动漫类、科普类、学习辅导类等
受众年龄段	3	低幼类、小学类、中学（初中、高中）类

本报告将少儿期刊分为以下8种：综合类期刊，92种，占少儿期刊品种28.22%，如《中国少年儿童》；文学艺术类期刊，29种，占少儿期刊品种8.90%，如《儿童文学》；动漫类期刊，18种，占少儿期刊品种5.52%，如《中国卡通》；科普类期刊，43种，占少儿期刊品种13.19%，如《我们爱科学》；低幼类期刊，52种，占少儿期刊品种15.95%，如《幼儿画报》；学习辅导类期刊，82种，占少儿期刊品种25.15%，如《读与写》；少数民族文字期刊，9种，占少儿期刊品种2.76%，如《花蕾》（蒙古文）；盲文期刊1种，占少儿期刊品种0.31%。（如图2所示）

我国现有少儿期刊中，新中国成立前创刊的有3种，为《小朋友》（1922年）、《中学生》（1930年）、《少先队员》（原《新儿童》，1941年）；20世纪五六十年代创刊的有9种，为《儿童时代》（1950年）、《少年儿童》（朝鲜文，1950年）、《新少年》（原《好孩子》，1950年）、《红领巾》（1951年）、《少年文艺》（上海，1953年）、《花蕾》（1957年）、《我们爱科学》（1960年）、《儿童文学》（1963年）、《好儿童画报》（1967年）；其余90%以上是1978年以来

① 数据来源：中国少年儿童报刊工作者协会统计。
② 数据来源：中国少年儿童报刊工作者协会统计。

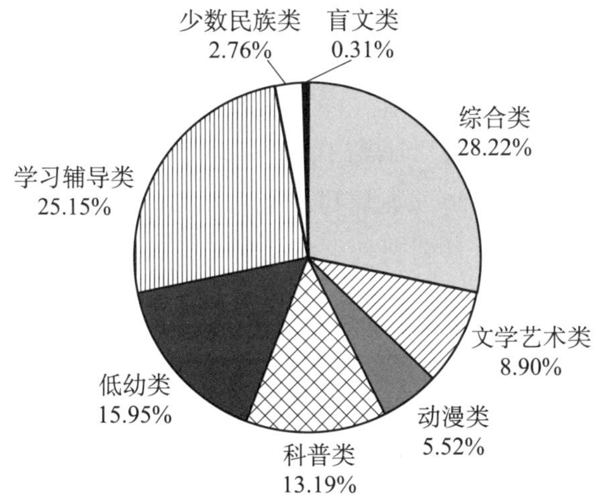

图 2　少儿期刊分类①

陆续创刊的。这充分说明，改革开放开启了我国少儿期刊发展的快速发展。

我国少儿期刊开本，现有 16 开本、20 开本、24 开本和 32 开本 4 种类型。调查结果显示，少儿期刊开本 16 开居多，为 238 种，占 73. 01%；20 开的少儿期刊 12 种，占 3. 68%；24 开的少儿期刊 34 种，占 10. 43%；32 开的少儿期刊 42 种，占 12. 88%（如图 3 所示）。

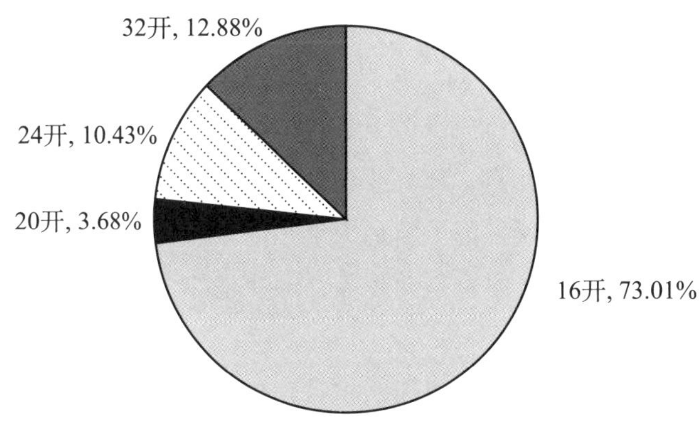

图 3　少儿期刊开本构成②

2017 年，纸张价格上涨，但少儿期刊由于征订在先，大多未与纸张价格上

① 数据来源：中国少年儿童报刊工作者协会统计。
② 数据来源：中国少年儿童报刊工作者协会统计。

涨同步调整价格。32 开 64—80 页少儿期刊价格在 5—10 元之间；24 开 36—48 页少儿期刊价格约 7 元左右；16 开 32—72 页少儿期刊价格在 7—24 元之间。

现举例说明少儿期刊的开本、刊期、页码、印刷色彩、定价等演变情况。

《少年博览》，1992 年创刊时黑白印刷，16 开 32 页，月刊，定价 0. 90 元/册；现为彩色印刷，16 开 56 页，周刊，经 5 次调整调价现定价为 7. 50 元/册。

《红树林》，1993 年 1 月创刊号出版时封面为四色全彩印刷，内文黑白印刷，16 开 48 页，月刊，定价 3. 80 元/册；现为全彩色印刷，大度 16 开 40 页，周刊，经 6 次调价现定价为 14. 00 元/册。

《大灰狼画报》，1987 年创刊时全彩印刷，16 开 22 页，月刊，0. 48 元/册；现为全彩印刷，16 开 28 页，半月刊，经 3 次调价现定价为 10. 00 元/册。

《新少年》前身《好孩子》，至今 68 年历史，1950 年 4 月创刊时黑白印刷，32 开 8 页，半月刊，定价 0. 06 元/册；现为全彩色印刷，16 开 40 页，月刊，历经 14 次调价现定价为 7. 00 元/册。

可见，少儿期刊在开本、刊期、页码、印刷色彩、定价等方面都有不同程度的变化。这也体现了我国少儿期刊顺应时代发展而变化。

与其他出版物比较，少儿期刊具有以下特点。

第一，分年龄段编辑出版。不同年龄段的少年儿童具有不同的认知水平和阅读能力，少儿期刊也相应按年龄段编辑出版。一般分为婴儿（0—3 岁）、幼儿（3—6 岁）、小学中低年级（6—9 岁）、小学中高年级（9—12 岁）、初中学生（12—15 岁）、高中生（15—18 岁）六个年龄段。从幼年到少年，从小学到中学，不同年龄阶段少年儿童，都有适合自己阅读的期刊。

第二，按内容分类出版。为了满足少年儿童多样化的阅读需求，少儿期刊按内容分类出版，如文学、科普、动漫等，即使是综合性期刊，在内容上也有所侧重。

第三，时效性较强。由于出版周期相对较短，少儿期刊在传播新思想、新观念、新知识，报道与自身定位相关领域的前沿动态等方面，具有图书无法比拟的优势，因而内容时效性较强。

第四，陪伴性强。少儿期刊按一定周期规律出版，读者接触方式以自愿订阅为主，订阅时间最短半年，长的可达三五年甚至更长。这种出版形式和传播方式，容易使读者建立起持久的阅读期待，养成对某些领域内容的持续关注，在较长时间内陪伴少儿读者的成长。

第五，互动性强。少儿期刊通过建立读者信箱、发表读者来稿、开展活动、建立微信公众号等形式，与读者保持稳定持久的互动关系，使少儿期刊在向少年儿童传播知识和信息的同时，还成为少年儿童参与社会生活的渠道。

上述特点，决定了少儿期刊在少年儿童的成长过程中具有不可替代的作用。优秀的少儿期刊，一是可以帮助少年儿童了解社会，认识自我，学习做人做事的道理，是陪伴他们成长的精神家园；二是帮助少年儿童陶冶道德情操，扩大知识视野，成为他们发展兴趣爱好的向导和老师；三是可以帮助少年儿童培养阅读兴趣，养成阅读习惯，提高阅读能力，为终身学习打牢阅读能力基础；四是可以帮助少年儿童通过参与丰富多彩的活动，参与社会生活，增强实践能力。

党和政府重视发挥少儿期刊的作用。《中共中央、国务院关于进一步加强和改进未成年人思想道德建设的若干意见》中明确要求：要充分考虑未成年人成长进步的需求，精心策划选题，创作、编辑、出版并积极推荐一批知识性、趣味性和科学性强的图书、报刊、音像制品和电子出版物等未成年人读物和视听产品。自2008年以来，国家新闻出版广电总局连续9年开展向全国少年儿童推荐优秀少儿报刊活动，通过对优秀出版物的推荐引导，引领少儿期刊提升内容质量，为少年儿童健康成长营造精神家园[①]。2016年、2017年，国家新闻出版广电总局为进一步推进全民阅读工作，充分发挥优秀报刊对广大少年儿童的教育引导作用，连续两年下发通知，开展“少儿报刊阅读季”系列活动，并将“少儿报刊阅读季”活动纳入总局全民阅读工作部署[②]。

二、2017年少儿期刊出版情况

2017年我国出版少儿期刊326种。其中，大众类211种（含综合类、文学

① 国家新闻出版署2018年7月17日发出的《关于开展第九届向全国少年儿童推荐百种优秀报刊活动的通知》（国新出发〔2018〕8号）。

② 国家新闻出版广电总局办公厅2016年4月5日发出的《关于开展“2016年少儿报刊阅读季”活动的通知》（新广出办发〔2016〕27号）和2017年3月7日发出的《关于开展2017年“少儿报刊阅读季”活动的通知》（新广出办函〔2017〕79号）。

艺术类、科普类、低幼类、少数民族类），动漫类 18 种，学习辅导类、高中生读物及其他类 97 种。

2017 年少儿期刊品种数量、印数、发行量比 2016 年有所下降。

国家新闻出版署《2017 年全国新闻出版业基本情况》期刊出版部分显示：2017 年，全国共出版期刊 10 130 种，平均期印数 13 085 万册，总印数 24.92 亿册，总印张 136.66 亿印张，定价总金额 223.89 亿元。与上年相比，品种增长 0.46%，平均期印数降低 5.90%，每种平均期印数降低 6.77%，总印数降低 7.59%，总印张降低 10.06%，定价总金额降低 3.67%。

其中，大众类少儿期刊 211 种，平均期印数 1 596 万册，总印数 44 612 万册，总印张 1 463 866 千印张；占期刊品种 2.08%，总印数 17.90%，总印张 10.71%。与上年相比，品种降低 0.47%，平均期印数降低 11.10%，总印数降低 12.00%，总印张降低 16.53%①。

动漫类少儿期刊 18 种，平均期印数 55.8 万册，总印数 689.688 万册，总印张 20 690.64 千印张；占期刊品种 0.18%，总印数 0.28%，总印张 0.15%。

学习辅导类、高中生期刊及其他少儿期刊 97 种，平均期印数 2 739.28 万册，总印数 33 857 万册，总印张 1 015 725 千印张；占期刊品种 0.96%，总印数 13.59%，总印张 7.43%。（见表 2）

表 2　少儿期刊 2017 年印数情况②

分类	数量	占比（%）	平均期印数（万册）	总印数（亿册）	总印张（亿印张）
全国期刊	10 130	100	13 085	24.92	136.66
大众少儿类	211	2.08	1 596	4.46	14.64
动漫类	18	0.18	55.8	0.069	0.27
学习辅导及其他类	97	0.96	2 739.28	3.39	10.16

月发行量 200 万以上的少儿期刊 2 种，分别是：《幼儿画报》和《小学生之友》，占少儿期刊总数的 0.61%；

月发行量 100 万以上的少儿期刊 8 种，分别是：《当代小学生》《小学生时

① 国家新闻出版署《2017 年全国新闻出版业基本情况》中的“少年儿童期刊出版情况”。

② 数据来源：国家新闻出版署：《2017 年全国新闻出版业基本情况》期刊出版部分；中国少年儿童报刊工作者协会统计。

代》《我们爱科学》《小学生导刊》《小学生天地》《初中生之友》《儿童文学》《中学生阅读》，占少儿期刊总数的 2.45%；

月发行量 71 万—80 万的少儿期刊 3 种，分别是：《婴儿画报》《中学生天地》《阅读》，占少儿期刊总数的 0.92%；

月发行量 61 万—70 万的少儿期刊 2 种，分别是：《初中生世界》《小葵花》，占少儿期刊总数的 0.61%；

月发行量 51 万—60 万的少儿期刊 9 种，分别是：《小学生优秀作文》《小星星》《初中生》《作文大王》《早期教育》《高中生之友》《时事画刊》《小学生必读》《作文与考试》，占少儿期刊总数的 2.76%；

月发行量 41 万—50 万的少儿期刊 27 种，占少儿期刊总数的 8.29%；

月发行量 31 万—40 万的少儿期刊 25 种，占少儿期刊总数的 7.67%；

月发行量 21 万—30 万的少儿期刊 43 种，占少儿期刊总数的 13.19%；

月发行量 11 万—20 万的少儿期刊 38 种，占少儿期刊总数的 11.66%；

月发行量 10 万以下的少儿期刊 169 种，占少儿期刊总数的 51.84%。（如图 4 所示）

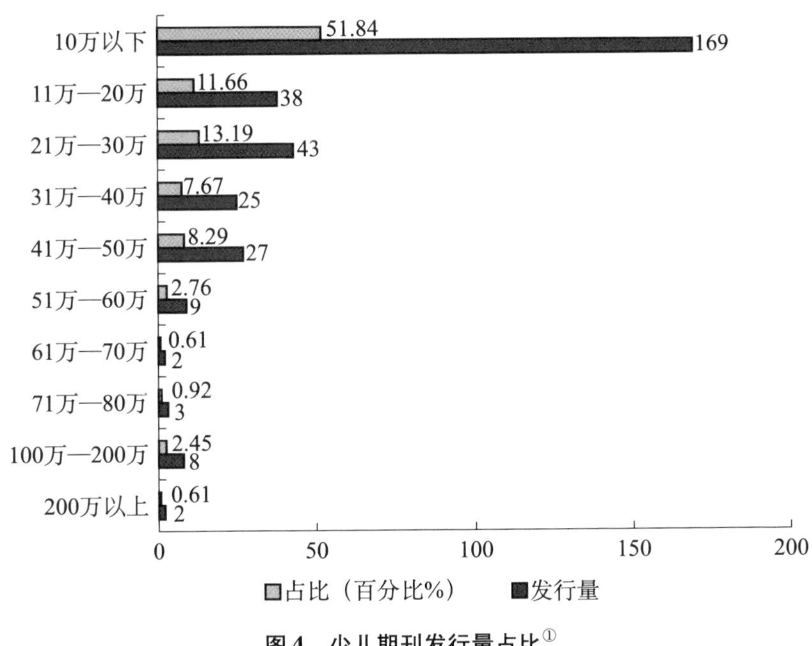

图 4　少儿期刊发行量占比[①]

① 数据来源：中国少年儿童报刊工作者协会统计。

三、2017年少儿期刊发展的新趋势

2017年，少儿期刊面临体制改革、新媒体冲击、发行渠道调整等多重挑战，广大少儿期刊工作者积极应对挑战，一手抓改革，一手抓发展。2017年少儿期刊发展呈现以下新的趋势。

（一）品种结构有所调整

受事业单位体制改革影响，一些少儿期刊改刊或停刊。共青团天津市委员会主管、天津青少年报刊社主办的《中学生视界》，因天津青少年报刊社由经营性事业单位改为公益二类事业单位，并更名为天津青少年传媒事业发展中心，《中学生视界》作为经营性业务，划归天津出版集团主管，由新蕾出版社主办，经国家新闻出版管理部门批准，更名为《艺术启蒙》，于2018年7月出版。安徽出版集团主管主办的《红蜻蜓》杂志，于2018年4月经批准，更名为教育类学术期刊《安徽教育科研》。《同学少年》原由天津教委直属单位天津教育杂志社主办，2017年因天津教育杂志社改为天津教育新闻中心，《同学少年》划归为天津师范大学主办，拟改为德育类教育期刊未成，于2017年8月停办。

（二）渠道结构调整加速

2017年，传统渠道面临严峻考验，新兴渠道蓬勃发展，少儿期刊的发行渠道调整加速。

1. 零售渠道整体向线上迁移

随着城镇化进程和互联网发展带来消费习惯的改变，传统零售渠道终端网点大幅缩减，地面零售店整体萎缩，发货数量降低、退货数量增加。很多城市报刊亭拆除大半，即使是保留的报刊亭也都纷纷转变功能，销售报刊成为其副业。除新华书店渠道外的中小书店不断缩减规模，书店纷纷转行销售文创产品。

在线下零售渠道日渐萧条的景象中，线上渠道蓬勃发展。中国少年儿童新

闻出版总社报刊发行中心统计显示：杂志铺、牧狼人图书专卖店、淘宝、京东等线上销售渠道风生水起，销售量逐年增长，成为少儿期刊零售的主渠道。在零售渠道结构调整加速的背景下，少儿期刊零售渠道近三年来，以每年增长25%以上的速度，整体向线上迁移。以中少总社为例，该社2015年以来，期刊线上销售码洋年均增长50%以上，2017年线上销售码洋已占该社期刊零售总码洋的60%以上。

2. 校网成为少儿期刊订阅的主渠道

校网是以民营经销商为主，面向中小学开展以少儿期刊订阅服务为主的出版物发行渠道。校网形成于20世纪90年代末，在很长时间里，起着邮局少儿期刊订阅渠道的补充作用。近年来，少儿期刊在邮局的订阅数量逐年下滑，特别是近年来邮政系统进行业务重组，大部分省市邮局撤销了报刊发行局，将报刊业务、集邮业务、小包业务等合并，成立传媒部，报刊业务仅占邮局整体业务收入的2%左右，属于边缘业务。由于主渠道订阅功能弱化，校网已成为少儿期刊订阅的主渠道。据对中少总社、江苏少年儿童出版社、上海教育报刊总社、浙江教育报刊总社等社的调查，校网订阅已占上述刊社少儿期刊订阅总数的60%以上。

（三）少儿期刊阅读推广活动呈现整体推进态势

2016年、2017年，国家新闻出版广电总局连续两年发出“开展少儿报刊阅读季活动”的通知。中国少年儿童报刊工作者协会在总局新闻报刊司的具体指导下，制订了“少儿报刊阅读季”活动实施方案，发动260多家会员单位联手开展活动。由政府主管部门部署在全国范围内开展专项少儿报刊阅读活动，这在新中国成立后尚属首次，得到各地少儿报刊的热烈响应，少儿期刊阅读推广在全国范围内呈现整体推进态势。

2017年少儿报刊阅读季阅读推广活动覆盖面广，影响大，形式多样，亮点多，针对性强，效果好。240多家少儿报刊社组织开展了“少儿报刊阅读季”活动，走进4 240余所学校开展读书、讲故事、从小学做人等活动；组织230余名专家、知名人士开展了800多场“好报刊伴我成长”专题系列活动；各地少儿报刊向全国少儿报刊阅读基地、老少边穷地区农村少年儿童、城市流动儿童较为集中的乡村小学、中小城市图书馆、农家书屋等捐赠优秀少儿书、报、刊280多万本（册）；86家少儿期刊社在学校开展了杂志“漂流阅读”和巡展活动；200家少儿报刊社开展了“我的报刊·我的童年”主题征文、征画比赛，有8 000多万中小学生参加。

“少儿报刊阅读季”活动的广泛开展，对少儿期刊的发展起到了有力的促进作用。一是为发挥少儿期刊在全民阅读中的独特作用制造了声势。长期以来，少儿期刊在全民阅读活动中受重视程度不够。“少儿报刊阅读季”活动的开展，唤起了广大少年儿童和教师、家长以及各有关方面对少儿期刊的重视。特别是在“好报刊伴我成长”主题活动中，众多品牌期刊邀请卓有成就的老读者向少年儿童讲述好报刊伴随他们成长的故事，引发了少年儿童对阅读优秀期刊的强烈兴趣。二是提振了少儿期刊队伍的信心。长期以来，少儿期刊作为新闻出版行业的“小众群体”，发展面临诸多问题和困难，不少少儿期刊从业者缺乏从事新闻出版工作的光荣感，行业归属感不强。在“少儿报刊阅读季”活动中，少儿期刊工作者一方面感受到行业主管部门对少儿期刊的重视和关怀，另一方面更加真切地体会到广大少年儿童和家长、教师对少儿期刊的期待，从而提振了办好少儿期刊、为做强做大少儿出版事业作出贡献的信心。三是密切了少儿期刊与读者的联系。在“少儿报刊阅读季”活动中，各地少儿期刊以活动为切入点，深入校园、社区，在读者中举办各种阅读活动、公益活动，摆脱了可能存在的“商业性”误解，编辑和学校、读者之间沟通更加顺畅，了解更加深入，促进了少儿期刊在内容编辑、读者服务等方面的进一步优化。四是促进了少儿期刊办刊质量的提升。在“少儿报刊阅读季”活动中，不少少儿期刊进一步了解了读者需求，针对不同年龄阶段的受众群体，创新打造刊物内容，精心策划主题活动，进一步提升期刊质量。五是拓展了少儿期刊的发行范围。少儿报刊阅读活动不仅在订阅量较多的城市中开展，还更多地走进了乡镇和农村。在播撒阅读火种的同时，期刊的影响力也在不断扩大和延伸，新的发行区域正在形成，不仅有效稳定了现有发行区域和渠道，还开发了新的发行途径，挖掘了新的读者群。

（四）以品牌和内容为核心延伸出版产业链

针对发行渠道萎缩，发行量持续下跌的情况，少儿期刊立足自身实际，以品牌和内容为核心，以多种形式延伸出版产业链，培育新的利润增长点。

1. 通过品牌输出，开发衍生产品

中国福利会出版社引进社会资本，共同打造的《哈哈画报》品牌推介会，开发图书、电视节目、儿童生活用品、儿童文化用品等，打造以“哈哈”为核心的期刊出版产业链；《知心姐姐》深入社区，创办 3 000 多所“知心学校”；《幼儿画报》网站与新浪等全国 50 多家相关幼儿网站链接、合作，为读者提供增值服务。

2. 跨媒体传播，努力使内容价值最大化

不少少儿期刊把品牌专栏的内容编辑成书，或加工成电子产品。如《东方娃娃》致力于图画书编辑推广，参与出版多部有国际影响力的原创图画书。

3. 举办竞赛、游学等活动，为广大少年儿童读者提供实践机会

浙江《中学生天地》与浙江电视台联合举办浙江省中学生电视辩论赛，辩题都与学生实际生活紧密相连。竞赛活动经过电视台播放后，吸引了众多中学生的目光，发行量也通过竞赛得到有力拉升。

4. 创新宣传方式，稳定广告收入

深圳《红树林》与广告客户共同商讨如何把广告做得让孩子喜闻乐见，策划了一些优秀栏目，如为“欢乐谷”“世界之窗”量身打造“魔幻欢乐谷”“中国牛闯世界”等栏目，以游戏、知识问答的形式，让孩子参与闯关，深受读者欢迎的同时又较好地满足了广告客户的品牌传播要求。

（五）量力而行积极推进融合发展

随着新技术的发展和传播市场的变化，媒体融合发展是大势所趋。少儿期刊多数虽然规模小、实力不强，但也主动适应少年儿童媒体接触习惯和阅读需求的变化，因地制宜，量力而行，积极推进融合发展。

1. 普遍开设网站和微信公众号，与纸质媒体实现良性互动

据中国少年儿童报刊工作者协会的调查，已有 80% 的少儿期刊建立了网站、微信公众号。中少总社旗下《幼儿画报》的微信公众号用户范围覆盖 34 个省、自治区和直辖市，推送文章的阅读量不断攀升，目前已拥有百万 + 的粉丝。其中，主打栏目“金龟子讲睡前故事”受到广大读者的喜爱，“图画书微

课堂”“陈博士讲育儿”等成为深受老师和家长喜爱的王牌栏目。《幼儿画报》还上线了官方服务号“红袋鼠”，充分运用新媒体对刊物、衍生图书进行全方位的展示和推广，与书、刊形成了很好的互动。“红袋鼠”服务号还开展了“我心中的物理世界”“听金龟子讲故事画图画”“百万小读者捐书”等活动，便捷地服务了读者，吸引了众多用户的参与。该服务号“红袋鼠”物流自助查询系统架起了刊社与读者之间互动的桥梁。浙江教育报刊总社的《中学生天地》创办了“锐角网”网站，打造了“中学生天地”微信公众号，并利用数字平台开展“真人书”阅读、公益捐书、“为爱朗读”等活动。《小学生时代》在“小学生时代”微信公众号上开展媒体融合创新试验，其与纸媒互为依托，极大地丰富了读者阅读体验。《大嘴》英语版还推出“有声阅读”，开通了扫码听语音等功能，以新媒体的形式推广阅读，集聚人气。

2. 积极应用新技术，创新期刊内容呈现方式

少儿期刊运用多媒体技术，对传统出版流程进行改造，实现编辑流程数字化，创新了纸质读物的内容呈现方式，赋予少儿期刊更为丰富的阅读功能。

点读技术、二维码技术的使用，让小读者通过手机、平板电脑可以看到期刊上的精彩内容，听到语音讲解。辽宁《好孩子画报》于 2014 年引进 MPR 多媒体印刷读物技术，在有限的版面之外，开拓出音频、视频等方式的表现空间，实现了从无声阅读到有声伴读的飞跃。该刊识读器还可以替代小读者的父母讲故事，进行陪伴阅读。这一技术的引进，获得了专家、同行、小读者和老师家长的一致好评，也使《好孩子画报》的经营利润同比增长了 26%。

增强现实技术使小读者通过扫描相关图片，就可以看到三维立体动画，进入融合视听的立体阅读空间。《幼儿园》使用增强现实技术，打破传统的阅读方式，为幼儿读者提供了新鲜、有趣的阅读体验，有助于他们提高阅读兴趣。《幼儿园》杂志自 2017 年 6 月运用增强现实技术以来，利润同比增长 26.6%。广西期刊传媒集团结合自身资源与业务发展特点，运用增强现实技术打造 3D 少儿期刊，推出了《奇趣专科（动物故事）》《奇趣专科（军事密码）》《奇趣专科（成语故事）》《数学大王（智力快车）》4 种 3D 阅读刊物。3D 阅读刊物将虚拟形象、视频、音频、实时互动等多媒体内容和纸质期刊上的图片、文字融为一体，调动小读者的视、听、触等各种感观，让阅读变得声形并茂，让小读者远离“审美疲劳”。他们还开展了“3D 科普进社区”“3D 科普进校园”

“3D 科普开放日”“3D 科普夏令营”等系列阅读活动，把 3D 阅读带进街道、带进社区、带进校园，让更多的小读者体验 3D 的神奇魅力。3D 阅读期刊不仅为小读者带来愉悦的阅读体验，也使期刊收获了良好的社会效益和经济效益。

3. 探索开发 APP，试水移动终端市场

智能手机的普及带来了 APP 市场的繁荣，在向数字出版的转型中，一些少儿期刊出版社已经试水移动 APP 领域。《幼儿画刊》从 2015 年开始，着力打造“视、听、玩”立体阅读新模式，只需要一部手机或者任何具备摄像头且可联网的电子设备，即可一边看杂志，一边听故事、看微电影和教学视频；在每期刊物的 15 个栏目中，拿出 8 个栏目，增加音频或视频，读者只要扫描栏目中所设的二维码，即可听著名主持人讲故事、看动画片、看国学微电影、看趣味美术课、动手玩游戏等；从 2016 年下半年起，《幼儿画刊》尝试在刊物中嵌入增强现实技术，利用动作捕捉技术制作三维动画，让孩子和家长体验刊物中的内容“活起来”，极具先锋意义。以封面蓝狐狸为例，只要下载 APP 应用程序，用手机或平板电脑即可看到一个立体三维动画和游戏，读者即可拥有更多的互动体验，尽情享受互动游戏的声光效果。

（六）少儿期刊“走出去”实现零的突破

2016 年 9 月 23 日，在中国（武汉）期刊交易博览会上，中国少年儿童新闻出版总社与美国 CM 公司签署版权输出协议，成功地将《婴儿画报》《幼儿画报》两本国内畅销刊物输出到美国，率先实现中国少儿期刊“走出去”零的突破。此举是中少总社推动少儿出版走出去取得的又一突破性进展，也是中国少儿期刊界在国际化进程中收获的一个重要成果。经过一年多的合作，中少总社与 CM 公司建立了良好的合作关系，并在期刊合作方面积累了经验。2018 年双方就进一步加强合作续签合同，进一步开展基于“引进来”和“走出去”的双向合作：CM 翻译出版中少总社的《幼儿画报》《婴儿画报》，中少总社翻译出版 CM 的 *Babybug*、*Ladybug* 两本刊物的内容。*Babybug*、*Ladybug* 是美国畅销的低幼刊物，将其引入国内对我国低幼刊物国际化之路提供了一个极好的借鉴。

2017 年，《幼儿画报》图画书微课项目也取得了阶段性的成果，课程已进

入澳大利亚、新西兰、美国等国家的幼儿园，这意味着中国的早期教育正逐步走出国门。中少总社的《幼儿画报》《婴儿画报》还积极参加国内外的期刊博览会，加强与国际同行交流，拓展国外合作渠道。

四、少儿期刊发展中存在的问题

少儿图书是我国出版业发展最快、活力最强、成长性最好的板块，自 2002 年以来，连续 16 年保持 10% 以上的增长速度。据开卷公司监测数据显示，2017 年少儿图书在图书整体零售市场上所占份额已达 25%[①]。与少儿图书相比，我国少儿期刊在发展速度、规模效益、文化影响力、融合发展水平、国际化程度等方面，都有较大差距。究其原因，有少儿期刊自身存在的问题，也有外部发展环境方面的问题。从少儿期刊自身看，主要存在以下问题。

（一）“小而散”问题突出

“小”是规模小。据中国少年儿童报刊工作者协会统计，少儿期刊从业人员现有 8 000 多人。其中，编辑人员约 2 500 人，每种期刊平均约 8 人；发行人员 2 300 多人，每种期刊平均约 7 人；管理人员共有 1 300 人，每种期刊平均约 4 人；另有技术、服务人员 2 200 余人，每种期刊平均约 7 人。（见表 3）

表 3　少儿期刊从业人员统计[②]

岗位分工	岗位总人数	每刊平均人数（约等数）
编辑人员	2 500	8
发行人员	2 300	7
管理人员	1 300	4
技术、服务人员	2 200	7

“散”是管理分散。少儿期刊出版的主管主办单位涵盖共青团、教委、出

① 数据来源：北京开卷信息技术有限公司《2017 年中国图书零售市场报告》。
② 数据来源：中国少年儿童报刊工作者协会统计。

版集团，成人报刊社、报刊集团、妇联、文联、文学研究院、作协、科协、高校等十多个系统。

由于“小而散”，多数少儿期刊以粗放、低效的作坊式经营为主要运营方式，集约化程度很低，难以形成规模效益，缺乏可持续发展能力。

（二）内容创新能力不强

1. 存在同质化倾向

综合类、学辅类期刊约占少儿期刊品种数量的50%，这两类期刊中不少栏目设置大同小异，定位重复、内容雷同、结构单一，缺乏对少儿成长过程中的问题的深度思考。文学、科普、动漫类期刊中也存在类似问题。

2. 存在跟风抄袭现象

由于编辑力量不足、原创作品稿酬较高等原因，一些少儿期刊无力挖掘、培养作者和小记者，也无力策划创新选题，于是纷纷转向文摘类期刊，看似博采众家精品，实则跟风抄袭。

（三）经营模式单一陈旧

1. 收入来源主要来自发行收入

少儿期刊收入90%以上来自发行收入，广告、培训、数字出版和衍生品等经营收入所占比重很小。

2. 发行渠道不畅

少儿期刊的发行渠道有校网、邮局、零售、网络渠道以及政府采购渠道。但目前这些渠道都不畅通。校网渠道直接进校园面向少儿读者营销，订阅效果显著，但是受地方教育行政部门限制较多。邮发渠道市场覆盖面广，营销队伍大，但邮政业务重组使报刊发行业务进一步边缘化，营销人员尤其是一线收投员积极性不高。传统零售渠道受网络渠道冲击，日渐萎缩，受众流失严重。网络渠道竞争激烈，竞相降价打折，不仅造成少儿期刊在网络渠道销售高码洋低收入的局面，而且冲击线下其他渠道，形成不良竞争局面，扰乱了少儿期刊的市场秩序。政府采购由地方政府为主实施，采购目录侧重本地期刊，中央和外地少儿期刊往往难以进入。（见表4）

表4 发行渠道情况

渠道	优势	劣势
校网	直接面向少儿读者，订阅效果显著	受地方教育行政部门限制较多
邮局	市场覆盖面广，营销队伍大	报刊业务边缘化，收投员积极性不高
传统零售	读者可以直接接触刊物，方便选购	日渐萎缩，受众流失严重
网络新零售	契合读者追求方便、快捷的购买体验	竞争激烈，竞相降价打折
政府采购	由地方政府为主实施，本地刊物受重视	中央和外地少儿期刊难以进入

3. 营销推广缺乏力度

少儿期刊主要营销模式有赠品营销、品牌营销、服务营销、关系营销、公益营销和网络营销等，但是随着时代的变化、市场竞争的加剧，传统的营销模式已经不能完全适应当前业务发展的需求。营销推广活动形式单一，影响力有限。少儿期刊为开拓市场，提高发行量，大多选择征文大赛、作家进校园等形式来开展阅读推广活动，但活动前、活动中和活动后编发配合默契度不够，活动后续跟踪不及时，造成很多活动雷声大雨点小，虎头蛇尾，最终活动的效果不显著。

（四）地域分布不合理

少儿期刊的地域分布与各地对教育资源的需求不相匹配，呈现出东高西低的现象，西部地区占比不到30%。城乡分布也不合理，一线城市、省会城市等大中城市创办的少儿期刊呈压倒性优势，缺少针对小城市、农村地区读者需求的少儿期刊，也缺少反映这些地方孩子的教育发展需求的内容。

（五）体制机制改革有待深化

部分少儿期刊出版社仍为经营性事业单位，即使已经完成事业转企业的地方，经营对行政资源过度依赖，自我抵御市场风险的能力不强，在面对激烈的市场竞争时往往束手无策。很多少儿期刊转企后没有转变经营机制，财会制度专业化有待进一步加强；职代会未能真正有效发挥监督职能；企业职工激励和约束机制不完善、职业晋升通道狭窄；企业市场化程度有待进一步提高；各项管理制度和规范的执行力不强。

（六）融合发展进展缓慢

1. 技术手段落后、出版流程陈旧

多数少儿期刊沿袭传统的办刊版面设计，栏目策划模式化现象严重，不符合少儿读者的审美情趣。编印发周期过长，从选题策划、组稿、编辑、排版、校对、审稿到印刷、发货、分送等，需要经过多个环节，期刊到达读者手中后，一些热点资讯和信息早已过时，读者已经失去了阅读兴趣。低时效性的内容不断积累，逐步形成恶性循环，导致少儿期刊传播的内容落后于少儿读者的实时需求。[①]

2. 缺乏新媒体产品和衍生品开发能力

在移动端自媒体和互联网浪潮的影响和冲击下，传统少儿期刊的生存发展空间受到空前的挤压。种类繁多的线上免费阅读载体也铺天盖地般袭来，越来越多的孩子通过手机、平板电脑等阅读器听故事、看动画片等。读者阅读选择的多样化，迫使少儿期刊社须积极融合新媒体，提升少儿期刊读者体验，但多数少儿期刊囿于自身实力，推出新媒体产品的能力不强。如何利用新技术推广新媒体产品，让孩子提高对期刊数字化和手机 APP 等各种新媒体平台的了解，从而提升少儿读者的阅读体验，成为少儿期刊社的新课题。此外，如何应对市场，开发出受孩子们喜爱的衍生产品，也是当前少儿期刊社共同面临的难题。

（七）“走出去”存在诸多困难

少儿期刊“走出去”对于国外小读者及时了解中国孩子的生活与情感，感受中华文明和中国优秀传统文化具有独特意义。文化差异一方面决定了少儿期刊输出的巨大潜力，但从另一方面来看，少儿期刊输出相较于其他品类的书刊输出存在许多困难。首先，从输出环境上看，与图书相比，目前还没有关于少儿期刊的国际展览，国际交流与合作缺乏平台。其次，从输出内容上看，一种少儿期刊相比于一本图书，内容丰富多样，大部分以各种教育性内容和语言学

---

① 王荣伟：论新媒体时代下少儿期刊发展的策略，万方数据网，2017 年 11 月 24 日，http://www.wanfangdata.com.cn/details/detail.do?_type=perio&id=xwyjdk201719182（2018 年 9 月 11 日）。

习内容为主，要使一种少儿期刊的整体内容适合外国小读者，难度很大。国内少儿期刊的绘画和版式设计风格也不太适合国外尤其是欧美市场。第三，办刊理念和编辑理念不同，在具体的编辑合作环节中，少儿期刊会更多地暴露出中外双方在编辑理念上的不一致和文化差异，由此带来很多实际操作上的困难。

（八）队伍素质不适应发展要求

1. 人才流失

少儿期刊由于“小而散”，原本就难以吸引高素质人才，近年来在新媒体冲击和传统渠道萎缩的双重挤压下，一些少儿期刊社经营困难，骨干管理经营人才和编辑纷纷跳槽，有些期刊社甚至出现了编发人才的断层。

2. 缺乏在传统媒体和新媒体之间游刃有余的采编人才

纸媒资深编辑往往排斥新媒体转型，在生产适应新媒体的内容时思路保守，技术陈旧；而新招的年轻编辑适应新媒体环境，内容生产适合新媒体，但在传统期刊采编方面又存在深度不够、采编技能薄弱的特点，复合型编辑可遇不可求，仅仅依靠培训往往治标不治本。

除上述自身存在的问题外，少儿期刊的发展也面临外部环境的制约。

第一，少儿阅读的作用未受到充分重视。随着全民阅读活动的深入开展和教育改革的深化，少年儿童的阅读也日益受到重视，各地相关的地方性法规中，也有支持和保障少儿阅读的条款。但尽管如此，少儿期刊依然面临着征订难的问题。在全民阅读活动中，相关部门往往重图书轻期刊，对优秀少儿期刊的推荐力度不够，甚至缺乏推荐；教育行政部门为防止学校向学生乱收费等现象的出现，发文禁止少儿期刊进入校园征订；部分家长基于家庭经济条件和对阅读的不重视等原因，拒绝孩子阅读课外书；部分校长和教师基于对阅读认识不够，以及怕影响课业、敏感收费问题和校园安全等原因，也排斥学生阅读期刊。这都使得少儿期刊在全民阅读中的教育功能和引导作用被严重弱化。

第二，市场竞争无序。一是成人、青年期刊办少年版。受新媒体冲击，成年和青年的报刊发行量持续下滑，少儿期刊相对稳定。一些成人或青年报刊社为摆脱经营困境，纷纷转而创办少儿版、低幼版等。二是出版商降价倾销。一些少儿期刊为赢得更多渠道商的重视和占领更大的市场空间，不在提高刊物质量和提供更好的售后服务水平上下功夫，而是通过降低折扣的方式来赢得市场，有的甚至以低于成本价的方式倾销。三是有些省市实行地方保护主义。一些地方的有关行政部门在报刊推荐目录中，完全排斥全国性和外地出版的少儿期刊，形成少儿期刊市场的地方割据。

第三，新媒体不断挤压生存空间。网络化时代，少年儿童的成长环境中除了传统的纸质少儿期刊外，还充满了电脑、手机、平板等各种新媒体终端，他们的媒体接触习惯和阅读方式也因此而改变，数字化阅读的比例正在逐年上升。其中，“浅阅读”和“参与型阅读”的特点在这群少儿期刊的主体读者身上表现得尤为明显，他们用浏览式的“浅阅读”代替咀嚼式的“深度阅读”，他们不再满足于被动地接受媒体提供的内容，而是根据自己的爱好自主地选择内容，并通过网络媒介表达自己的心声，况且新媒体的声图、音频等形式，吸引力远远大于传统的纸质报刊，这使得少儿读者开始逐渐“淘汰”传统的少儿期刊。

五、新时代少儿期刊的发展机遇

中国特色社会主义进入了新时代，我国将在全面建成小康社会的基础上，开启全面建设社会主义现代化国家的新征程。当代少年儿童将陆续成为基本实现社会主义现代化的生力军、建设社会主义现代化强国的主力军。新时代对少年儿童的成长提出了新要求。习近平总书记十分关心少年儿童成长，对少年儿童工作有一系列重要论述。他说，“每个人都是从孩子长大的。实现我们的梦想，靠我们这一代，更靠下一代。少年儿童从小就要立志向、有梦想，爱学习、爱劳动、爱祖国，德智体美全面发展”。[①] 他希望少年儿童从小积极培育和践行社会主义核心价值观，提出了“记住要求，心有榜样，从小做起，接受帮助”[②] 的具体要求。他勉励少年儿童“从小学习做人，从小学习立志，从小学习创造”。[③] 在党的十九大报告中，他提出“培养担当民族复兴大业的时代新

① 习近平关于青少年和共青团工作论述摘编，北京：中央文献出版社，2017：90。
② 习近平关于青少年和共青团工作论述摘编，北京：中央文献出版社，2017：30。
③ 习近平关于青少年和共青团工作论述摘编，北京：中央文献出版社，2017：91。

人”，“建设知识型、技能型、创新性劳动者大军”，“培养造就一大批具有国际水平的战略科技人才、科技领军人才、青年科技人才和高水平创新团队”。习近平总书记的这些论述，集中体现了新时代对少年儿童成长的新要求。少儿出版的社会价值，在于通过提供阅读产品和阅读服务，满足少年儿童成长过程中的阅读需求，使他们成为社会发展所需要的人。少儿期刊是少儿出版不可或缺的重要组成部分，新时代对少年儿童成长的新要求，是对少儿期刊的根本要求，也是少儿期刊发展的最大机遇。

此外，少儿期刊发展还面临以下重大契机。

（一）少年儿童阅读在全民阅读中的重要地位进一步落实

全民阅读已经上升为国家战略，少年儿童阅读在全民阅读中既是重点工程，也是基础工程。国家以法律保障少年儿童阅读在全民阅读中重要地位的进一步落实。2017 年 3 月 1 日起实施的《中华人民共和国公共文化服务保障法》规定：“各级人民政府应当根据未成年人、老年人、残疾人和流动群体的需求，提供相应的公共文化服务。”“国家鼓励和扶持公共文化服务与学校教育相结合，充分发挥公共文化服务的社会教育功能，提高青少年思想道德和科学文化素质。”“地方各级人民政府应当加强面向学生的公共文化服务”。2018 年 1 月 1 日起实施的《中华人民共和国公共图书馆法》规定：“政府设立的公共图书馆应当设置少年儿童阅览区域，根据少年儿童特点配备相应的专业人员，开展面向少年儿童的阅读指导和社会活动，并为学校开展有关课外活动提供支持，有条件的地区可以单独设立少年儿童图书馆”。《全民阅读促进条例（征求意见稿)》也公开征求意见。[①]

（二）深化教育改革对阅读提出了新的更高要求

2014 年，国务院颁布了《关于深化考试招生制度改革的实施意见》，明确要求考试方式、考试内容要更加注重综合性、基础性。2017 年，中共中央办公厅、国务院办公厅印发《关于深化教育体制机制改革的意见》，提出了要注重

① 全民阅读促进条例（征求意见稿），人民网，2017 年 4 月 5 日，http：//media. people. com. cn/n1/2017/0405/c40606-29190439. html（2018 年 8 月 16 日）。

培养学生支撑终身发展、适应时代要求的关键能力，其中就包括以阅读为基础的学习认知能力。随着教育改革的全面展开和不断深化，阅读在基础教育中受到前所未有的重视。教育部在最新的语文学科课程标准与考试大纲中对分级阅读和学科阅读提出了建议和要求。分级阅读要求从儿童的身心、思维发展等特征出发，对不同成长阶段的儿童实施不同的阅读计划，指导儿童根据自己所处的阅读水平，选择与自己身心发展相适应的读物，从而促使儿童阅读能力得到发展和提高。学科阅读要求准确地把握教材的知识点，然后结合知识点，从学生的年龄特点和阅读兴趣出发，筛选、补充与知识点相关的阅读书目或材料，为学生的课堂阅读做好储备。“阅读重塑教育生态”“得语文者得高考，得阅读者得语文”，正在成为教育界的共识。①

（三）城镇化进程加速将不断释放少年儿童阅读需求

截至 2017 年，我国城镇化率已经达到 58.52%，未来十年到二十年，依旧会是中国城镇化高速增长的阶段。我国人口不断向城镇集中、农村少儿儿童不断地向城镇集中，城镇幼儿园、中小学校数量及其学生数量必然不断扩大和增长，公共文化服务供给水平也将相应不断提高。城镇化进程中教育和文化事业的发展，必将有效激发少年儿童阅读需求的释放，扩大少年儿童读者群数量，这将为少儿期刊提供了持续发展的空间。

（四）计划生育政策调整带来人口红利

2015 年 10 月，党的十八届五中全会决定，坚持计划生育基本国策，积极开展应对人口老龄化行动，实施全面的二孩政策。这意味着我国全面结束了长达四十年之久的独生子女计划生育政策。这一人口政策的改变将在相当长的时间内稳定和扩大我国未成年人口，使少儿期刊的目标读者群稳中有升，为少儿期刊的发展带来长久持续人口红利。

---

① 中共中央办公厅国务院办公厅印发《关于深化教育体制机制改革的意见》，中华人民共和国中央人民政府网，2017 年 9 月 24 日，http：//www.gov.cn/xinwen/2017-09/24/content_5227267.htm（2018 年 9 月 5 日）。

（五）阅读需求结构变化倒逼少儿期刊转型升级

据中国新闻出版研究院2018年4月发布的阅读调查报告，2017年中国0—17岁未成年人阅读率为84.8%，高于成年人的80.34%；0—17岁未成年人人均图书阅读量为8.81本，远高于成年人的人均图书阅读量4.66本。由此可见，少年儿童阅读依然以纸质图书为主。（如图5所示）

但与此同时，儿童听书率即有声读物阅读率与成人大体持平，均为22%左右。这说明，伴随着新媒体的发展，儿童对阅读的需求已不满足于单一纸质读物，而是向纸质读物为基础的多媒体复合阅读发展。这就要求少儿期刊加快融合发展，由单一纸质读物出版向全媒体复合出版转型，实现同一内容的多介质、多渠道传播，以满足少年儿童分层次、个性化、多样化的阅读需求。

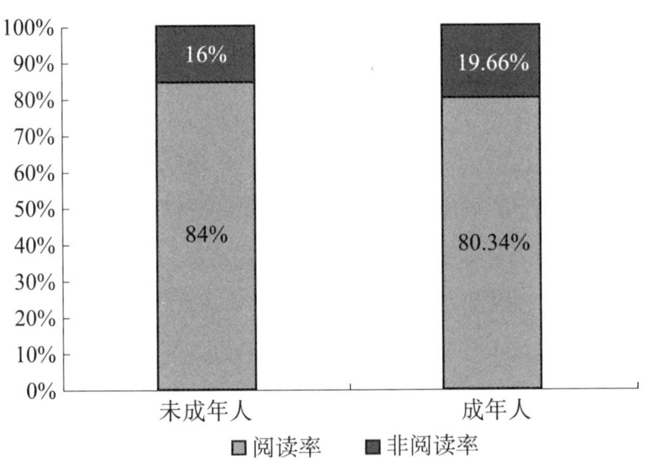

图5　未成年人与成年人阅读率比较[①]

六、新时代少儿期刊发展的对策和建议

新时代少儿期刊面临的机遇和契机是前所未有的，少儿期刊界应当认清形

① 数据来源：中国新闻出版研究院2018年4月发布的阅读调查报告。

势，坚定信心，抓住机遇，把握契机，深化改革，加快发展，推动少儿期刊在新时代实现新发展。

（一）把培养担当民族复兴大业的时代新人作为少儿期刊的根本任务

立德树人历来是少儿出版的根本任务，也是中国少儿出版极其宝贵的光荣传统。中国少儿出版从萌芽那天起，就把通过培育新人来推动社会进步作为自己的使命。我们党建立新中国少儿出版事业，也是因为“少年儿童教育真正是关系到我们国家和社会未来的一项根本事业，真正是我们国家的百年大计。少年儿童虽然主要是在学校的课堂中受到教育，但他们也要在校外和课外受到教育，阅读文艺的和科学的读物。”[①] 少儿出版立德树人在不同时代有不同的内涵和目标，在中国特色社会主义新时代，就是要培养担当民族复兴大业的时代新人。作为少儿出版的一个重要组成部分，少儿期刊界应当认真学习习近平新时代中国特色社会主义思想，尤其要学懂弄通习近平总书记关于宣传思想工作、教育工作、少年儿童工作的系列论述，坚定不移地把按照新时代人才培养的目标立德树人作为根本任务，把握好少儿期刊的发展方向。

（二）进一步深化供给侧结构性改革

1. 优化少儿期刊结构

现有 326 种少儿期刊中，综合类、学习辅导类期刊超过一半。少儿期刊品种结构的同质化，必然导致内容的同质化，而内容的同质化，又容易导致同类期刊生存空间相互挤压，诱发不正当竞争。应当适应读者需求结构变化，特别是基础教育分级阅读、学科阅读的要求，压缩综合类、学习辅导类少儿期刊品种，创办更多适应分级阅读、学科阅读的少儿期刊。同时，建议政府主管部门像制订图书中长期出版规划那样，制订少儿期刊中长期发展规划，引导少儿期刊优化品种结构。

2. 优化少儿期刊的区域结构

为加快改变目前少儿期刊区域分布东部多西部少、城市多乡村少的现状，建议突破现有期刊管理的限制，特许一些优秀少儿期刊以品牌、内容授权的方

① 引自 1955 年 9 月 16 日《人民日报》社论《大量创作、出版、发行少年儿童读物》。

式，与地方少儿期刊合作，创办地方版。这样，也可以避免盲目创办新刊，进一步加剧少儿期刊“小而散”的局面。

3. 整体促进少儿期刊办刊质量的提高

用好评奖、推优等杠杆，从严掌握学习辅导类、以文摘为主的综合性期刊评奖、推优标准，加大对内容创新能力强和品种创新期刊的鼓励、扶持。国家出版基金设立期刊原创出版基金，帮助少儿期刊增强内容创新能力。建立少儿期刊审读机制和编校质量检查制度，定期对少儿期刊的政治导向、价值导向、内容质量和编校质量进行检查，并在适当范围内通报检查结果。

（三）进一步深化少儿期刊改革

1. 总结推广一些地方的成功经验

结合事业单位体制改革，以出版集团为主体，以少儿出版社为核心，继续推动少儿期刊出版资源的重组，改变目前“小而散”的状况，壮大少儿期刊出版企业规模和实力，提高少儿期刊出版、经营的集约化水平，增强少儿期刊抵御市场风险的能力。有条件的可以在出版集团下组建少儿期刊集团。

2. 推动少儿期刊出版单位深化内部改革

按照建立现代企业制度的要求，完善治理结构，建立成本利润核算为基础的财会制度，建立科学、合理和规范的管理制度，建立公平而透明的分配制度，建立以职代会为基础的监督机制。

（四）推动融合发展取得实质性进展

1. 要增强急迫感

要看到少年儿童阅读需求的分化、升级正在加速，以纸质读物为基础的多媒体复合型需求渐成主流，中心城市、发达地区少年儿童读者对数字产品的阅读需求增长很快，少年儿童新媒体阅读市场正在形成。数字产品对于少儿期刊出版单位而言不是要不要做的问题，而是还有没有机会、有多少机会去做的问题，要尽快取得实质性进展。

2. 要定位好自身的角色

少儿期刊不能止步于为新媒体平台提供内容资源，满足于内容供应商的角色，继而受制于人，丧失融合发展的主动权，而是要像做传统出版一样，将自身定位于新媒体产品供应商。鉴于目前少儿期刊“小而散”的实际状况，建议由国家新闻出版管理部门和出版单位主管部门牵头，协调相关行业组织和综合实力强的出版单位，统一规划建设少儿期刊数字出版平台，形成少儿期刊数字出版利益共同体。

3. 要选好突破口，尽快推出体现自身资源优势、有市场推广前景的产品

目前少儿有声读物市场已经形成，少儿期刊出版单位在这方面有较强的品牌优势、内容资源优势和读者资源优势，可以把有声读物作为切入点，应用新技术改造传统出版流程，实现流程再造，建设全媒体出版平台，形成全媒体产品生产和推送能力。

（五）积极探索“走出去”

从总体看，我国少儿期刊实力不强，国际交流与合作的机会和经验都比较缺乏，整体参与国际市场竞争的实力和条件还不具备，还处于探索和尝试的阶段。结合当前少儿期刊和国际市场的实际，少儿期刊“走出去”应脚踏实地，量力而行。一是目标市场应以我国周边国家和欧美华人较为集中的城市和社区为主。这些国家和地区与我国的文化比较接近，民众汉语学习热情较高，少儿期刊“走出去”有一定的市场前景。二是主动搭建少儿期刊“走出去”的平台。可利用北京国际图书博览会、武汉刊博会、上海国际儿童书展、中国—东盟博览会等展会，组织少儿期刊的国际展览与交流。三是在现有资助出版“走出去”的各项基金中，设立专项，扶持优秀少儿期刊“走出去”。四是组织少儿期刊的国际交流，扩大少儿期刊的国际视野，帮助少儿期刊了解国际市场需求。

（六）建设好适应新时代要求的少儿期刊出版队伍

少儿期刊队伍建设工作总体相对薄弱，由于少儿期刊出版在本部门工作中相对边缘化，主管部门往往无暇顾及少儿期刊队伍建设；由于少儿期刊“小而散”，政府出版行业主管部门对少儿期刊队伍建设也鞭长莫及。建议政府行业主管部门协调期刊行业社团，给予必要的政策、资金支持，像抓少儿图书出版队伍建设一样，从培训入手，切实抓好少儿期刊队伍建设。从当前少儿期刊队

伍的实际看，重点要抓好以下几个方面的培训。一是要抓好理论武装，提高政治站位。习近平新时代中国特色社会主义思想从理论与实践的结合上，系统回答了新时代坚持和发展什么样的中国特色社会主义、怎样坚持和发展中国特色社会主义，这是我们做好各项工作的指导思想和行动指南。二是要夯实专业基础。要了解新时代宣传思想工作的要求，了解新时代人才培养的要求，了解教育改革对少年儿童阅读提出的新要求，了解新闻出版的法律法规，掌握编辑的基本技能。三是要学习、了解新技术、新媒体，掌握全媒体出版的本领。编辑人员要转变观念，把成为全媒体复合型编辑作为追求目标。要通过培训和不断学习掌握新媒体特点，掌握新媒体技术，升级自身的编辑能力。发行人员也要充分了解和研究新渠道和旧渠道的各自特点和变化，增强驾驭各种新渠道的能力。

（七）优化少儿期刊的发展环境

1. 切实重视少儿期刊在少年儿童阅读中的独特作用

建议各地、各部门倡导开展的全民阅读活动中，对阅读优秀少儿期刊提出明确要求，改变在阅读推广中重图书、轻期刊的倾向；建议每年发布的我国国民阅读报告中，把少儿期刊的阅读状况作为报告内容之一，以引起社会对少儿期刊阅读的重视；建议各地教育行政部门的阅读推荐目录中，适当列入优秀少儿期刊；建议各地公共图书馆、少儿图书馆、中小学图书馆以及农家书屋把优秀少儿期刊列入出版物采供目录。

2. 打造少儿期刊推广品牌活动

国家新闻出版广电总局 2016 年、2017 年连续两年牵头组织开展“少儿报刊阅读季”活动，对推动优秀少儿期刊阅读起了明显作用。建议继续开展此项活动，并联合有关部门共同实施，加大力度，长期坚持，使之成为少儿期刊推广的品牌活动。

3. 支持优秀少儿报刊进校园

建议教育部门在完善“一费制”的同时，在学生需要、家长同意的前提下，为优秀少儿报刊走进校园开辟通道，允许宣传、推荐、征订优秀少儿期刊。

4. 推动全国性少儿期刊和地方少儿期刊加强合作

在内容生产方面：一起联合报道发生在地方少儿期刊社当地的重要事件、人物事迹或有关活动等，分享各种编辑素材、作家资源等。在发行渠道方面：全国性少儿期刊借助和利用地方少儿期刊对当地少儿阅读市场熟悉的便利条件，迅速融入地方阅读市场，为当地少儿提供更多的阅读选择；地方少儿期刊也可以搭乘全国性少儿期刊在全国其他地区的成熟渠道，开拓其他地区的阅读市场，扩大自身的影响力。在宣传推广方面：全国性少儿期刊和地方少儿期刊可通过期刊页面的交换广告等形式，互相宣传、互相带动。在阅读推广方面：全国性少儿期刊可联合地方少儿期刊在其所在地组织开展阅读方面的讲座、期刊漂流、书刊捐赠等各种公益活动，共同造福当地少年儿童。

（撰稿人：李学谦、田仙君、赵斌）

参考文献

［1］田仙君．中国少儿报刊发展全方位新思考论文集——少儿报刊发展攻略［M］．南昌：二十一世纪出版社集团，2017

［2］田仙君．浅析我国少儿期刊发展六十年［J］．中国期刊年鉴（2009年卷）

［3］吴燕，舒叶．我国教育、少儿期刊出版现状分析与发展对策［J］．中国出版．2013（6上）

附：少儿期刊出版品种与类别

326种少儿期刊依其办刊宗旨和读者对象年龄段，可分为三大类9小类。具体如下：

一、大众少儿类（211种）

1. 综合类（78种）

《格言》《学与玩》《红领巾》《新少年》《小雪花》《小星星》《小火炬》《小百科》《红树林》《小学生》《小葵花》《小读者》《新校园》《放学后》

《我爱学》《初中生》《中学生》《花季雨季》《学苑创造》《博学少年》《时代教育》《特区教育》《课外生活》《学生天地》《少年博览》《少年时代》《少年月刊》《少年人生》《少年文摘》《金色少年》《少男少女》《少年读者》《知音女孩》《智慧少年》《儿童时代》《东方少年》《小艺术家》《少先队员》《小学时代》《时事画刊》《知心姐姐》《智力课堂》《课外阅读》《中外少年》《华夏少年》《成才之路》《儿童世界》《学生天地》《读写天地》《海峡儿童》《儿童大世界》《小读者之友》《少先队活动》《启迪与智慧》《人生十六七》《青少年日记》《珠江青少年》《少年大世界》《当代小学生》《小学生必读》《小学生导读》《小学生时代》《小学生之友》《小学生导刊》《小学生天地》《小学生生活》《初中生天地》《中学生百科》《初中生世界》《中学生天地》《今日中学生》《初中生必读》《初中生之友》《少先队小干部》《素质教育博览》《中国少年儿童》《中国少年文摘》《广东第二课堂》

2. 文学艺术类（29 种）

《琴童》《创作》《小溪流》《马小跳》《新故事》《儿童文学》《文学少年》《艺术启蒙》《小演奏家》《校园歌声》《故事作文》《故事大王》《童话大王》《童话王国》《童话世界》《少年作家》《小作家选刊》《儿童音乐》《儿童文学选刊》《青少年书法》《漫客小说绘》《中国少年文学》《中外童话画刊》《中外童话故事》《儿童故事画报》《少年文艺》（上海）《中国中小学生美术》《小学生故事与作文》《少年文艺》（江苏）

3. 科普类（43 种）

《智力》《博物》《奥秘》《科学课》《知识窗》《聪明泉》《第二课堂》《环球探索》《科幻世界》《小爱迪生》《小哥白尼》《百科探秘》《奇妙动物》《科学周刊》《科学画报》《奇趣百科》《科学启蒙》《学生电脑》《少儿科技》《科普画王》《科学启蒙》《科幻立方》《我们爱科学》《数学小灵通》《青少年科苑》《发明与创造》《大自然探索》《青春期健康》《儿童与健康》《少儿科学周刊》《天天爱科学》《未来科学家》《十万个为什么》《环球少年地理》《科幻世界画刊》《知识就是力量》《少年电脑世界》《少年科学画报》《科学画报》（校园版）《健康少年画报》《少儿科技博览》《少年发明与创造》《小猕猴智力画刊》

4. 低幼类（52 种）

《启蒙》《童趣》《亲子》《成长》《雏鹰》《新一代》《红蜻蜓》《米老鼠》《阿阿熊》《幼儿园》《小朋友》《小公主》《新生代》《聪明泉》《小聪仔》《娃娃乐园》《妈妈画刊》《上海托幼》《娃娃画报》《幼儿画报》《婴儿画报》《幼儿画刊》《幼儿时代》《幼儿 100》《婴幼画刊》《婴儿世界》《早期教育》《幼儿教育》《为了孩子》《少儿画王》《咪咪画报》《哈哈画报》《儿童画报》《东方娃娃》《妈妈娃娃》《健康娃娃》《东方宝宝》《幸福宝宝》《妈妈宝宝》《看图说话》《读读写写》《开心幼儿》《妈咪宝贝》《好孩子画报》《好儿童画报》《大灰狼画报》《嘟嘟熊画报》《幼儿故事大王》《幼儿智力世界》《意林》（儿童绘本）《小猕猴学习画刊》《幼儿智力开发画报》

5. 少数民族文字类（9 种）

《花蕾》（蒙古文）《花丛》（朝鲜文）《纳荷芽》（蒙古文）《中学生》（朝鲜文）《儿童世界》（朝鲜文）《少年儿童》（朝鲜文）《塔里木花朵》（维吾尔文）《哈萨克儿童画报》（哈萨克文）《小学生时空》（维吾尔文）

二、动漫类（18 种）

《漫友》《龙漫》《米老鼠》《小樱桃》《中国卡通》《动漫星空》《漫画世界》《儿童漫画》（后改为《幼儿美术》）《漫画大王》《漫画月刊》《漫画派对》《动画大王》《动画世界》《知音漫客》《连环画报》《幽默大师》《21 世纪动漫游戏》《幽默与笑话》（儿童彩图版）

三、学习辅导及其他类（97 种）

1. 学习辅导类（82 种）

《阅读》《花火》《学子》《写作》《作文》《高考》《新作文》《新读写》《新课程》《哈博士》《学语文》《读写算》《读与写》《数理天地》《快乐作文》《快乐阅读》《课堂内外》《中学俄语》《英语广场》《时代英语》《英语画刊》《棒棒英语》《校园英语》《少年写作》《学习之友》《作文世界》《课外语文》《中学语文》《七彩语文》《快乐语文》《语文学习》《语文天地》《作文通讯》《语文世界》《创新作文》《新锐作文》《作文大王》《中学数学》《数学大王》

《新世纪智能》《数理化学习》《新东方英语》《语数外学习》《中小学数学》《中学生数学》《数学大世界》《中小学数学》《语数外学习》《中学生读写》《中学政史地》《中学生英语》《中学生阅读》《小学生作文》《现代中学生》《作文新天地》《作文与考试》《试题与研究》《理科爱好者》《高中数理化》《高中生学习》《初中生学习》《初中生写作》《中学英语园地》《初中生辅导》《少年作文辅导》《中学生语数外》《中学生数理化》《中学语文园地》《中学英语之友》《作文成功之路》《小学阅读指南》《初中生学习指导》《小学生学习指导》《小学生阅读世界》《小学生作文向导》《小学生优秀作文》《小学生作文辅导》《全国优秀作文选》《初中生优秀作文》《中学生优秀作文》《初中生数语外辅导》《21 世纪中学生作文》

2. 高中生期刊（14 种）

《高中生》《中学时代》《读者》（校园版）《女友》（校园版）《中学科技》《演讲与口才》（学生版）《中国火炬》《中学生视界》《中学生博览》《高中生之友》《中国科技教育》《青春期健康》（青少版）《青少年科技博览》《农村青少年科学探究》

3. 其他类（1 种）

《盲童文学》

数字期刊发展报告

一、数字期刊概况

（一）定义与特点

狭义的数字期刊定义，一般是指获得网络出版许可证的数字期刊出版物。目前取得网络出版许可证的数字期刊出版物大约有200种。

广义的数字期刊定义，一般是指符合连续出版物特征并以数字化形态呈现的数字出版物，包括多种基于互联网的呈现形式。

数字期刊与传统期刊相比，具有以下显著不同的特点：一是富媒体内容形式；二是双向互动信息交流；三是阅读行为数据全采集；四是出版周期自定义；五是个性化定制内容服务。

（二）发展概况

数字期刊的发展伴随着互联网的普及和计算机技术的发展，经历了大致以下几个阶段。

1. 第一代

互联网初期，主要指90年代末期到2000年年初。这个时期互联网刚刚起步，连接速度和连接数量都很有限，数字期刊的尝试主要以网页和邮件形态为主，第一代数字期刊最著名的技术服务商当数“邮件列表专家”——希网网络，“邮件列表”几乎成了第一代数字期刊的代名词。第一代数字杂志因其实质就是一般的html网页，因此具有阅读上的便捷性，但人们概念中的“杂志”形态几乎无从体现。但因为电子邮件强大的生命力，邮件形态的数字期刊今天还有很多应用场景。2015年世界杂志媒体创新报告还专门为邮件形态的电子杂志（数字期刊）做了一份调查报告，并对此类数字杂志的用户打开率偏高做出高度评价。

2. 第二代

基本也是在2000年前后开始，对传统期刊开始简单扫描做成PDF等格式，保留原来纸质期刊的原貌，用屏幕代替纸张，开始采取集约式运营。中国知网、万方、龙源等数字期刊平台作为这种形态的代表也是这个时间开始建立和发展的。与此同时，手机进入了2G时代，移动端的第一代数字期刊形态“手机报”开始流行，由于条件所限，这时使用的还是彩信通道传输数据，容量的限制大大制约了“手机报”形态数字期刊的表现。

3. 第三代

从2005年开始，随着宽带的普及，数字期刊开始出现富媒体形态，主要采用Flash技术来制作。富媒体期刊与传统期刊已有本质区别，以文字、声音、图像、动画、视频等多种元素集合显现出的可视性、多样性、娱乐性、传播速度快等新特性相对于传统杂志具有前所未有的新鲜感。富媒体形态的数字期刊热，不仅让传统期刊出版单位热情响应，很多演艺界名人如徐静蕾、赵薇也都开始制作个人电子杂志。这时期的主要服务平台Xplus、Zbox、Zcom等也吸引了超过上亿美元的风险投资。

同时移动运营商的3G时代开始布局，苹果公司于2007年开始推出“重新定义手机”的iPhone，2009年推出iPad平板，立刻带来了移动端数字期刊的蓬勃发展，移动端富媒体数字期刊主要采用独立APP形式，开始了以APP客户端模式的新一轮跑马圈地。

与此同时，运营商也不满足于出版单位单一期刊形态的产品，开始出现聚合内容服务，包括美国的Flipboard和国内的Zaker。从内容的聚合提供到个性化、碎片化推送，我们看到了数字期刊逐步从一对多的服务模式向多对多变化。

4. 第四代

2011年开始推出社交媒体平台微博，2013年微信公众号平台推出，数字期刊开始进入社交媒体时代。微博一开始140字符的内容限制，开启了媒体碎片化传播的大幕，微信朋友圈的传播让社交化媒体属性的粉丝经济价值开始爆发，移动4G的发展也大大加速了数字期刊借助社交媒体平台的成长。

同时这期间由于二维码技术的普及，跨媒体融合有了更好实现的工具，传统纸质期刊纷纷利用二维码技术实现了内容的跨媒体延展和融合。

2016年基于大数据和人工智能的内容精准匹配特征的信息流杂志开始爆发。

与此同时，音频杂志、视频杂志、AR（虚拟现实）杂志也开始有期刊出版单位尝试制作，数字期刊正式进入了百花齐放的发展时代。

2017年微信正式推出小程序服务，对数字期刊从单一信息服务商向用户全链条服务商转型提供了一个更好的工具，百度也于2018年正式推出小程序服务。

二、数字期刊发展现状

（一）内容呈现

数字期刊从广义的定义来说，目前存在的内容呈现形式很多，本报告将主要分为网站、PDF类数字期刊、社交媒体、其他类型四个部分作一介绍。

1. 网　站

网站可以说是最早出现的期刊数字化形态，也可以说是期刊对外的窗口，不仅仅承担内容的展示，还包括期刊出版单位的业务与合作窗口和读者的服务职能等。

因为搭建网站相对容易，维护成本较低，大多数期刊出版单位都搭建了自己的官网。根据报刊司的年检信息，我们可以看到各省的期刊网站化比例差别较大，这个和地区差异以及出版单位重视程度有一定关联。整体看，刊群和发达地区的刊社官网建设情况较好。

从2016年期刊年检信息看，期刊出版单位的网站建设率为70%，超过平均数的省份有十个，按高低排列分别是：江苏、北京、上海、陕西、浙江、重庆、河南、广东、甘肃和湖北。这10个省（区、市）共有刊社5 891家，其中建站刊社4 806家，总建站率81.6%。

低于50%的省份按照高低排列是：宁夏、辽宁、安徽、海南、内蒙古、广西、贵州、吉林、西藏、新疆和青海。这11个省（区、市），加上总政所属刊社，共有刊社1 703家，其中建站刊社648家，总建站率38.1%。

刊社数量超过200家的17个省，共有刊社7 696家，其中建站刊社5 820家，总建站率75.6%。

刊社数量低于200家的14个省，加上总政和新疆生产建设兵团，共有刊社2 006家，其中建站刊社1 036家，总建站率51.6%。

建站率前三名的江苏、北京和上海，正好期刊社数量也是前三名，刊社共计4 108家，其中建站刊社3 469家，总建站率84.4%。

从数据看，发达地区的建站率相对较高，欠发达地区和少数民族地区相对较低。期刊社数量大的省（区、市）建站率也明显高于期刊社数量偏低的省（区、市）。

表1　各省期刊数量与网站建设比例具体排序表①

省　份	期刊总数	未建网站数	网站/总数（%）
江　苏	441	63	85.71
北　京	3 044	447	85.32
上　海	623	129	79.29
陕　西	268	57	78.73
浙　江	226	53	76.55
重　庆	135	32	76.30
河　南	240	59	75.42
广　东	377	95	74.80
甘　肃	131	36	72.52
湖　北	406	114	71.92
江　西	164	50	69.51
湖　南	248	76	69.35
山　东	264	86	67.42
山　西	199	66	66.83
天　津	242	86	64.46
四　川	352	134	61.93
河　北	218	86	60.55
新疆生产建设兵团	17	7	58.82

① 数据来源：根据2016年国家新闻出版广电总局新闻报刊司年检信息表整理。

续表

省　份	期刊总数	未建网站数	网站/总数（%）
福　建	176	73	58.52
云　南	127	56	55.91
黑龙江	301	135	55.15
宁　夏	37	19	48.65
辽　宁	208	114	45.19
安　徽	180	99	45.00
海　南	43	24	44.19
内蒙古	149	84	43.62
广　西	180	103	42.78
贵　州	90	53	41.11
吉　林	238	142	40.34
西　藏	36	24	33.33
总　政	288	203	29.51
新　疆	200	149	25.50
青　海	54	41	24.07

2. PDF 类数字期刊

PDF 类数字期刊是和印刷版的期刊保持内容与版式一致的呈现形态（包括 PDF、PDG、CAJ 等多种格式，这里简称 PDF 类），正因为和原本一致，受到读者的普遍欢迎。目前 PDF 类数字期刊也是期刊数字化最重要的呈现形式之一。

因为 PDF 类数字期刊存在制作、上架、发行的流程，单一期刊出版单位基本无法独立完成，因而这一格式数字期刊主要由数字期刊发行平台上架发行；也有少部分期刊社在自己的网站上开放 PDF 类数字期刊下载或在线阅读。

市场上主要的发行平台大体分为两部分：一部分以学术类期刊为主，主要有知网、万方、壹学者（人大报刊资料复印中心）、超星、维普等发行平台；另一部分以大众类期刊为主，主要有龙源、中邮阅读、博看、国图、读览天下等发行平台。还有部分综合数字阅读平台，以图书和网络文学阅读为主，包含部分数字期刊，因大多数这类平台期刊数量较少，如中文在线、掌阅、多看等，未列入本报告。

从目前上架 PDF 类数字期刊看，学术类期刊因为平台建设与市场需求的良性匹配，基本都已上架。各个发行平台建设数字期刊数据库以学术期刊为主体构成，以内容的数字转换、碎片化、数据销售为主要生产方式。数字期刊数据库主要实现了三大功能：一是大规模集成整合知识信息资源，整体提高资源的综合及增值使用价值；二是建设知识资源互联网传播扩散与增值服务平台，为全社会提供资源共享、数字化学习、知识创新信息化条件；三是建设知识资源的深度开发利用平台，为社会各方面提供知识管理的手段。

由于数字期刊数据库大大提高了知识信息检索的便捷性，使知识得到更有效的利用和更广泛的传播，加上数据库对知识的碎片化处理，进行不同的分类与组合，实现了期刊既有形式的价值增值，越来越多的期刊愿意把纸质内容交给数据库公司进行统一的制作与发行。目前学术类期刊基本都实现了上架入库。

在营销上，学术类数字期刊数据库经营主要以大学、研究院所、企事业单位等机构用户为主要用户群体，根据各发行平台的采访记录看，2017 年头部发行平台的数据库机构销售的营收占比大约在 80% 左右，个人用户市场占总收入比例不超过 20% 。

大众类期刊上架数量因为商业回报不及预期，有一定比例期刊没有上架，包括不少优秀期刊担心冲击纸刊业务，浅尝即止。大众类期刊与学术期刊的刚性需求不同，更多的面向个人用户市场。面向机构用户的数字期刊数据库销售表现弱于学术类数字期刊数据库。

截止到 2018 年 6 月，各平台上架期刊数量见表 2。

表 2　各平台上架期刊数量表（截止到 2018 年 6 月）①

平　台	上架期刊数量
中国知网	9 000 +
万　方	7 600 +
超　星	7 200 +
人大报刊	121（4 000 + ）
龙　源	4 200 +
博　看	4 000 +
中邮阅读	1 500 +
读览天下	1 300 +
国图国际	500 +

① 数据来源：各发行平台汇总。

3. 社交媒体与数字期刊

数字期刊借助社交媒体发展，主要是采用微博和微信公众号两种形态。

（1）微　博

微博于 2011 年开始流行，因为一开始定义为每条 140 字符的内容发送限制，形成了碎片化内容传播的流行。2015 年微博放开 140 字符限制，目前不超过 2 000 字均可传播。

据微博 2016 年统计报告，微博账号注册超过五亿，青年白领群体是微博用户的主力群体。30 岁以下青年群体作为微博的主要用户，占比达到 80% 以上；18—30 岁用户占比接近 70%。受区域经济、人口结构等多因素影响，珠三角、长三角、北京等经济发达地区以及人口大省的微博用户占比较大。微博活跃用户中，男性用户略高于女性用户。拥有大学以上高等学历的用户始终是微博的主力用户，占比高达 77.8%。

大 V 的机制设计让微博迅速成为人们获取信息的主流方式，各期刊尤其是大众类期刊，也快速建设了自己的官微，通过微博发声，获取粉丝。因为微博的媒体化属性较强，快速传播的时政新闻期刊和娱乐类期刊粉丝成长明显。

粉丝数从另一个角度可以看出期刊在微博的发展情况和影响力。早期进入的期刊，大多收获了发展红利，像《新周刊》粉丝数高达 1 697 万，《环球杂志》粉丝数达到了 1 151 万，《时尚 COSMO》粉丝数接近 1 000 万，科普杂志《博物》粉丝数也高达 927 万。普遍刊社的微博粉丝数在几万到几十万之间。[①]

从整体看，大众类期刊开设微博账号的比例明显高于学术类期刊。

对第三方数据平台“新榜”和“知微”采用“期刊”和“杂志”等关键字查询，据不完全统计，截止到2018 年6 月，期刊社开设的微博官方账号大约1 200 个。

（2）微信公众号

微信公众号于 2013 年正式推出，基于庞大用户群的基础，自媒体属性的微信公众号的订阅号一经推出，立刻引发内容业者的追捧，连续定期发布的特点也最接近期刊的定义，大量期刊社都开设了不止一个订阅号，还有很多期刊从业人员兼职或专职开始了订阅号运营。

微信用户数目前已经接近 10 亿，基本覆盖全部城市居民。微信公众号订

① 数据来源：新榜 2018 年 11 月公布数据

阅号注册总数已经超过2 000万，活跃账号超过30万。对第三方数据平台“新榜”和“知微”采用“期刊”和“杂志”等关键字查询，据不完全统计，期刊社官方开设的微信公众号账号大约3 000个。

从“新榜”发布的“2017微信公众号年榜500强”名单看，期刊只有11家入榜，其中《读者》第83名、《半月谈》第90名、《时尚COSMO》第118名、《意林》第138名、《三联生活周刊》第154名、《中国新闻周刊》第165名、《世界时装之苑》第171名、《青年文摘》第210名、《看天下》第366名、《国家人文历史》第398名、《时尚芭莎》第406名。

根据年榜数据，2017年微信500强共推送图文117.7万篇，收获571.8亿次阅读，8.1亿次点赞；平均一个500强账号全年推送469.3次（1.29次/天），2 353.9篇（6.45篇/天），单篇图文收获4.9万次阅读及686.1次点赞。这个数据可以看到头部微信公众号的影响力平均水平。

年榜数据报告显示，跨平台化趋势明显，2017年微信500强公众号在今日头条、百家号和企鹅号的开通率平均为46%，接近半数。从上榜期刊看，目前跨平台开通率只有36%，期刊社的跨平台步伐相对保守。

因为社交类媒体没有准入门槛，这使得大量的社会力量涌入，单从账号数据看，微信公众号订阅号的活跃数高达30万，大约是期刊总刊号数量的30倍。同类别账号中，传统期刊单位竞争劣势明显。例如，根据2017年10月左右的“新榜”数据，北京出版集团下属的《父母必读》杂志，在母婴类传统期刊中排名第一，但在微信公众号中的母婴类排名仅排第29名。

4. 其他类型

除了前面所提到的三种主要数字期刊形态外，还有FLASH电子杂志、独立期刊APP、音频杂志、视频杂志、信息流杂志、聚合杂志等多种形态，因为这些形态目前大多处于实验期或衰落期，本报告只做简单介绍，不做详细分析。

（1）FLASH电子杂志

FLASH电子杂志在2006年前后引起了很强的市场反应，因其令人耳目一新的富媒体形态和逼真的屏幕翻页效果，让用户大为追捧。资本市场也大举投入，最多时市场上的运营平台超过30家，杂志种类超过1 000种。[①] 2006年被

① 数据来源：艾瑞2007年数字杂志分栏。

多家媒体和第三方数据机构称为“数字杂志元年”。但很快，由于商业模式的不清晰，收费模式和广告模式均未能取得突破，高制作成本的 FLASH 电子杂志逐步衰落，目前只有少数时尚类刊物和产品广告刊还在制作，大多数期刊已放弃了这种形式。

（2）独立期刊 APP

主要是伴随苹果公司的平板电脑 iPad 的诞生而飞速发展，iPad 的惊艳效果让很多期刊投入了独立 APP 开发的怀抱，苹果的报刊亭软件进一步推动了期刊独立 APP 的发展。2012—2013 高峰时期，据数字分会课题调研时不完全统计，苹果报刊亭上架期刊超过 500 种，App Store 上面正式期刊出版单位的独立 APP 超过 200 种。当年世界杂志媒体业高度评价苹果公司给期刊业带来了光明的未来，但只不过两年，独立 APP 的富媒体期刊就遇到了电子杂志同样商业模式不成立的问题。屏幕容量的限制（APP 安装门槛）和用户注意力稀缺导致的 APP 大战，让大量功能单一的期刊独立 APP 退出了这个市场，留存的期刊开始依赖发行平台 APP 生存。而且随着手机的发展，碎片化阅读习惯让期刊整本阅读变得奢侈和小众，APP 形态的整本富媒体期刊逐步被市场抛弃。

（3）音频杂志

最早的模式来自于 2G 手机时代的播客，期刊社将自己的内容做成连续性的音频内容和栏目，供用户下载到手机上在上下班路途中收听，比较流行的是音乐类故事类音频杂志。3G 手机时代后，喜马拉雅、蜻蜓等音频内容聚合服务平台快速发展，新的模式尤其是知识付费模式的兴起，吸引了越来越多的期刊社进入音频杂志市场。目前音频内容市场的主流还是以音乐、图书为主，传统期刊社因为内容转化复杂，涉足音频杂志生产的还不到 20 家。比较突出的是三联生活周刊推出的“中读”平台，老牌期刊《知音》也推出了“听知音”产品。知识服务模式的发展速度很快，传统期刊社过去积累的大量内容和作者老师资源，很适应这种低成本的数字期刊制作模式，可以抓住现阶段的发展红利期快速布局。

（4）视频杂志

狭义的视频杂志，指的是按照期刊模式，主题限定且连续定期发行的视频内容经营。广义的视频内容服务，则指刊社利用已有的视频或直播平台，开展各种视频服务。过去期刊媒体较少涉足，宽带业务的发展尤其 4G 手机时代的来临，让视频应用迅猛发展，尤其在碎片化阅读浪潮下，短视频和超短视频成为主流阅读模式。期刊社目前大多还只是简单利用短视频把积累的内容资源视频化呈现，少数有完整的视频战略和专业团队运营。比较突出的是时尚类期刊，基本把期刊内容视频化作为重要发展方向。时尚集团、康特纳仕等从 2015 年开始都提出了全面视频化的发展战略。中华医学杂志社（旗下 140 余种专业医学期刊）2018 年也开始制作专门的视频杂志，预计年底正式推出。目前市场上存在不少视频服务平台，大量的期刊社小而散，力量薄弱，缺乏视频内容制作和运营能力，能否利用好视频服务平台和辅助工具服务成为期刊社全媒体融合发展的关键。

（5）信息流杂志

信息流杂志是最近两年才开始流行的，比较有代表性的是今日头条的“头条号”和百度的“百家号”业务。与微信公众号不同之处主要是在展示形式和内容篇幅方面。在用户端根据用户的标签属性与阅读习惯，精准推送用户感兴趣的内容，页面呈现信息流滚屏和千人千屏。这种形态的商业模式简单清晰，背后是大数据支撑的广告业务。截止到 2017 年年底，这两家平台上面的期刊出版签约单位近 100 家，根据平台透露，目前好的内容提供方单月最高分账接近百万量级。

（6）聚合杂志

这种和信息流杂志接近，只是展示页面更接近杂志，注重版式美观，内容也采取精准匹配，延展阅读和互动交流设计超过其他类型数字期刊。市场上比较领先的有 Flipboard（美国）、Zaker（中国）、Viva（中国）等，因为这些平台基本从 2010 年就开始运营，根据平台运营方介绍，截止到 2017 年年底，几家平台版权合作签约的期刊社总数接近 1 000 家。

（二）内容生产

数字期刊的生产属于业务全流程数字化生产，不仅体现在表现形式和传播手段的数字化上，传统的采、编业务全流程也都采用数字化手段实现。目前涉及的数字化业务模块包括：编辑工具、复合采编、协同编撰、大数据选题、全文相似性分析、全媒体资源管理、版权管理、云服务与云存储、多渠道内容发布、多形态广告发布、电商、在线学习、活动管理，等等。

各个期刊出版单位因为条件的原因，发展水平参差不齐。大一些的刊社尤其是刊群在生产和业务流程数字化中推进较早，发展也最全面。小刊社实力弱，数字化业务发展较慢，更多的是借助社会上的服务平台实现数字化内容传播。

国家新闻出版广电总局于2014年启动“国家数字复合出版系统工程”开发，工程由财政部专项经费支持开发，预计将在2019年启用验收。工程把数字出版的业务模块标准化整合，云部署自定义服务，期刊出版单位完全可以从自身条件出发，自主选择适合的业务模块开展数字化业务，这将很好地解决期刊社独自开发难度大、运营支撑困难的问题。这对于推动整个期刊业的数字化转型起到积极作用。

（三）经营模式

数字期刊的经营模式主要有以下几种。

1. 直接销售模式

目前最主要的销售模式是通过发行平台面向机构和个人打包或者单本单篇销售。根据中国新闻出版研究院《2017—2018中国数字出版产业年度报告》主报告数据，2017年这一块的收入达到20.1亿元人民币。

2. 广告模式

在所有的数字期刊内容上搭载广告，采用悬挂式、精准匹配式、原生广告（软文）等方式进行销售。目前没有行业统计数据，头部期刊部分数据显示，这部分收入已经占据全部收入的25—35%。尤其是原生广告，相比自媒体，传统期刊拥有专业的内容创作团队和能力，很受广告主的青睐。

3. 电商模式

采用内容加电商销售或者直接电商服务的模式，成为2017年最为耀眼的经营模式。《读者》《三联生活周刊》《质量与认证》杂志以及不少时尚类杂志都在开始尝试。但是，流量、产品选择、物流仓储等系列问题，还是相当程度上掣肘了期刊做电商的规模和前景。《父母世界》杂志另辟蹊径，与京东商城母婴频道达成战略合作，为后者专门打造优质内容和母婴社区，从而分享后者的广告和销售收益，值得借鉴。

4. 活动（展会）模式

利用分众市场的话语权影响力，开展各种行业会议、展览、线下活动，不仅可以获得参会收入，还有大量的定制广告收入。《创业邦》等商业类期刊、《糖烟酒周刊》等行业类期刊在这方面做得相对突出。在新媒体环境下，期刊的活动（展会）模式也开始大量引入现场直播、视频采访等技术，不少刊社例如北京卓众出版有限公司、金属加工杂志社都组建了专门的视频团队，传播量和收入都取得了新的突破。

三、数字期刊发展呈现的新趋势

（一）新传播趋势

1. 多屏幕与新载体多样化

数字期刊伴随着互联网和计算机技术与硬件的发展呈现出越来越丰富的形态。从屏幕层出不穷的变化我们可以看出数字期刊载体的变化趋势。

电视屏幕从最早支持电脑显示开始，到自带操作系统联网显示，实际上已经成为了生活里使用场景最多的大屏幕。近几年投影和激光电视的普及，让“电视”这个词越来越名不副实，这块大屏幕承载了更多的超级电脑屏幕的作用。早期期刊社通过有线电视运营商，在机顶盒设置专门的数字期刊栏目满足在电视屏幕上面看杂志的需求，现在更多的是把应用集成在各种电视客户端上面，用户可以借助客户端直接阅读数字期刊，也可以把电视屏幕直接当做电脑访问网络上面的数字期刊内容。

电脑屏幕随着手机和平板电脑的发展，个人用户电脑使用率大幅下降，更多的数字期刊阅读采用手机和平板电脑屏幕实现。这也是一个从固化使用到移动使用的自然变迁。

家用电器上面也开始出现屏幕，电冰箱等厨房电器的屏幕让菜谱类的数字期刊内容更方便地服务生活。

谷歌眼镜等头戴式穿戴设备让一些嗅觉敏感的期刊社看到了新的机会，康特纳仕、赫斯特等国际期刊率先开始了尝试。

穿戴式智能手表上面也出现了数字期刊的身影，但迷你屏幕如何让阅读更有吸引力成为各个期刊出版单位面临的挑战。现在普遍的做法还是采用引导阅读的模式，让用户从小屏幕无缝跳转到手机或平板电脑上完成延展阅读。

随着物联网的发展和显示成本的下降，未来，可以预见各种屏幕会无处不在，数字期刊的屏幕争夺战刚刚拉开帷幕。

2. 富媒体化趋势明显

数字期刊从诞生的一开始，富媒体的基因就蠢蠢欲动，带宽的限制一定时间内阻碍了它的发展。随着电信宽带的普及，尤其进入移动宽带后，各种富媒体应用开始大量集合在数字期刊上，音频、视频、Flash、Html5 和传统的图文格式交相呼应，给数字期刊带来了眼花缭乱的呈现。

传统期刊社的富媒体战略越来越成为主流，不仅时尚类、明星类、生活类等期刊在布局数字期刊全面富媒体，就连一向严肃刻板的学术科技类期刊也开始积极拥抱富媒体，毕竟更符合人类生理习惯的富媒体形式更受用户的欢迎。而虚拟现实和增强现实的应用会不会成为 5G 时代超高带宽的典型应用，也成为最近数字期刊技术与趋势讨论的热点话题。

3. 传播多渠道化和矩阵化

从市场上表现突出的期刊来看，现阶段的数字期刊传播还有一个很重要的趋势特征，就是单一传播越来越弱，多渠道和矩阵化的立体覆盖传播成为竞争利器。

技术和硬件的发展，用户面临更多的信息源选择，海量供应和注意力分散成为期刊出版单位面临的挑战。全覆盖传播成为一个看起来有效的战略选择。

观察头部数字期刊，一般都采用了多渠道矩阵化传播形态。一是同一内容多渠道覆盖，二是同一渠道多栏目覆盖。比如：卓众出版集团的矩阵全方位布局，涉及各个板块的期刊，有微博、微信、网站、APP、音频、视频、直播等多种新媒体产品形态，在单一渠道微信也开设多个账号覆盖。2014—2015，卓众出版开始深度进行转型布局；2016 年探索突围，到年底新媒体总收入首次超过传统期刊收入；2017 年，布局成效全面显现。

4. 碎片化传播常态化

所谓“碎片化”，并不简单是把完整内容拆散传播，而是需要从传播平台和用户阅读属性做深入研究，结合自身的数字期刊内容属性，做碎片化布局与匹配。比如微博，平台属性更偏向于媒体属性，对于时效性、争议性等要素更为看重，而微信更偏向于社交属性，对于同理心、平等性等要素更为看重。在内容组织上就需要把这些属性偏差充分考虑，才能取得更好的传播效果。

碎片化传播要想取得好的效果，首先是碎片足够多，碎片数量级直接影响数字期刊的市场影响力。从另一方面说，碎片化的传播还有一个导引阅读的作用，做好后续无缝延展阅读设计也是期刊社做好数字期刊覆盖传播的关键。

5. 普遍采用超链接延展化传播

二维码应用越来越普及，微信等应用内含的扫一扫功能，让用户的扫码习惯也早已养成。传统纸质期刊也在尝试利用扫码让纸刊动起来。

现阶段除了纸刊上面搭载二维码，在所有的数字期刊内容上也开始搭载二维码等超链接。除了可以实现内容的延展阅读功能以外，还可以实现各种服务功能的跳转，比如电商业务、社交服务、小程序等。

（二）新经营趋势

1. 努力转型融合服务

数字期刊经营从过去的单一信息服务正在向面对细分人群融合服务做转变。数字期刊在早期比较依赖纸刊所形成的商业模式——贩卖不对称信息。互联网的快速发展和海量信息的出现，让贩卖不对称信息的价值不断降低。大众类期刊面临的冲击最大，寻找新的出路最为迫切。学术科技类期刊因为刊登学术成果（论文）的不可替代性，没有受到这种冲击，反而由于版面容量有限和不断增长的发表需求的巨大矛盾，生存状况颇佳。

大众类数字期刊近几年的下滑，深入分析可以看到并不是面对的市场萎缩，恰恰相反，期刊所对应的分众市场在快速成长。随着经济的发展，个人的分众兴趣和消费需求成长迅猛，面对这样一个快速发展的市场，如果只是把服务方向限制于日益下滑的不对称信息服务，那衰退自然不可避免。面对这种市场背景，快速改变跟进的期刊社很多都取得了不错的市场效益。调研发现，把服务方向从信息服务为主转向为用户融合服务为主是一个被证实可行的转型方向。

所谓融合服务，主要是围绕分众市场的用户主体需求，降低信息服务的业务权重，提高直接需求服务的业务权重，从单一的分众市场信息服务商变身为分众产业链闭环的话语权领导者和直接服务的组织者，打通原来割裂的信息服务与消费服务的鸿沟，直接产生巨大的商业价值。《父母世界》杂志 2017 年和京东电商平台合作打造母婴频道栏目，实现收入超过两千万元。生存环境颇佳的学术期刊在融合服务上也有不少成功案例。《质量与认证》杂志在行业内开展各种会议活动，还利用产品认证结果推出面向个人用户的电商网站，产生了极好的市场效益。

2. 纷纷开始开展知识付费业务

2016 年开始，知识服务模式受到市场追捧，出版单位和相关机构也在积极投入。中国新闻传播研究院发布的《2017—2018 中国数字出版产业年度报告》专门就知识服务专文描述："国家知识服务体系建设加快。2016 年国家新闻出版广电总局批准筹建"知识资源服务中心"，并启动专业数字内容资源知识服务模式试点工作。截止到2018 年3 月，国家数字出版行政管理部门共开展了三批知识服务模式试点单位的遴选工作，110 家出版单位、科研单位等入选。各试点出版单位根据自身资源状况和学科特点，分类别、级别，构建所属学科的专业领域知识体系，目前所开发知识服务产品中一级分类最多的能够达到 100 类，层级最多达到 20 余层。中国新闻出版研究院承建的国家知识服务中心初具规模，服务中心平台通过等保三级测试，2018 年年底即将上线。

知识付费形态与模式基本成熟。现阶段较为多见并在运营方面已较为成熟的知识付费模式包括：知识电商类、社区直播类、讲座课程类、内容打赏类、线下咨询类、第三方支付工具、付费文档类等。知识付费平台的行业格局也初步形成。知乎 live、分答、得到、喜马拉雅等作为知识付费的先行者，也已成为行业的佼佼者；问咖、在行、知识星球、微博问答、樊登读书会等也凭借自身特点，实现了用户积累。

传统期刊也纷纷跻身知识付费中来。如《三联生活周刊》围绕自身期刊品牌特色，打造的知识付费产品——"中读"，以碎片化时代的深度阅读，获得良好的市场反响。"中读"是"中阅读"的概念——阅读传统书籍、杂志是"慢阅读"，手机上的碎片化阅读是"快阅读"，"中阅读"则是介于两者之间的一种阅读状态。"中读"期望用更有效率的方式完成用户和内容之间的连接，并在互联网碎片化阅读的趋势中找到与传统杂志阅读体验相匹配的一种新的阅读形态，进而帮助用户更有效率地获取知识。“中读”的主要产品包括：①付费单篇，来自于三联书店和出版的其他期刊；②“中读”专栏，音频+图文形式的订阅专栏；③“中读”小课，半小时到一小时的课程；④干货书，以音频方式呈现书籍的解读版。

《知音》杂志推出了听知音FM产品，已分批完成4大类作品，其中“知音故事”分为五个系列，共6 000分钟、约430集的成品内容录制。与蜻蜓FM达成战略合作协议，并共同召开了“听知音”产品新闻发布会，开通听知音FM官方微信微博号，同步更新产品。

（三）新技术热点

1. 大数据与数字期刊

“2013年，维克托·迈尔·舍恩伯格发表的著作《大数据时代：生活、工作和思维的大变革》标志着大数据元年开启。中国工程院院士倪光南指出：‘虽然大数据只是近几年才兴起，但各国从政府到工业界、学术界都毫无例外地予以高度重视，可以肯定地说，大数据时代已经到来，它将给人类社会的发展和人们的生活带来深刻的变化。’2015年，阿里巴巴马云在‘国际大数据产业博览会暨全球大数据时代贵阳峰会’上指出：‘未来所有的制造业都将会成为互联网和大数据的终端企业，数据将取代石油，成为未来制造业最大的能源。’数据技术（Data Technology，DT）对各行各业的影响将是变革性、颠覆性和生态性的。”

“造纸技术、印刷技术、信息技术、互联网技术都曾对期刊出版行业产生重要影响，而大数据时代的来临又一次给期刊业带来新的发展契机。”①

大数据对期刊的推动作用体现在两个方面：一方面对期刊经营来说，用户大数据包括销售数据、广告数据、阅读数据等可以帮助期刊对选题进行优化，内容编辑决策可视化，发行方法改良可视化，广告精准匹配等；另一方面，期刊与所在分众市场的数据商合作，可以开展针对用户需求的大数据服务，有效提升信息服务水平。期刊可以给用户提供更多的细分数据，并且依靠专业性对这些数据进行挖掘、分析，输出价值观点，提供可视化数据图表，有效地指导

① 陆利坤、游新冬：大数据技术在出版行业中的应用，出版科学，2017（6）：89—96。

用户并影响用户的行为，实现期刊的话语权价值提升。

现在问题较多的是大众类数字期刊，主要体现在两个方面。一个是大数据采集问题。传统纸刊的数据尤其是阅读数据采集非常困难，数字期刊的数据采集技术上没有难度，问题主要集中在采集代码标准和数字期刊相关发行机构的配合采集上。随着国家标准和采集平台的建立，数字期刊的大数据采集所存在的问题将得到有效解决。另一个问题是数据分析挖掘，期刊出版单位大多数技术力量薄弱，独立运营大数据缺乏条件，而第三方数据服务机构目前还在发展初期，行业标准有待进一步完善。

和大众类数字期刊不同，学术类期刊大数据因为平台化运营成熟度高，大数据应用的发展较好。

“国际方面，励德·爱思唯尔出版集团的数据库（Science Direct）每年共收录250 000篇论文，每年下载量10亿多篇，汇集了大量用户信息和用户痕迹。2013年爱思唯尔收购了拥有跨平台文献管理软件和在线学术社交平台的门德里公司（Mendeley），为收集用户信息和痕迹，并进行大数据分析奠定了平台基础。施普林格（Springer）集团的SrpingerLink平台每年记录2.25亿次的资源下载详细信息，对每个包月用户的具体访问、阅读行为等进行大数据分析并用于改善自己的产品和服务，大幅度提升了用户的满意度。另有美国著名的出版商约翰·威利父子（John Willey&Sons）出版公司是全球领先的学术专业类的出版商，目前约有22 700种图书和400多种期刊。约翰·威利父子旗下的威利在线图书馆（Wiley Online Library）是世界上内容最广泛的多学科在线资源平台之一，涵盖100多个分支学科领域。为了更好地实施大数据，约翰·威利父子跟中国展开深入的合作，在Wiley中国官网进行了资源的汇总；在领先的材料学中文网站聚焦材料科学最新的科研成果，提供独一无二的专家评述和访谈；与微博合作，实时推送热点简讯；与微信合作，每天推荐一篇科研焦点；与博客合作进行资讯热点文章推荐以及系列讲座市场活动。除此之外，澳大利亚在学术出版上已处在世界领先水平，其以大学图书馆为出版主体的新型出版模式具有鲜明的特点，越来越多的澳大利亚图书馆利用其对图书馆资源的数字化，并利用开源的平台获取发行的图书。积累的大量的用户的学术资源，为后续的大数据分析奠定了坚实的平台基础。

“国内方面，中国知网在大数据的浪潮中，依托其年均20余亿次的检索次数，以及年均近10亿次的下载量，提供专业文献资源服务、科研分析服务、用户使用跟踪服务以及行业知识服务等，还通过检索帮助用户找出热点，研究热点。万方的中国学术专业数据库，收录的文献量仅次于中国知网。其在大数据技术应用方面落后于中国知网，但依然以上千万的数据为基础，以主题词为核心，提供了大数据的应用典范：知识脉络分析，统计和分析论文与论文之间的知识关系，依据论文的知识关系，发现新的研究方向、趋势和热点等。维普网与中国知网和万方期刊网并列为中国最大的中文期刊三大数据库。维普期刊资源整合服务平台提供了文献引证追踪，依托其具有最频繁使用的中文全文数据库，以及针对国内期刊论文、中国学者海外发文作科学定量指标分析，提供中国各地区科技指标综合分析等，进行大数据的分析应用。

"从学术类数字期刊平台状况看，这些平台本身已经积累了大量的学术内容资源，构建了相应的云存储平台，为后续的数据分析都奠定了坚实的基础，并在大数据分析方面做出了多种尝试。其中实力资金强劲的出版机构，在大数据应用方面具有领先优势，比如荷兰的爱思维尔出版集团和国内的'中国知网'，其他出版机构也紧跟大数据的步伐，提供各具特色的数据分析，在大数据应用方面做出了有益的尝试。"①

2. 人工智能给数字期刊带来的改变

人工智能（Artificial Intelligence），英文缩写为AI。它是研究、开发用于模拟、延伸和扩展人的智能的理论、方法、技术及应用系统的一门新的技术科学。

人工智能是计算机科学的一个分支，它企图了解智能的实质，并生产出一种新的能以人类智能相似的方式做出反应的智能机器，该领域的研究包括机器人、语言识别、图像识别、自然语言处理和专家系统等。人工智能从诞生以来，理论和技术日益成熟，应用领域也不断扩大，可以设想，未来人工智能带来的科技产品，将会是人类智慧的"容器"。人工智能可以对人的意识、思维的信息过程进行模拟。人工智能不是人的智能，但能像人那样思考也可能超过人的智能。

人工智能包括十分广泛的科学，它由不同的领域组成，如机器学习、计算

① 陆利坤、游新冬：大数据技术在出版行业中的应用，出版科学，2017（6）：89—96。

机视觉等，总的说来，人工智能研究的一个主要目标是使机器能够胜任一些通常需要人类智能才能完成的复杂工作。2017 年 12 月，人工智能入选“2017 年度中国媒体十大流行语”。

人工智能结合大数据在数字期刊的应用场景主要有以下三个方面。

（1）机器人写作

市场上已经有不少应用：“Giiso 资讯机器人”是基于大数据模块研究，依托智能语义技术、知识图谱两大核心技术，具有编辑、写作、审核、个性化推荐、智能追踪五大功能的资讯机器人，可以全方位满足媒体客户的个性化需求。目前已有南方在线、深圳之窗等 1 000 家媒体在使用 Giiso 资讯机器人。“DT 稿王”是阿里巴巴战略入股第一财经后，双方共同酝酿、联合推出的一款在 DT（数据技术）时代帮助财经记者快速及时写稿的智能写稿系统，采用机器学习算法并融合第一财经编辑记者团队的经验、智慧，应对海量、高速、多样的大数据产生的信息。“机器人 Xiaomingbot（张小明）”首次露面是在里约奥运上，“张小明”的核心——写稿模块由北京大学计算机研究所万小军团队和今日头条媒体实验室联合研发。“张小明”在结合了最新的语言处理机器学习和视觉图像处理的技术之后，通过语法合成与排序完成新闻写作。

（2）内容与用户精准匹配

在前面提到的信息流媒体中，今日头条、百家号以及各种新闻客户端都采用了内容与用户精准匹配推荐模式，结合用户阅读大数据和用户行为标签，人工智能实现自动化匹配过程。由于匹配的精准性，大大提升了用户的阅读数量和时长。

（3）程序化广告（广告与用户精准匹配）

根据美国广告协会数据报告，2017 年程序化广告目前在数字媒体广告中的使用比例超过 72%，预计 2019 年将接近 100%。大数据和人工智能技术的进步，使困扰广告主多年的投放与有效到达的矛盾得到完美解决。而且人工智能让广告多渠道发布得以免人工自动完成并实时监测投放效果。中华医学杂志社使用北大方正开发的多形态广告发布系统，2018 年已经正式上线服务所属的 100 余种数字期刊。

3. 握手区块链

区块链是分布式数据存储、点对点传输、共识机制、加密算法等计算机技术的新型应用模式。

狭义来讲，区块链是一种按照时间顺序将数据区块以顺序相连的方式组合成的一种链式数据结构，并以密码学方式保证的不可篡改和不可伪造的分布式账本。

广义来讲，区块链技术是利用块链式数据结构来验证与存储数据、利用分布式节点共识算法来生成和更新数据、利用密码学的方式保证数据传输和访问的安全、利用由自动化脚本代码组成的智能合约来编程和操作数据的一种全新的分布式基础架构与计算方式。

工信部信息中心工业经济研究所2018年3月在广州发布的《2018泛娱乐产业白皮书》，对泛娱乐产业现状和趋势作了解读。《白皮书》中认为，尽管目前区块链技术的应用场景主要局限于金融领域，但未来区块链技术与实体经济深度融合的项目，即“产业区块链”项目，将会有较大的发展空间。具体到泛娱乐产业，区块链技术正在改变着数字版权的交易方式、收益的分配模式，以及用户的付费机制，未来还可能形成融合版权方、制作者、发行方、用户等的全产业链价值共享平台。

区块链技术在数字期刊的主要应用是基于版权，目前开发的应用场景包括：数字期刊自身内容版权保护，基于智能合约实现版权内容的自动化交易，外部内容（稿件、图片、设计）的版权保护与自动交易。当前由于技术门槛和标准问题，数字期刊单位主要还是依靠数字版权区块链运营平台来实现应用需求。

4. 走进虚拟现实与增强现实

虚拟现实（VR）技术是一种可以创建和体验虚拟世界的计算机仿真系统，它利用计算机生成一种模拟环境，是一种多源信息融合的、交互式的三维动态视景和实体行为的系统仿真，使用户沉浸到该环境中。

增强现实（AR）技术，它是一种将真实世界信息和虚拟世界信息“无缝”集成的新技术，是把原本在现实世界的一定时间空间范围内很难体验到的实体信息（视觉、声音、味道、触觉等），通过电脑等科学技术模拟仿真后再叠加，将虚拟的信息应用到真实世界，被人类感官所感知，从而达到超越现实的感官体验。真实的环境和虚拟的物体实时地叠加到了同一个画面或空间，同时存在。

虚拟现实和增强现实技术并不是一个新概念，最早的雏形诞生于20世纪六七十年代，只是随着近些年硬件与网络技术的高速发展，产生了很多实际应用场景，迸发了强大的生命力。

期刊出版单位看到了虚拟现实技术和增强现实技术给读者带来的强大吸引力，纷纷开始尝试利用新技术制作期刊内容。这方面时尚娱乐类期刊、少儿期刊、科技期刊参与程度较高。

康泰纳仕下属的*Vogue*杂志与苹果合作开发了一项增强现实功能，并于2018年开始成为iPhone X的专属福利。新功能旨在融合杂志的时尚内容和高新科学技术，通过iPhone X的前置Face ID摄像头创建多维度滤镜，iPhone X用户需要下载Vogue应用才能访问滤镜，但也可以通过iMessage进行使用。借助苹果的AR技术，*Vogue*可以把2018春夏系列的潮流叠加在用户的环境之中（比如21世纪迪斯科风情岁月），从而创建出一个可以进行下载或作为信息发送的沉浸式影像。更多的潮流内容与合作正在制作之中。

人民卫生出版社的《创伤与急诊电子杂志》开设新技术探索栏目，在期刊移动端APP点击进入AR识别界面，将移动终端的后置摄像头取景框对准期刊导读本或数字出版内容中的图片，即可快速识别，并在手机屏幕上观看清晰立体的图像，为读者带来更加直观的阅读体验。从2016年下半年开始，《幼儿画刊》大胆尝试在刊物中嵌入增强现实的AR技术，利用动作捕捉技术制作三维动画，让孩子和家长体验刊物中的内容“活起来”，得到读者大力追捧。

5. 小程序

2017年1月9日，微信小程序正式上线。微信创始人、腾讯高级副总裁张小龙在公开演讲中这样定义小程序：“小程序是一种不需要下载安装即可使用的应用，它实现了应用触手可及的梦想，用户扫一扫或者搜一下，即可打开应用，也体现了用完即走的理念，用户不用关心是否安装了太多的应用，应用将无处不在，随时可用，但是又无需安装。”可以看出，小程序的主要特征是“无需安装、触手可及、用完即走、无须卸载”，它以二维码为入口，用户目前可以通过线下扫码、微信搜索、公众号关联、好友推荐、历史记录和附近门店等渠道接入，最终实现重构全新的消费场景。

相对APP，小程序的开发成本较低，为创业者提供了一个全新的生态。尤其是对于功能单一的产品来说，小程序不需下载，不占用空间，使用起来比

APP 更加轻便，通过“扫一扫”即可进入小程序，免去用户下载或者打开 APP 的麻烦。

数字期刊借助小程序，可以抛弃 APP 客户端，大幅降低开发维护成本、免除用户安装使用门槛，更有效地围绕用户需求开展各种自定义服务。

《中国国家地理》利用微信小程序尝试书架展示与付费阅读相结合，包括旗下的《中国国家地理》《博物》《中华遗产》，读者可选择浏览某一期的期刊，并预览部分内容，如需阅读整刊，则要支付购买。小程序还可延展微店式服务。所谓“微店式服务”，即点击进入后页面为微店布局，主要用于期刊及文创产品等的售卖。《青年文摘》微信小程序“青年文摘优选”开展了电商服务，内有“热门推荐”以及“变漂亮”“文艺范”“超实用”几个栏目，售卖化妆品、文具、旅行用品等，侧重于期刊延伸服务。

四、数字期刊发展中存在的问题

（一）机制政策的制约问题

传统期刊做新媒体面临的问题很多，但抛开没有意愿没有能力做新媒体的期刊社不论，就那些动作较快跑在前面的期刊社而言，发展到一定阶段，或多或少遇到现行管理机制的制约问题。比如，卓众出版，想为一个非常有前景、而且投资人很有意向投资的移动互联网项目扳扳 APP 单独成立公司，因为现行的管理规定限制，暂时还不能做股份制公司尝试。

按照管理规定，员工现阶段还不能持股，股权激励暂不可行，优质人才面临流失，目前这些都是期刊出版单位数字化和融合发展过程中面临的实际问题。

（二）市场公平竞争的问题

数字期刊从广义定义来看，其实同场竞争的传统期刊出版单位只占了很少的席位，大量的互联网参与者并没有新闻出版的各种相关管理约束。

传统期刊出版单位在激励机制、资金引入、人才流动、内容管理等方面与体制外的竞争者相比，大都处于竞争的劣势方，劣势的主要原因是相对不公平的管理限制。

好项目需要好团队，要让团队保持工作激情，就需要好的激励机制，股权、期权、分红奖金等手段必不可少，互联网公司这方面没有任何限制，而传统期刊出版单位受限于制度，目前还不能提供平等的激励机制赋予经营团队。同时任何项目的发展都离不开资金的支持，尤其在现在这个时代，资金的投入量级直接决定了项目的发展速度和市场占有率。在引入资金的自由度上，由于管理规定的限制，传统期刊出版单位和互联网竞争者相比明显处于劣势。优秀人才流失现在是行业常态。

过去，刊号管理和机制成为期刊出版单位的保护伞和护城河，今天正逐步变成制约发展的主因。

竞争讲究公平性，一样的限制条件才能让竞争成为发展的推动力，否则将会成为一边倒的游戏。

（三）整体发展意识滞后

在数字期刊的竞争市场中，以微信号为例，有 3 个类别的前 20 名中，传统期刊甚至整个传统媒体都榜上无名。总计 500 名的 2017 年榜单里，传统期刊仅占据 11 位。排除分类不精准的因素，这个成绩仍然与我国总计一万种期刊的事实差距甚大。

此外，中国期刊协会数字期刊分会在 2016 年曾与新榜及宏博知微合作，以“杂志”“期刊”为关键词检索微博微信里所有名称或主体单位含“杂志”“期刊”“出版”“传媒”的账号；同时以在国家新闻出版管理部门登记的年检期刊名录为准，搜索所有名称相同或相似的账号，再经过人工审核，最后确认约 3 000 个账号属于传统期刊社出品。其中，6 000 多种学术期刊开通双微账号的大概不到 10%；而已经开通的期刊社双微账号整体数据里，近 80% 的账号文章的阅读数在百位甚至十位。

同样，对于短视频，二更、一条都是在 2014 年就看到风口，如今两家公司估值都已过 10 亿元。短视频生产、营销、企业服务已经形成完整产业链，且市场规模还在迅速扩张中。但本文调研的传统期刊媒体，除了少数如时尚、卓众明确将视频作为发展重点，相当多的期刊对此基本就没有了解和动作。

传统期刊的消极，一方面是习惯性的因循守旧，一方面是行业信息严重闭塞。互联网是一个不断有窗口红利期的产业，也是一个赢家通吃的产业。回顾在微博微信上取得好成绩的自媒体，无一例外都是进入较早，享受了红利，对于后来者筑起了门槛。对于日新月异的新媒体环境，传统期刊人需要怀抱求知热情，积极关注，勇于尝试，在下一个可能到来的风口抓住机会。

（四）公共服务不足

期刊出版单位大多数都属于人员少、技术力量薄弱、资金实力偏低的状况。而数字期刊的发展离不开资金与技术的投入，还有相关人员的配备。这些如果都要期刊出版单位独立完成，确实是一个很大的挑战，这也是目前传统期刊出版单位在数字期刊领域发展不力的主要原因。

就目前阶段来说，公共服务是解决这一矛盾的关键。数字期刊行业需要的公共服务类别大体有以下几项：①发行公共服务平台，目前相对较完善；②外部编辑与设计公共服务平台，目前较少；③广告公共服务平台，目前有一些但是不成体系；④第三方数据公共服务平台，目前相对较多；⑤融合公共服务平台，比如社群服务、电商服务、展会服务等，目前大多还处于雏形期；⑥国家级的公共服务平台，比如国家版权服务、国家内容库服务、国家出版大数据服务等，目前大多数还处于立项研发阶段。

（五）全媒体编辑人才极为缺乏

数字期刊对编辑人才的要求，早就远远超出了对传统纸刊的编辑要求。参照英国金融时报对编辑提出的三十条新岗位要求来看，全媒体编辑涉及的领域涵盖了图文、音视频、Html5、各种新媒体发布与管理、原生广告、程序化广告、电商、活动、展会等，这些岗位对技术掌握的要求程度也相当高。

现阶段，大多数的期刊出版单位还只是简单设置了少量数字期刊工作岗位，这些岗位上的全媒体编辑能力距离上述要求差距甚远。这让我们面临相当艰巨的人才培养压力。

中国期刊协会数字期刊分会每年举办的期刊融合转型培训班从 2011 年开始至今，期期满员，显示出了期刊出版单位对全媒体编辑培训的强烈需求。

目前全媒体编辑的岗位标准还没有统一，相应的管理推动还需要管理部门制定相关细则，包括培训与岗位证书的年审制度，原有的制度设计已经不太适应数字期刊的业务需求与发展。

（六）缺少资本扶持

数字期刊的发展对资金扶持相当依赖，随着传统业务的下滑，靠期刊出版单位自身输血扶持越来越困难。而制度的限制，对于体制外资金的使用尤其民间资本的使用，几乎还不可能。

政府主导的产业基金目前针对数字期刊几乎还没有，偏文化属性的产业基金投入也有操作上的限制。

看好数字期刊市场想投入的资本据了解其实不少，目前缺少的应该是相应的政策支持。

五、数字期刊发展的对策与建议

（一）确定“一把手”工程

数字期刊的发展其实不是传统期刊出版的一个分支，而是期刊的未来。数字期刊的战略规划、战术执行都不是设置一个新媒体部门就可以承担的任务。这关乎整个期刊社的未来，注定是一个一把手工程，是一个全员参与的工程。

过去几年的发展，期刊业逐步厘清了这个主次关系。现在可以看到越来越多的期刊出版单位撤销了原来专门成立的新媒体部门，重新调整各部门分工，开始落实全岗位数字化和融合发展的管理模式，一把手亲自抓落实。

“一把手”工程的确立，可以确保社内资源的分配、组织结构岗位安排的合理、业务重点的保障，这样才能在艰苦的外部竞争环境中克服困难取得成功。

（二）推动全岗培训和外脑咨询

目前期刊社在数字期刊的发展中最大的问题是人才的问题，全媒体编辑和复合经营人才严重缺乏。

数字期刊全媒体编辑涉及的富媒体采编、新媒体技术、复合工种融合等，都需要大量有针对性的专业培训。尤其是现在技术发展的速度和市场变化的速度，让过去积累的经验和知识保质期大大缩短，甚至半年时间不学习就有落伍的感觉。全岗位培训的广度和深度都要加强，还要保证培训的频次和长期性，只有这样才能有效应对这个瞬息变化的时代。

复合经营人才更为稀缺，依靠短期培训很难取得效果。另外，加强外脑智库引入，设立定期定向外部咨询机制，也是一个可行的管理选项。

（三）推动全面融合转型

数字期刊面临的挑战是整个商业模式的大转型、大融合。传统的以信息服务为主体的模式正在逐步被替换、调整为以用户服务为主体的模式上来。从近几年成功的期刊转型经验看，期刊媒体 + 电商、期刊媒体 + 活动（展会）、期刊媒体 + 企业服务（协助 B2C 业务）等都是被验证走通的道路。

数字期刊发展战略的设定一定要围绕自身资源现状，挑选短期容易见效果的方向制订好短期战术，同时明确长期目标，一步一台阶地夯实每一个关键节点，随时完成阶段考核和目标调整。切忌贪大求全，超出自身条件设立工作目标。整体战略制订建议一定要借助专业外脑咨询，并有详实的第三方数据做决策支撑，万不可闭门造车，拍脑门决策。

（四）制订人才新岗位标准和考核

除了做好全员培训以外，短期应该尽快根据业务发展设计全新的上岗标准并结合岗位证书设计，考虑增加特殊人才引进补贴；长期要协调相关院校科系调整，建立行业突出人才库和补贴奖励体系。

技术推动行业变化的步伐越来越快，终生学习成为必然之路，加大岗位培训的投入和强制考评制度应是方向，还可以考虑设置一些行业人才保护性措施。

（五）鼓励公共服务解决技术门槛

很多传统期刊单位一谈到技术就心生畏惧，一方面是因为行业不熟悉，另一方面是担心投入负担太大。对比体制外的竞争者，大多数就是源于互联网技术的基因，技术反而是他们的核心竞争力。

短期内让传统期刊单位花费不菲的代价组建技术队伍并不现实。建设公共技术服务平台是个不错的选择，原国家新闻出版广电总局信息中心牵头做的国家数字复合出版系统工程就是一个很好的尝试，各个传统媒体可以很低成本参与使用。还可以鼓励更多的技术公司参与到数字媒体技术公共服务中来，尽早建成一个让传统期刊单位更多选择的技术服务与技术外包的公共服务平台。

（六）建设国家级第三方数据平台

数字期刊的主要盈利模式之一是广告，目前遇到的主要问题是第三方数据不足，如果前面所提的数字期刊阅读大数据全覆盖可以实现的话，这个应该就不是问题。

短期内可以推动建立第三方数据汇总和数据解析的标准工作，建立一个广泛的内容联盟，优先吸收传统媒体，可以提高和广告主的议价能力，也能提高广告主的覆盖投放需求。

（七）对传统期刊采取一定程度倾斜扶持

针对传统期刊单位的数字期刊投入应该加大补贴、奖励，可以授权更灵活的管理和激励机制。过去传统期刊，各种扶持支持不够；而期刊作为垂直细分媒体的代表，正是现在数字媒体浪潮中的主流。如果及时扶持与推动，加上过去积累的优势，传统期刊最有可能异军突起，在数字媒体产业中发挥主导作用。

（八）积极发挥行业协会和行业研究机构智库作用

在这个变化迅猛的时代，改变传统期刊行业信息滞后的局面，非常需要新鲜的资讯交流和方法培训。应积极发挥行业协会和行业研究机构的智库作用，加大对未来行业趋势和运营模式创新的研究投入。

行业协会和行业研究机构还可以在行业内组织开展更多的行业活动、会议、培训、信息服务、评价等工作，尤其是目前各种数字化和融合发展的新模式等创新领域。

（撰稿人：钱鹏宇）

附　　录

2017 年中国期刊产业发展大事记

编撰说明

本大事记以条目形式系统翔实地记录了 2017 年我国期刊业发展的历程和状况，客观地呈现了 2017 我国期刊业的发展轨迹和脉络，现记录如下，供业界、学界同仁参考。

编撰原则：

1. 严格按照党和国家有关规定，坚持历史唯物主义观点，坚持实事求是的原则。

2. 全面系统地记录影响我国期刊业的主要事件和活动，做到要事突出、大事不漏。大事记内容包括期刊业主要活动，重要文件、法律法规，以及部分期刊社团组织、重要期刊出版单位主要活动等。

3. 采用公元纪年顺序编排，所列条目有明确日期者标明月、日，日不清者附于月末。

4. 本大事记主要来源于公开出版的报刊以及现存档案等。由于资料收集的限制，文中未收录同时期我国香港、澳门、台湾地区的期刊出版情况。

1月

1月3日　全国宣传部长会议在北京召开。会议强调要深入贯彻落实以习近平同志为核心的党中央各项决策部署，牢固树立政治意识、大局意识、核心意识、看齐意识，以高度政治责任感做好宣传思想工作，为迎接党的十九大胜利召开提供有力思想舆论保证。

1月12日　中国科教评价网正式发布《中国学术期刊评价研究报告（武大版）（2017—2018）》。该报告由中国学术期刊评价研究项目组研制，共收录6 193种中文学术期刊，经过65个学科的分类评价共得到326种权威学术期刊（A+等级）、1 566种核心学术期刊（A和A-等级）、1 841种准核心学术期刊（B+等级）、1 829种一般学术期刊（B等级）和631种较差学术期刊（C等级）。

1月13日　国家互联网信息办公室制定印发《互联网新闻信息标题规范管理规定（暂行）》，自2017年6月1日起施行。《规定》明确要求各网站把坚持正确舆论导向贯穿互联网新闻采集、撰写、编排、发布等各个环节。

1月17日　国家新闻出版广电总局印发《关于开展2017年全民阅读工作的通知》。《通知》明确了2017年全民阅读工作应着力办好主题阅读活动，着力提供优质阅读内容、着力完善基础阅读设施、着力促进少年儿童阅读、着力倡导领导干部阅读、着力推动基层群众阅读、着力营造良好阅读氛围、着力加强组织协调工作。

1月18日　中国科技出版传媒股份有限公司成功登陆A股市场，在上海证券交易所正式挂牌上市，成为我国首家登陆A股主板市场的中央出版机构。该公司目前年出版新书4 000余种、期刊300余种，业务领域覆盖图书出版、期刊业务、出版物进出口、数字出版四大板块，拥有20多家下属分、子公司，具备完善的出版发行网络。

1月25日　国家版权局印发《版权工作“十三五”规划》。《规划》从完善版权法律制度体系、完善版权行政管理体系、完善版权社会服务体系、完善版权涉外工作体系四个方面提出了26项重点任务。

同日　国家新闻出版广电总局印发《关于实施〈中国标准关联标识符（ISLI）〉国家标准的通知》，决定设立“中国ISLI注册中心”。该注册中心由中国音像与数字出版协会承办。《通知》要求，各新闻出版单位于 2017 年 6 月 1 日前完成机构注册登记。

1 月 26 日 《文学期刊信息总汇（1872—1949）》由青岛出版社出版。该书由刘增人、刘泉、王今晖等编著，是近现代文学期刊整理工作的一项重要成果。

2 月

2 月 15 日 国家新闻出版广电总局开始就《全民阅读促进条例》公开征求意见。这一举措使全民阅读向法制化建设迈进了一大步。

3 月

3 月 1 日 由国家新闻出版广电总局与海关总署联合发布的《出版物进口备案管理办法》施行。《办法》根据《出版管理条例》《音像制品管理条例》等法规制定，将规范出版物进口备案行为，加强出版物进口管理。

同日 由中共中央宣传部指导、中国编辑学会主办的首届“期刊主题宣传好文章”推荐活动颁奖仪式在北京举行，61 家期刊社共报送 147 篇（组）文章，《人民论坛》等 18 家期刊的文章入选。

3 月 6 日 北京市首次开展的数字编辑专业技术资格考评工作结束。近 400 人取得初级、中级数字编辑专业技术资格证书，65 人获评数字编辑专业高级专业技术资格。北京市开展的数字编辑专业技术资格评价工作，是新媒体领域人才评价的重要尝试，在全国开创了为数字编辑人员设立专属职称的先例。

3 月 10 日 上海图书馆、上海科学技术文献出版社、上海科学技术出版社联合主办的“《科学》影印出版首发座谈会”在上海召开。本书系该刊 1915—1960 年间 1—36 卷的首次全文影印，全书共 90 册，第一册为导论、总目卷，第二册为索引卷，其余 88 册为原刊影印部分。

3 月 15 日 《教育部关于高校科技期刊发展改革的若干意见（征求意见稿）》座谈会在北京举行。会议围绕高校科技期刊如何服务于“双一流”建设展开了讨论。

3 月 22 日 中国科技期刊国际影响力提升计划办公室下发《关于组织申报中国科技期刊国际影响力提升计划第二期项目 2017 年度 D 类项目的通知》，新创办英文科技期刊可继续获资助。

3 月 23 日　湖北知音动漫有限公司宣布引资 5.67 亿元，正式启动业务重组及股改工作，力争在 3 年内推动知音动漫上市。知音动漫成立于 2006 年 1 月，其核心产品《知音漫客》是中国第一本全彩原创漫画杂志。近几年又先后创办了《小说绘》《绘心》《绘意》等期刊，形成了阵容强大的系列刊群。

3 月 27—28 日　国际管理与技术编辑学会（ISMTE）主办的第二届亚太期刊会议在北京召开，会议就“出版伦理”“创新学术交流”“如何更好地开展学术评价”“科学数据的传播与保存”“国际期刊品牌及编辑专业团队建设”“开放获取发展趋势”“新技术与在线工具的出现及应用”“编辑出版和同行评议的最佳实践”“中国出版的发展方向”等议题进行了广泛的交流和讨论，国内外 130 多位期刊编辑和出版人参加了会议。

3 月 28 日　中国人民大学人文社会科学学术成果评价发布论坛暨学术评价与学科发展研讨会在北京召开。会议由中国人民大学主办、中国人民大学书报资料中心和中国人民大学人文社会科学学术成果评价研究中心承办。论坛发布了由中国人民大学人文社会科学学术成果评价研究中心与中国人民大学书报资料中心联合研制的《2016 年度复印报刊资料转载指数排名研究报告》和《复印报刊资料重要转载来源作者（2016 年版）》两项成果。

3 月 31 日　国务院法制办公室公布《全民阅读促进条例（征求意见稿）》，征求社会各界意见。

4 月

4 月 1 日　国家新闻出版广电总局办公厅印发《关于开展 2016 年度报刊核验工作的通知》。《通知》明确 2016 年度报刊核验时间为 4 月 12 日—6 月 12 日，要求重点关注 7 类报刊。2016 年度报刊年度核验表和数据汇总表与 2015 年度表格相比略有不同，增加了人员及新媒体相关内容，期刊出版年度核验表还增加了学术期刊需填写的相关内容。

4 月 6 日　中国科学院科技论文预发布平台（China Xiv）期刊合作说明会在北京举行，56 家科技期刊出版单位代表参会。会议旨在加强 China Xiv 与期刊之间的交流合作、协同创新，打通平台壁垒，实现合作共赢，促进我国科技论文发表模式改革，提升科技期刊的质量，推动科研成果的开放获取，加快科学成果的广泛交流。

4 月 7 日　国家新闻出版广电总局办公厅印发《关于开展 2017 年少儿报刊阅读季活动的通知》。《通知》指出为深入贯彻落实全民阅读工作部署，充分发挥优秀少儿报刊对广大少年儿童的教育引导作用，并从 2017 年 4—10 月开展“中国梦·少年说”“我的悦读童年”“我与报刊的童年故事”等活动。

4 月 8—9 日　由中国新闻出版研究院主办的第二届“期刊融合发展高峰论坛”在北京举行。论坛围绕如何推动传统期刊与新兴媒体融合发展，提升期刊知识资源服务能力、品牌意识和国际影响力开展交流研讨。

4 月 10 日　国家新闻出版广电总局正式公布《第二批认定学术期刊名单》。第二批认定的学术期刊共 693 种，这是国家新闻出版广电总局继 2014 年认定产生第一批 5 737 种学术期刊后的第二批学术期刊。

4 月 13 日　国家新闻出版广电总局办公厅下发《关于开展 2017 年度全国少年儿童喜爱的百种优秀报刊推荐活动的通知》。《通知》要求参加推荐申报的报刊须具备“坚持正确的出版导向，弘扬主旋律，传播正能量，培育社会主义核心价值观，传承和发扬中华优秀传统文化，倡导民族精神、科学精神、时代精神”等条件。

4 月 18 日　中国新闻出版研究院发布《第十四次全国国民阅读调查报告》。《报告》显示：2016 年，我国期刊人均阅读量为 3.44 期（份），期刊阅读率 26.3%，与 2015 年相比，期刊人均阅读量下降了 1.16 期（份），阅读率下降了 8.3%。

4 月 21 日　国家新闻出版广电总局在北京举办 2017 年“少儿报刊阅读季”活动启动仪式，拉开了由全国少儿报刊单位、报刊管理部门、中小学校、少年儿童等共同参与，历时半年的精品少儿报刊阅读推广活动。2017 年的“少儿报刊阅读季”活动从 4 月 23 日开始至 10 月 31 日结束。

4 月 26—29 日　“全国第四届教育期刊改革与发展高峰论坛”在南京举行。论坛由中国人民大学书报资料中心主办，中国人民大学书报资料中心基础教育期刊社、江苏凤凰教育出版社《教育研究与评论》《教育视界》编辑部联合承办，教育部、中国人民大学、江苏省教育厅、江苏省新闻出版广电局等单位的专家应邀出席论坛并作学术报告。全国 120 多家教育期刊的近 200 位代表参会。

5 月

5 月 2 日　国家互联网信息办公室公布《互联网新闻信息服务管理规定》，自 2017 年 6 月 1 日起施行。《规定》更新了网络新闻信息概念，主体资格规定更加具体，主体社会责任更加明确，更加注重执法规范，同时强调信息共享和联合执法。

5 月 15 日　第三届“全国职业教育和继续教育期刊改革与发展学术论坛”在杭州举行。论坛旨在推动职业教育和继续教育科研的繁荣与发展，进一步总结交流办刊经验，研究探讨办刊规律，论坛由中国人民大学书报资料中心、《中国高教研究》编辑部、《中国职业技术教育》杂志社、《中国远程教育》杂志社联合主办，《教育与职业》杂志社、《中国成人教育》杂志社、《职教论坛》杂志社、《职教通讯》杂志社等单位协办，浙江金融职业学院承办。240 余名代表参会。

5 月 18 日　国家新闻出版广电总局、财政部联合印发《关于深化新闻出版业数字化转型升级工作的通知》。《通知》表示，国家新闻出版广电总局和财政部将继续深入推进新闻出版业数字化转型升级工作，并且在指导思想、目标与原则、主要任务、保障措施、分工与要求这五方面做了具体安排。

5 月 23 日　《第四届中国出版政府奖入选获奖名单》向社会进行公示，共有 59 种图书、20 种期刊、19 种音像电子网络出版物获奖。此外，还评选出了印刷复制奖、装帧设计奖、先进出版单位奖和优秀出版人物（编辑）奖。

同日　国家互联网信息办公室公布《互联网新闻信息服务许可管理实施细则》，自 2017 年 6 月 1 日起施行。《细则》旨在进一步细化《互联网新闻信息服务管理规定》有关条款，提高互联网新闻信息服务许可管理规范化、科学化水平，促进互联网新闻信息服务健康、有序发展。

5 月 25 日　中国科学技术协会学会服务中心下发《关于发布 2017 年中国科协科技期刊有关项目评审结果的通知》。北京卓众出版有限公司等 6 家单位主持的“中国科协科技期刊审读”“中国科协科技期刊相关重点项目评审”“中国科协科技期刊主编（社长）沙龙”3 个项目获得支持。

5 月 29 日　中国新闻社旗下的《中国新闻周刊》法语版 *VISION CHINE* 在法国正式出版发行。《中国新闻周刊》法语版 *VISION CHINE* 由中国新闻社与法国《欧盟商报》联合出版，至此，《中国新闻周刊》已经形成在法国、美国、日本、韩国、意大利、南亚、英国等国家和地区出版的多语种集群。

5 月 31 日—6 月 3 日　第 27 届全国图书交易博览会在河北廊坊举行，国家新闻出版广电总局在该展览会上向全国青少年推荐了“百种优秀出版物”和“百种优秀报刊”。其中《天天爱科学》《博物》《我们爱科学》《知识就是力量》等科普期刊入选。同时“上海期刊馆”作为书博会唯一的期刊整体展示区域，以“文学与科创”为主题，汇集上海 33 家期刊出版单位的 80 余种期刊参展，重点展出了上海优秀的文学类期刊和科创类期刊。

6 月

6 月 1 日　中国科技期刊国际影响力提升计划办公室下发《关于公布中国科技期刊国际影响力提升计划第二期项目 2017 年度 D 类项目的通知》,《通知》显示 *Acta Chinese Medicine* 等 20 种英文期刊入选 D 类项目。

同日　国家互联网信息办公室印发的《互联网新闻信息标题规范管理规定(暂行)》正式实施。《规定》明确要求各网站把坚持正确舆论导向贯穿互联网新闻采集、撰写、编排、发布等各个环节。

同日　《中华人民共和国网络安全法》正式施行。该法是为了保障网络安全，维护网络空间主权和国家安全、社会公共利益，保护公民、法人和其他组织的合法权益，促进经济社会信息化健康发展而制定。

6 月 12 日　中国科学技术协会学会服务中心下发《第十三届中国科技期刊发展论坛征文通知》，征文范围为：科技期刊与学科建设、中文科技期刊发展战略、英文科技期刊发展战略、科技期刊与媒体融合、科技期刊与学术诚信体系建设。

6 月 13—19 日　应台北杂志商业同业公会邀请，由中国期刊协会组织的第七届两岸期刊研讨会暨期刊展如期进行。全团共 81 人，来自 39 家不同刊社单位。代表团与台湾地区期刊业者共同举办了两岸期刊研讨会暨期刊展，参访了两家台湾有代表性的期刊单位、三处文创园区、两所知名大学，如期完成交流计划。

6 月 14—17 日　由北京科学技术期刊学会、重庆市科学技术期刊编辑学会、天津市科技期刊学会等 14 家学会联合主办的“第五届西部地区和长江流域科技期刊发展论坛暨第二十二届京津沪渝科技期刊主编研讨会”在西安召开。来自北京、上海、天津、重庆、云南、广西、贵州、四川、陕西等14个省市区的230多名代表参加了会议。

6月26日　国家新闻出版广电总局印发《2017年农家书屋重点出版物推荐目录》，要求各地在2017年12月31日前完成本年度农家书屋出版物补充配送工作，国家新闻出版广电总局将对各地工作开展情况进行督查和考核。《目录》共包括1 190种图书、150种音像制品和电子出版物、422种少数民族文字出版物、31种报纸以及148种期刊。

6月30日　国家新闻出版广电总局下发《关于公布2016年度全国新闻出版行业领军人才遴选结果及已入选领军人才考核通过人员名单的通知》。在各地各有关部门推荐的基础上，经资格审核、专家评议、社会公示，中国农村杂志社李炜等233人入选2016年度全国新闻出版行业领军人才，人民画报社于涛等836人通过考核继续成为行业领军人才。

7月

7月10日　中国科学技术协会印发《科技工作者道德行为自律规范》。《规范》要求广大科技工作者要严于自律，自觉遵守科学道德规范，坚守“反对科研数据成果造假、反对抄袭剽窃科研成果、反对委托代写代发论文、反对庸俗化学术评价”的准则。

7月11日　我国第一个连续型网络出版物试点项目支撑系统——《中国学术期刊（网络版）》出版传播平台（CAJ-NP）在北京发布。该平台构建了编辑出版、作者服务、网络传播、读者应用全流程出版运营系统，打通了学术期刊选题策划、审稿校对、生产加工、出版发行全业务流程，支持各环节在线协同工作。

7月12—14日　由天津大学、中国高校科技期刊研究会和科睿唯安联合举办的“学术期刊国际营销研讨会暨2017年Scholar One中国用户年会”在天津召开。来自全国各地的130余位期刊界同仁，多位来自海内外期刊界的资深专家分享交流了学术期刊国际营销方面的思路与理念。与会者还就如何借助新媒体扩大国际影响力，如何有效拓宽评审与作者网络、更好地吸收全球高质量稿源，如何利用大数据实现内容的精准营销等内容进行了探讨。

7 月 24 日　国家新闻出版广电总局发布《2016 年全国新闻出版业基本情况》。《情况》显示：2016 年全国共出版期刊 10 084 种，总印数 27 亿册，减少了 6. 3%；实现营业收入 193. 7 亿元，降低了 3. 6%；实现利润总额 25. 7 亿元，降低了 2. 2%。

7 月 27—28 日　由海南省社会科学界联合会、海南省社会科学院、红旗文摘杂志社共同主办的“期刊共同体建构研讨会”在海口召开。来自国家海洋局系统期刊、中国学术期刊电子杂志社，以及广东、广西、江苏、浙江、山东等涉海省（市、区）社科联、社科院核心期刊和广东外国语大学、中国（海南）改革发展研究院等有关单位负责人出席研讨会。与会代表共同围绕“沿海省份学术期刊引领‘一带一路’问题研究”“沿海省份学术期刊如何引领海洋问题研究”“沿海省份学术期刊交流与合作”等议题进行交流。

8 月

8 月 1 日　《科学大众》在中国台湾新北市举办“《科学大众》繁体中文版创刊记者会”，《科学大众》繁体中文版以“亲子科学 · 大众创客”为宗旨，设“科学为什么”“科学实验室”“探索发现”“科学漫画”等栏目，为教师提供丰富的教学案例素材，辅助学生的相关学习，打造多元亲子共读平台。该刊是第一本在台湾地区发行的大陆科普期刊。

8 月 2 日　国家新闻出版广电总局印发《关于规范报刊单位及其所办新媒体采编管理的通知》。《通知》对坚持正确舆论导向、统一管理要求、严格审核内容、规范新闻标题制作、加强网络活动管理、完善问责机制六个方面做出要求。

8 月 8 日　国家新闻出版广电总局印发《关于重申“三审三校”制度要求暨开展专项检查工作的通知》。要求各出版单位严格落实“三审三校”责任制，并在 8 月 20 日—10 月 31 日期间，开展专项检查，确保相关责任落实到位。

8 月 16 日　上海、江苏、浙江、安徽、山东、福建、江西等华东六省一市期刊协会成立协作共同体——华东地区期刊协会联盟，并在上海举行联盟首届大会。联盟将采取各省市轮值主席制度，定期召开年会，开展华东地区优秀期刊及优秀期刊工作者评选等活动，为新形势下的期刊区域合作与繁荣发展探索新模式、新路径。

8 月 23 日　由中国图书进出口（集团）总公司和中国社会科学院图书馆共同主办的“国家哲学社会科学学术期刊数据库”——“易阅通”“一带一路”推广发布暨启动仪式在北京举行。

8 月 29 日　国家新闻出版广电总局印发《国家新闻出版广电总局关于规范报刊单位及其所办新媒体采编管理的通知》。《通知》要求，不得刊发未经核实的新闻报道，不得直接使用、刊发未经核实的网络信息，不得直接转载没有新闻发布资质的网站等发布的新闻信息；转载其他新闻单位的新闻报道，不得对原稿进行实质性修改，不得歪曲篡改标题和稿件原意，并应当注明原稿作者及出处。

同日　由中国期刊协会党刊分会和全国党刊研究会主办的全国地方党刊工作交流研讨会在杭州举行，来自全国 41 家党刊的代表参加研讨会。

9 月

9 月 8—11 日　第十五届（2017）全国核心期刊与期刊国际化、网络化研讨会在南京召开。研讨会由中国科学技术期刊编辑学会、中国科学技术信息研究所、北京万方数据股份有限公司、万方数据电子出版社共同主办，江苏省科技期刊学会协办。研讨会围绕学术创新、新媒体与互联网的应用与发展方面进行交流，探讨了期刊传统媒体与新媒体的融合发展新思路、新模式。来自全国 28 个省市的 358 个编辑部共 530 名专家与代表参会。

9 月 20 日　国家新闻出版广电总局印发《新闻出版广播影视“十三五”发展规划》。《规划》明确，经过五年努力奋斗，到 2020 年争取实现以下目标：舆论传播力、引导力、影响力、公信力大幅提升，公共文化服务全面升级，对经济的拉动作用显著增强，“智慧广电”战略和新闻出版数字化转型升级行动全面推进，保障国家文化安全的能力显著提高，传播中国声音、提升中国形象、产品服务走出去的成效和作用更加凸显。

9 月 21—22 日　第十三届中国科技期刊发展论坛在重庆举行。来自全国各地相关领域的 600 余名专家、学者和科技期刊工作者参加论坛。论坛设置了科技期刊与学科建设、中文科技期刊发展战略、英文科技期刊发展策略、科技期刊与媒体融合、科技期刊与学术诚信体系建设 5 个专题分论坛。论坛同期举办了“中国科技期刊发展之路”主题展览，展示中国科技期刊发展历程、显著成效和历史机遇。

9 月 21 日　首届科技期刊青年编辑业务大赛决赛在重庆举行。大赛由中国科学技术期刊编辑学会主办，中国科学技术期刊编辑学会青年工作委员会和中华医学会杂志社承办。李明敏、彭京亚、高峻三名选手获得大赛一等奖。

10 月

10 月 8 日　《互联网用户公众账号信息服务管理规定》开始施行。该规定系国家互联网信息办公室发布根据《中华人民共和国网络安全法》《国务院关于授权国家互联网信息办公室负责互联网信息内容管理工作的通知》制定、发布。

10 月 9—12 日　由国际期刊联盟（FIPP）主办的第 41 届世界期刊大会在英国伦敦召开。本次大会包括美国、中国、英国、法国、意大利、德国、日本等 40 个国家和地区的近 800 名代表参会。

10 月 10—15 日　第 69 届法兰克福国际书展在德国法兰克福会展中心拉开帷幕，本届书展共吸引全球 102 个国家和地区的 7 300 多家参展商。我国的《求是》《紫光阁》《中国国家地理》《人民文学》《中国激光》《细胞研究》《中国中医药》等百余种期刊集中展出。

10 月 19 日　由上海市科技期刊学会、安徽省科技期刊编辑学会、江苏省科技期刊学会、浙江省科技期刊编辑学会主办的第十四届长三角科技期刊发展论坛在上海举办。论坛以“搭建一流平台，助力科技创新”为主题，交流研讨科技期刊创新发展。

10 月 29 日—11 月 2 日　经国家新闻出版广电总局批准，中国期刊协会组织了包括中国社会科学杂志社、高等教育出版社、《中国水稻科学》编辑部、广西教育杂志社和当代陕西杂志社在内的 5 家期刊出版单位，参加了在美国纽约州立大学莱文学院举办的“期刊数字与在线出版管理座谈会”。座谈会分别就“数字化多媒体发展新机遇”“用数据实现纸刊多媒体转型”“全球期刊媒体发展趋势”三个主题与现场观众进行了交流。

10 月 30 日　国家互联网信息办公室公布了将于 12 月 1 日正式施行的《互联网新闻信息服务单位内容管理从业人员管理办法》。《办法》的出台加强了对互联网新闻信息服务单位内容管理从业人员的管理和服务，维护从业人员和社会公众的合法权益，促进互联网新闻信息服务健康有序发展。

10 月 31 日　全国哲学社会科学规划办公室下发《国家社科基金资助学术期刊 2017 年度考核和专项资助情况通报》。全国哲学社会科学规划办公室对 190 家资助期刊进行了年度考核，187 家期刊出版单位考核“合格”，其中对 152 家期刊出版单位各资助 40 万元基础经费，其余 35 家期刊出版单位剩余经费较多，暂缓拨款，以后视经费执行情况决定是否补拨款及其额度。2 家期刊出版单位暂停资助，要求整改。1 家期刊出版单位考核“不合格”，撤销资助。根据考核情况和经费执行进度，有 16 家期刊出版单位除获得 40 万元基础经费外，还分别有 10 万、20 万、30 万元的专项经费。

11 月

11 月 4 日　《中华人民共和国公共图书馆法》由十二届全国人大常委会第三十次会议表决通过。该法律是公共文化领域继公共文化服务保障法之后的又一部重要法律，对于进一步健全我国文化法律制度，促进公共图书馆事业发展，保障人民群众基本文化权益具有重要意义。

11 月 13—15 日　“2017 博鳌全民阅读论坛暨‘2017 数字阅读影响力期刊 TOP100 排行发布与颁牌’”盛典在海南琼海举行。论坛由中国期刊协会、中国编辑学会、韬奋基金会、中国新闻出版传媒集团和中国新闻出版研究院指导，龙源数字传媒集团和韬奋基金会数字文化城市专项基金主办，海南省文化广电出版体育厅协办。

11 月 22—23 日　2017 中国学术期刊未来论坛在北京举行。该论坛由中国期刊协会、中国科学技术期刊编辑学会、中国高校科技期刊研究会、全国高等学校文科学报研究会、《中国学术期刊（光盘版）》电子杂志社有限公司联合主办，同方知网（北京）技术有限公司承办，论坛以“新时代、新思路、新发展——开创中国学术期刊新纪元”为主题。论坛还发布了《中国学术期刊影响因子年报》《中国学术期刊国际引证年报》《中国英文学术期刊国际国内引证报告》以及“中国最具国际影响力学术期刊”入选期刊名单。

11 月 29 日　第二届中国学术评价高峰论坛在北京召开，论坛主题为“理念、标准、方法：中国特色哲学社会科学学术评价体系的构建”。会议由中国人民大学人文社会科学学术成果评价研究中心与中国科学院自然科学史研究所科技与社会研究中心联合主办。

12 月

12 月 15 日　国家社科基金资助期刊调研座谈会在郑州召开。会议由全国哲学社会科学规划办公室主办，河南省社会科学院承办。会议通报了资助期刊的年度考核情况，国家社科基金第一批和第二批资助学术期刊的 48 家期刊代表参会。

12 月 25 日　《中国期刊年鉴》（2017 卷）在北京出版发行。该刊是我国唯一一部大型期刊类纪年文献，目前已经成为研究我国期刊业、指导期刊业创新与建设不可或缺的重要参考文献，也是世界了解中国期刊业的重要窗口。

本月　《中国期刊史》在北京出版发行。该书系国家出版基金资助项目的结项成果，由中国期刊协会组织编撰，人民出版社出版发行。中国期刊协会会长、原新闻出版总署副署长石峰担任主编，刘兰肖、吴永贵、范继忠、李频、段艳文负责撰写工作。该书共分五卷，以宏大的视角展现了二百年来中国期刊从萌生初创到发展壮大到蔚为大观，再到历史转型的历史风貌，深刻揭示了中国期刊发展的历史规律，认真总结了中国期刊发展史上著名期刊人的办刊理念、经营模式，详细考察了中国期刊发展史上代表性期刊的创办始末、宗旨、栏目特色、重要作品，客观分析了新时期期刊发展面临的机遇与挑战，展望了未来期刊发展的新趋势、新出路。

本月　《中国科技期刊发展蓝皮书（2017）》在北京出版发行，该书由中国科学技术协会主编，科学出版社出版发行。该书是我国科技期刊领域的第一本“蓝皮书”，由我国科技期刊领域著名的院士、专家、学者组成专家委员会和编写委员会，以第三方视角客观反映中国科技期刊的全貌，分析发展现状，剖析存在问题，总结出版规律，借鉴国际优秀科技期刊发展经验，探索我国科技期刊可持续发展路径。

（撰稿人：段艳文）

2017 年期刊出版情况表[①]

单位：种，万册，万印张，万元

省　份	品　种	总印数	总印张	定价总金额
全　国	10 130	249 213	1 366 609	2 238 941
中　央	3 067	82 974	549 441	967 018
地　方	7 063	166 239	817 168	1 271 922
北　京	175	3 030	21 134	35 604
天　津	255	2 860	14 773	29 468
河　北	227	4 228	19 235	31 334
山　西	202	2 217	13 840	23 606
内蒙古	152	1 398	7 298	9 160
辽　宁	321	7 834	32 551	49 275
吉　林	241	7 437	34 521	48 962
黑龙江	315	4 390	24 205	35 745
上　海	639	9 432	51 463	89 420
江　苏	471	11 544	50 982	102 905
浙　江	229	7 534	32 101	57 665
安　徽	186	4 399	20 008	37 613
福　建	176	3 032	14 911	23 827
江　西	166	7 385	22 508	35 951
山　东	272	9 761	42 739	58 734
河　南	248	8 517	41 006	54 315
湖　北	430	14 335	75 792	93 949
湖　南	259	11 684	54 443	79 537
广　东	388	11 428	60 756	96 830
广　西	184	4 090	17 777	30 756

① 数据来源：国家新闻出版署：2018 中国新闻出版统计资料汇编，北京：中国书籍出版社，2018。

续表

省　份	品　种	总印数	总印张	定价总金额
海　南	44	750	5 391	8 200
重　庆	138	4 707	27 483	47 599
四　川	357	5 128	28 672	52 176
贵　州	93	1 734	8 897	15 543
云　南	128	2 830	13 090	19 024
西　藏	39	248	1 543	2 389
陕　西	287	2 976	18 027	29 041
甘　肃	134	8 763	47 589	52 614
青　海	54	283	1 706	2 318
宁　夏	37	649	4 763	8 039
新　疆	199	1 502	7 357	9 201
兵　团	17	134	606	1 123

2017 年各类期刊出版情况表[①]

单位：种，万册，万印张，万元

类　别	品　种	总印数	总印张	定价总金额
哲学社会科学	2 676	119 654	606 260	1 037 690
文化教育	1 397	58 717	293 063	470 295
文学艺术	665	20 814	116 035	179 271
自然科学技术	5 027	33 349	262 088	434 217
综　合	365	16 679	89 164	117 468
合　计	10 130	249 213	1 366 609	2 238 941

① 数据来源：国家新闻出版署：2018 中国新闻出版统计资料汇编，北京：中国书籍出版社，2018。

2017 年度新批准创办期刊名录

期刊名称	主办单位	刊　期	文　种
职场荟	北京外企服务集团有限责任公司	月　刊	汉　文
生态文明新时代	贵州日报报业集团传媒有限责任公司	半月刊	汉　文
贵　商	贵州日报报业集团传媒有限责任公司	半月刊	汉　文
贵州全域旅游	贵州日报报业集团传媒有限责任公司	半月刊	汉　文
卒中与血管神经病学（英文）	中国卒中学会	季　刊	英　文
石油勘探与开发（英文）	中国石油集团科学技术研究院	双月刊	英　文
日本侵华南京大屠杀研究	侵华日军南京大屠杀遇难同胞纪念馆、南京出版社有限公司	季　刊	汉　文
国际比较文学（中英文）	上海师范大学、复旦大学出版社有限公司	季　刊	中英文
计算材料学（英文）	中国科学院上海硅酸盐研究所	双月刊	英　文
光电进展（英文）	中国科学院光电技术研究所	月　刊	英　文
高原科学研究	西藏大学	季　刊	汉　文
党员之友	新疆干部学院	月　刊	汉　文
党员之友（维吾尔文）	新疆干部学院	月　刊	维吾尔文
党员之友（哈萨克文）	新疆干部学院	月　刊	哈萨克文
党员之友（蒙古文）	新疆干部学院	月　刊	蒙古文
党员之友（柯尔克孜文）	新疆干部学院	月　刊	柯尔克孜文
食品品质与安全研究（英文）	浙江大学	季　刊	英　文
中国管理会计	中国总会计师协会、经济科学出版社	月　刊	中英文
中国生殖健康	中国人口出版社	月　刊	汉　文
生态系统健康与可持续性（英文）	中国生态学学会、中国科学院生态环境研究中心、中国科技出版传媒股份有限公司	双月刊	英　文

续表

期刊名称	主办单位	刊　期	文　种
汽车创新工程（英文）	中国汽车工程学会	季　刊	英　文
地球与行星物理（英文）	中国地球物理学会、中国科学院地质与地球物理研究所、中国科技出版传媒股份有限公司	双月刊	英　文
当代金融研究	重庆日报报业集团、西南大学、重庆（人民银行）南湖培训中心	月　刊	汉　文
公安学研究	中国人民公安大学	双月刊	汉　文
应用天然产物（英文）	中国科学院昆明植物研究所、中国科技出版传媒股份有限公司	双月刊	英　文
中国毕业后医学教育	中国医师协会	季　刊	汉　文
创新与发展政策（英文）	中国科学院科技战略咨询研究院、中国科学学与科技政策研究会	半年刊	英　文
音乐文化研究	浙江音乐学院	季　刊	汉　文
大数据挖掘与分析（英文）	清华大学	季　刊	英　文
实用休克杂志（中英文）	湖南省人民医院	双月刊	中英文
信使	中译出版社有限公司	季　刊	汉　文
科学文化（英文）	中国科协创新战略研究院	季　刊	英　文
粮油科技（英文）	河南工业大学	季　刊	英　文
空天防御	上海机电工程研究所、上海交通大学出版社有限公司	季　刊	汉　文
当代中国经济转型研究（英文）	高等教育出版社有限公司	季　刊	英　文
亚洲药物制剂科学（英文）	沈阳药科大学	双月刊	英　文
隧道与地下工程灾害防治	山东大学	季　刊	汉　文
高原农业	西藏农牧学院	双月刊	汉　文
数字中医药（英文）	湖南中医药大学、中华中医药学会	季　刊	英　文
国际经济法学刊	北京大学	季　刊	汉　文
阿尔茨海默病及相关病杂志	阿尔茨海默病防治协会	季　刊	汉　文
网络空间安全科学与技术（英文）	中国科学院信息工程研究所、中国科技出版传媒股份有限公司	季　刊	英　文
生物表面与生物摩擦学（英文）	西南交通大学	季　刊	英　文

续表

期刊名称	主办单位	刊　期	文　种
棉花研究（英文）	中国农业科学院棉花研究所、中国农学会	季　刊	英　文
测绘学报（英文）	中国测绘地理信息学会、测绘出版社	季　刊	英　文
河北旅游	河北报业传媒集团有限公司、河北省旅游局旅游规划咨询服务中心	月　刊	汉　文
华东师大教育评论（英文）	华东师范大学	季　刊	英　文
世界急诊医学杂志（英文）	浙江大学、浙江大学医学院附属第二医院	季　刊	英　文
植物病理学报（英文）	中国植物病理学会、中国农业大学	季　刊	英　文
精准临床医学（英文）	四川大学	季　刊	英　文
动物模型与实验医学（英文）	中国实验动物学会、中国医学科学院医学实验动物研究所	季　刊	英　文
青海社会科学（藏文）	青海省社会科学院	季　刊	藏　文
时事（初中）	《时事报告》杂志社	季　刊	汉　文
中华转移性肿瘤杂志	中华医学会	季　刊	汉　文
中国外汇（英文）	中国外汇管理杂志社	季　刊	英　文
生物组学研究杂志（英文）	中华医学会	季　刊	英　文
生物设计与制造（英文）	浙江大学	季　刊	英　文
清洁能源（英文）	北京低碳清洁能源研究所、中国科技出版传媒股份有限公司	季　刊	英　文
胰腺病学杂志（英文）	中华医学会	季　刊	英　文
油气（英文）	西南石油大学	季　刊	英　文
虚拟现实与智能硬件（中英文）	中国科技出版传媒股份有限公司、北京航空航天大学	双月刊	中英文

（供稿人：段艳文）

2017 年度更名期刊名录

批准时间	更名内容
2017 年 1 月 4 日	新广出审〔2017〕51 号同意《中学生阅读（高中版）》（CN41—1036/G4）更名为《漫维》
2017 年 1 月 5 日	新广出审〔2017〕215 号同意《徐州医学院学报》（CN32—1248/R）更名为《徐州医科大学学报》
2017 年 1 月 5 日	新广出审〔2017〕217 号同意《天津中德职业技术学院学报》（CN12—1442/G4）更名为《天津中德应用技术大学学报》
2017 年 1 月 9 日	新广出审〔2017〕228 号同意《鸡西大学学报（综合版）》（CN23—1487/C）更名为《黑龙江工业学院学报（综合版）》
2017 年 1 月 9 日	新广出审〔2017〕225 号同意《知音励志》（CN42—1805/G0）更名为《消费评论》
2017 年 1 月 9 日	新广出审〔2017〕221 号同意《山东气象》（CN37—1224/P）更名为《海洋气象学报》
2017 年 1 月 9 日	新广出审〔2017〕227 号同意《山西煤炭管理干部学院学报》（CN14—1247/D）更名为《山西能源学院学报》
2017 年 1 月 9 日	新广出审〔2017〕226 号同意《陕西理工学院学报（自然科学版）》（CN61—1444/N）更名为《陕西理工大学学报（自然科学版）》
2017 年 1 月 9 日	新广出审〔2017〕220 号同意《鱼雷技术》（CN61—1345/TJ）更名为《水下无人系统学报》
2017 年 1 月 9 日	新广出审〔2017〕223 号同意《中国远洋航务》（CN11—5518/U）更名为《中国远洋海运》
2017 年 1 月 9 日	新广出审〔2017〕224 号同意《草业与畜牧》（CN51—1697/S）更名为《草学》
2017 年 1 月 12 日	新广出审〔2017〕264 号同意《影像视觉》（CN13—1374/TQ）更名为《影像研究与医学应用》
2017 年 1 月 12 日	新广出审〔2017〕258 号同意《吉林省经济管理干部学院学报》（CN22—1305/F）更名为《东北亚经济研究》
2017 年 1 月 12 日	新广出审〔2017〕263 号同意《廉政与法制》（CN11—5677/D）更名为《纪检监察研究》
2017 年 1 月 13 日	新广出审〔2017〕466 号同意《中华人民共和国卫生部公报》（CN11—5149/D）更名为《中华人民共和国国家卫生和计划生育委员会公报》

续表

批准时间	更名内容
2017 年 1 月 17 日	新广出审〔2017〕625 号同意《世纪行》（CN42—1343/D）更名为《湖北政协》
2017 年 1 月 17 日	新广出审〔2017〕622 号同意《软件产业与工程》（CN31—2042/TN）更名为《中小学班主任》
2017 年 1 月 24 日	新广出审〔2017〕1075 号同意《黑龙江科技信息》（CN23—1400/G3）更名为《科学技术创新》
2017 年 2 月 8 日	新广出审〔2017〕1350 号同意《艺术沙龙》（CN11—5623/J）更名为《艺术博物馆》
2017 年 2 月 8 日	新广出审〔2017〕1344 号同意《证券市场研究》（CN31—1659/F）更名为《金融发展》
2017 年 2 月 13 日	新广出审〔2017〕1499 号同意《上海金融学院学报》（CN31—1980/F）更名为《上海立信会计金融学院学报》
2017 年 2 月 21 日	新广出审〔2017〕1742 号同意《小学生作文选刊》（CN41—1070/G4）更名为《教育信息化论坛》
2017 年 2 月 21 日	新广出审〔2017〕1751 号同意《当代歌坛》（CN23—1348/J）更名为《文化创新比较研究》
2017 年 2 月 21 日	新广出审〔2017〕1748 号同意《中国高新技术企业》（CN11—4406/N）更名为《中国高新科技》
2017 年 2 月 23 日	新广出审〔2017〕1829 号同意《电子元器件资讯》（CN11—5611/TN）更名为《电子元器件与信息技术》
2017 年 2 月 23 日	新广出审〔2017〕1834 号同意《石油教育》（CN11—3322/G4）更名为《石油人力资源》
2017 年 2 月 27 日	新广出审〔2017〕1837 号同意《学问》（CN 22—1273/C）更名为《地域文化研究》
2017 年 2 月 27 日	新广出审〔2017〕1835 号同意《旅游时代》（CN 14—1308/K）更名为《智库时代》
2017 年 2 月 27 日	新广出审〔2017〕1836 号同意《东方企业家》（CN 12—1164/F）更名为《财富生活》
2017 年 3 月 1 日	新广出审〔2017〕1970 号同意《广西警官高等专科学校学报》（CN45—1333/D）更名为《广西警察学院学报》
2017 年 3 月 10 日	新广出审〔2017〕2171 号同意《儿童漫画》（CN11—1415/C）更名为《幼儿美术》
2017 年 3 月 15 日	新广出审〔2017〕2322 号同意《山西警官高等专科学校学报》（CN14—1287/D）更名为《山西警察学院学报》
2017 年 3 月 17 日	新广出审〔2017〕2325 号同意《陕西电力》（CN61—1452/TM）更名为《智慧电力》
2017 年 3 月 17 日	新广出审〔2017〕2327 号同意《防灾与安全》（CN31—2084/X）更名为《张江科技评论》

续表

批准时间	更名内容
2017 年 3 月 22 日	新广出审〔2017〕2612 号同意《大经贸》（CN44—1475/F）更名为《创业圈》
2017 年 3 月 22 日	新广出审〔2017〕2613 号同意《河北林果研究》（CN13—1215/S）更名为《林业与生态科学》
2017 年 3 月 29 日	新广出审〔2017〕2669 号同意《广东微量元素科学》（CN44—1396/T）更名为《科技创新发展战略研究》
2017 年 3 月 29 日	新广出审〔2017〕2671 号同意《湖南商学院学报》（CN43—1280/F）更名为《商学研究》
2017 年 3 月 31 日	新广出审〔2017〕2890 号同意《车讯》（CN42—1762/U）更名为《长江技术经济》
2017 年 4 月 1 日	新广出审〔2017〕2970 号同意《地下工程与隧道》（CN 31—1591/U）更名为《隧道与轨道交通》
2017 年 4 月 5 日	新广出审〔2017〕3040 号同意《浙江海洋学院学报（人文科学版）》（CN33—1239/C）更名为《浙江海洋大学学报（人文科学版）》
2017 年 4 月 5 日	新广出审〔2017〕3040 号同意《浙江海洋学院学报（自然科学版）》（CN33—1238/P）更名为《浙江海洋大学学报（自然科学版）》
2017 年 4 月 20 日	新广出审〔2017〕3557 号同意《农家顾问》（CN42—1210/S）更名为《农业产业化》
2017 年 4 月 20 日	新广出审〔2017〕3555 号同意《国外内燃机》（CN31—1254/TK）更名为《汽车与新动力》
2017 年 4 月 20 日	新广出审〔2017〕3558 号同意《旅行摄影》（CN10—1103/J）更名为《旅游与摄影》
2017 年 5 月 4 日	新广出审〔2017〕3774 号同意《法语学习（中法文）》（CN11—1256/H）更名为《法语国家与地区研究（中法文）》
2017 年 5 月 9 日	新广出审〔2017〕3934 号同意《中国医学文摘·皮肤科学》（CN61—1101/R）更名为《皮肤科学通报》
2017 年 5 月 12 日	新广出审〔2017〕4206 号同意《城色》（CN37—1457/Z）更名为《山东国资》
2017 年 5 月 19 日	新广出审〔2017〕4220 号同意《当代中国人口（英文）》（CN11—2872/C）更名为《当代中国人口与发展（英文）》
2017 年 5 月 22 日	新广出审〔2017〕4215 号同意《发电与空调》（CN33—1372/TH）更名为《发电技术》
2017 年 5 月 24 日	新广出审〔2017〕4405 号同意《福建理论学习》（CN35—1163/D）更名为《理论与评论》
2017 年 5 月 25 日	新广出审〔2017〕4417 号同意《生活之友》（CN51—1543/G0）更名为《人文之友》
2017 年 5 月 27 日	新广出审〔2017〕4647 号同意《优仕生活》（CN12—1436/G0）更名为《生活家》

续表

批准时间	更名内容
2017 年 5 月 27 日	新广出审〔2017〕4649 号同意《农机导购》（CN10—1420/S）更名为《房车与露营》
2017 年 6 月 3 日	新广出审〔2017〕4718 号同意《IT 时代周刊》（CN44—1593/TN）更名为《现代信息科技》
2017 年 6 月 3 日	新广出审〔2017〕4714 号同意《新科幻》（CN14—1363/N）更名为《今日农业》
2017 年 6 月 3 日	新广出审〔2017〕4713 号同意《计算机辅助绘图设计与制造（英文）》（CN11—2862/TP）更名为《工医艺的可视计算（英文）》
2017 年 6 月 10 日	新广出审〔2017〕4901 号同意《金卡工程》（CN44—1541/T）更名为《科技与金融》
2017 年 6 月 10 日	新广出审〔2017〕4898 号同意《国外医学卫生经济分册》（CN 32—1133/R）更名为《医药高职教育与现代护理》
2017 年 6 月 10 日	新广出审〔2017〕4884 号同意《中共浙江省委党校学报》（CN33—1010/D）更名为《治理研究》
2017 年 6 月 10 日	新广出审〔2017〕4880 号同意《漫画大王》（CN 11—3659/J）更名为《书法教育》
2017 年 6 月 12 日	新广出审〔2017〕4905 号同意《贵州电力技术》（CN52—1106/TK）更名为《电力大数据》
2017 年 6 月 14 日	新广出审〔2017〕5037 号同意《黑龙江冶金》（CN23—1197/TF）更名为《冶金与材料》
2017 年 6 月 14 日	新广出审〔2017〕5038 号同意《薇薇新娘》（CN51—1750/G0）更名为《看熊猫》
2017 年 6 月 14 日	新广出审〔2017〕5039 号同意《港口经济》（CN12—1321/F）更名为《产业创新研究》
2017 年 6 月 22 日	新广出审〔2017〕5216 号同意《美术与市场》（CN 14—1356/J）更名为《区域治理》
2017 年 6 月 22 日	新广出审〔2017〕5215 号同意《驾驶园》（CN11—4788/Z）更名为《人民交通》
2017 年 6 月 26 日	新广出审〔2017〕5219 号同意《风光》（CN53—1170/G0）更名为《金色时光》
2017 年 6 月 30 日	新广出审〔2017〕5544 号同意《每周大象文摘》（CN35—1320/C）更名为《每周文摘·养老周刊》
2017 年 6 月 30 日	新广出审〔2017〕5543 号同意《林业劳动安全》（CN23—1385/X）更名为《温带林业研究》
2017 年 6 月 30 日	新广出审〔2017〕5542 号同意《空中生活》（CN11—4784/V）更名为《民航学报》
2017 年 7 月 4 日	新广出审〔2017〕5592 号同意《山东省广播电视学校学报》（CN37—1330/G4）更名为《现代视听》

续表

批准时间	更名内容
2017 年 7 月 4 日	新广出审〔2017〕5591 号同意《健康与营养》（CN51—1741/R）更名为《西部特种设备》
2017 年 7 月 17 日	新广出审〔2017〕5935 号同意《齐鲁医学杂志》（CN37—1280/R）更名为《精准医学杂志》
2017 年 7 月 29 日	新广出审〔2017〕6363 号同意《中学生阅读（初中版）》（CN41—1190/G4）更名为《中学生阅读》
2017 年 7 月 29 日	新广出审〔2017〕6366 号同意《电子科学技术》（CN10—1251/TN）更名为《人工智能》
2017 年 7 月 29 日	新广出审〔2017〕6364 号同意《缤纷》（CN11—4056/G2）更名为《民艺》
2017 年 8 月 14 日	新广出审〔2017〕6754 号同意《湖南师范大学社科学报》（CN43—1165/C）更名为《湖南师范大学社会科学学报》
2017 年 8 月 15 日	新广出审〔2017〕6912 号同意《湖南师范大学自科学报》（CN43—1065/N）更名为《湖南师范大学自然科学学报》
2017 年 8 月 22 日	新广出审〔2017〕7069 号同意《贵州气象》（CN52—1060/P）更名为《中低纬山地气象》
2017 年 8 月 22 日	新广出审〔2017〕7070 号同意《华中科技大学学报（医学英德文版）》（CN42—1679/R）更名为《当代医学科学（英文）》
2017 年 8 月 22 日	新广出审〔2017〕7067 号同意《新高考》（CN32—1718/G4）更名为《新世纪智能》
2017 年 8 月 22 日	新广出审〔2017〕7068 号同意《临床转化神经医学（英文）》（CN10—1319/R）更名为《神经科学（英文）》
2017 年 8 月 25 日	新广出审〔2017〕7158 号同意《时事（时事报告中学生版）》（CN11—3321/D）更名为《时事（高中）》
2017 年 8 月 25 日	新广出审〔2017〕7160 号同意《电工文摘》（CN11—2010/TM）更名为《电气技术与经济》
2017 年 8 月 28 日	新广出审〔2017〕7166 号同意《蓝狮子经理人》（CN45—1386/F）更名为《南国旅游》
2017 年 8 月 28 日	新广出审〔2017〕7165 号同意《中华人民共和国国家发展和改革委员会文告》（CN11—5681/F）更名为《国家发展研究》
2017 年 8 月 31 日	新广出审〔2017〕7519 号同意《成都纺织高等专科学校学报》（CN51—1523/TS）更名为《纺织科学与工程学报》
2017 年 9 月 5 日	新广出审〔2017〕7529 号同意《小百科》（CN11—3220/Z）更名为《父母课堂》
2017 年 9 月 5 日	新广出审〔2017〕7532 号同意《中国学术期刊文摘（英文版）》（CN11—5411/N）更名为《研究（英文）》
2017 年 9 月 8 日	新广出审〔2017〕7742 号同意《语文知识》（CN41—1041/H）更名为《汉字汉语研究》

续表

批准时间	更名内容
2017 年 9 月 20 日	新广出审〔2017〕8160 号同意《微型机与应用》（CN 11—5881/TP）更名为《信息技术与网络安全》
2017 年 9 月 24 日	新广出审〔2017〕8238 号同意《领导之友》（CN13—1311/D）更名为《治理现代化研究》
2017 年 9 月 24 日	新广出审〔2017〕8236 号同意《嗨漫》（CN23—1563/J）更名为《创新创业理论研究与实践》
2017 年 9 月 24 日	新广出审〔2017〕8237 号同意《涂料技术与文摘》（CN32—1672/TQ）更名为《涂层与防护》
2017 年 9 月 25 日	新广出审〔2017〕8306 号同意《游遍天下》（CN44—1517/G0）更名为《深圳社会科学》
2017 年 9 月 25 日	新广出审〔2017〕8309 号同意《天漫》（CN43—1512/J）更名为《艺术收藏与鉴赏》
2017 年 9 月 25 日	新广出审〔2017〕8302 号同意《都市家教》（CN36—1276/G4）更名为《传媒论坛》
2017 年 9 月 25 日	新广出审〔2017〕8310 号同意《资治文摘》（CN36—1314/C）更名为《小读者之友》
2017 年 10 月 16 日	新广出审〔2017〕8737 号同意《芒果画报》（CN43—1513/G0）更名为《尊品》
2017 年 10 月 16 日	新广出审〔2017〕8740 号同意《护理研究（英文）》（CN14—1375/R）更名为《护理前沿（英文）》
2017 年 10 月 16 日	新广出审〔2017〕8738 号同意《中国地质文摘（英文版）》（CN11—2197/P）更名为《中国地质（英文）》
2017 年 10 月 21 日	新广出审〔2017〕8868 号同意《黑龙江水利》（CN23—1594/TV）更名为《水利科学与寒区工程》
2017 年 10 月 21 日	新广出审〔2017〕8871 号同意《东方食疗与保健》（CN43—1418/R）更名为《医学食疗与健康》
2017 年 10 月 25 日	新广出审〔2017〕9067 号同意《智能电网》（CN10—1140/TK）更名为《全球能源互联网（英文）》
2017 年 10 月 25 日	新广出审〔2017〕9068 号同意《华北电力技术》（CN 11—2911/TM）更名为《全球能源互联网》
2017 年 11 月 1 日	新广出审〔2017〕9232 号同意《河北工程技术高等专科学校学报》（CN13—1253/T）更名为《河北水利电力学院学报》
2017 年 11 月 1 日	新广出审〔2017〕9231 号同意《内蒙古大学艺术学院学报》（CN15—1335/J）更名为《内蒙古艺术学院学报》
2017 年 11 月 3 日	新广出审〔2017〕9239 号同意《都市心情》（CN42—1730/B）更名为《巴楚医学》
2017 年 11 月 3 日	新广出审〔2017〕9233 号同意《大功率变流技术》（CN43—1486/U）更名为《控制与信息技术》

续表

批准时间	更名内容
2017 年 11 月 13 日	新广出审〔2017〕9265 号同意《读者俱乐部》（CN15—1196/G0）更名为《哲思》
2017 年 11 月 23 日	新广出审〔2017〕9803 号同意《武汉大学学报（人文科学版）》（CN42—1662/C）更名为《新闻与传播评论》
2017 年 11 月 23 日	新广出审〔2017〕9804 号同意《虹猫蓝兔》（CN43—1498/J）更名为《文艺风》
2017 年 11 月 23 日	新广出审〔2017〕9807 号同意《世界高尔夫》（CN14—1334/G8）更名为《销售与管理》
2017 年 11 月 23 日	新广出审〔2017〕9805 号同意《健康准妈妈》（CN31—1886/R）更名为《心理学通讯》
2017 年 11 月 29 日	新广出审〔2017〕9848 号同意《农业图书情报学刊》（CN11—2711/G2）更名为《农业图书情报》
2017 年 11 月 29 日	新广出审〔2017〕9848 号同意《中国畜牧兽医文摘》（CN 11—4919/S）更名为《农业大数据学报》
2017 年 11 月 29 日	新广出审〔2017〕9848 号同意《中国园艺文摘》（CN 11—4921/S）更名为《生物技术通报（英文）》
2017 年 11 月 29 日	新广出审〔2017〕9848 号同意《农业网络信息》（CN 11—5065/TP）更名为《智慧农业》
2017 年 12 月 10 日	新广出审〔2017〕10133 号同意《青岛大学医学院学报》（CN37—1356/R）更名为《青岛大学学报（医学版）》
2017 年 12 月 14 日	新广出审〔2017〕10338 号同意《光机电信息》（CN22—1250/TH）更名为《中外医药研究》
2017 年 12 月 14 日	新广出审〔2017〕10331 号同意《童趣笑脸》（CN10—1425/J）更名为《环球探索》
2017 年 12 月 28 日	新广出审〔2017〕10615 号同意《中国海洋湖沼学报（英文版）》（CN 37—1150/P）更名为《海洋湖沼学报（英文）》
2017 年 12 月 28 日	新广出审〔2017〕10644 号同意《新能源汽车新闻》（CN 10—1144/U）更名为《房车时代》
2017 年 12 月 28 日	新广出审〔2017〕10621 号同意《华人世界》（CN11—4697/C0）更名为《美丽中国》

（供稿人：段艳文）

2017 年平均期印数 25 万册及以上期刊名录

中　央

《半月谈》《半月谈（内部版）》《半月选读》《保密工作》《博物》《长安》《党风廉政建设》《党建》《党建研究》《党建研究内参》《风尚志》《秘书工作》《青年文摘》《求是》《人民调解》《人民论坛》《人生》《时事（《时事报告》中学生版）》《时事（职教）》《时事报告》《时事报告（大学生版）》《时事画刊》《时事资料手册》《商业周刊（中文版）》《特别文摘》《我们爱科学》《幼儿画报》《中国国家地理》《中国火炬》《中国纪检监察》《中国民航》《中国税务》

河　北

《老人世界》

吉　林

《意林》

辽　宁

《党建文汇》《共产党员》《老同志之友》

黑龙江

《党的生活》

上 海

《故事会》

浙 江

《小学生时代》《中学生天地》《浙江共产党员》

安 徽

《江淮》《小学生导读》

福 建

《福建支部生活》

江 西

《初中生之友》《小学生之友》

山 东

《党员干部之友》《当代小学生》《支部生活》《37°女人》

河 南

《老人春秋》《招生考试之友》《中学生阅读》

湖 北

《党员生活》《特别关注》《小学生天地》《知音》《知音漫客》

湖 南

《爱你》《放学后》《湖南农业》《老年人》《时代邮刊》《小学生导刊》《新湘评论》

广 东

《家庭医生》《南方》《人之初》

广　西

《当代广西》

重　庆

《当代党员》《党员文摘》

四　川

《四川党的建设》

云　南

《漫画派对》《云岭先锋》

陕　西

《当代陕西》

甘　肃

《读者》《党的建设》

（各地期刊按刊名音序排列）

（供稿人：孔娜）

国家新闻出版广电总局认定的学术期刊名录

第一批

为严格学术期刊出版资质，优化学术期刊出版环境，促进学术期刊健康发展，根据国家新闻出版广电总局《关于规范学术期刊出版秩序　促进学术期刊健康发展的通知》和《关于开展学术期刊认定及清理工作的通知》，国家新闻出版广电总局新闻报刊司组织开展了学术期刊认定工作。经过各省、区、市新闻出版广电局，中央期刊主管单位初审上报，总局组织有关专家严格审定，确定了第一批认定的学术期刊名单。

具体名单如下：

1 *Advances in Meteorological Science and Technology* 气象科技进展（英文）
2 有色金属工程
3 中国国家博物馆馆刊
4 低碳世界
5 科学与社会
6 环境科学与工程前沿（英文）
7 计算机科学前沿（英文）
8 中国高校科技
9 微创泌尿外科杂志
10 设备监理
11 中国骨与关节杂志
12 结构与土木工程前沿（英文）
13 建筑学研究前沿（英文）
14 多晶硅
15 社区医学杂志
16 光电子前沿（英文）
17 雷达学报
18 中国科技论文
19 图学学报

20 *Journal of Integrative Agriculture* 农业科学学报（英文）
21 *Journal of Palaeogeography* 古地理学报（英文版）
22 转化医学杂志
23 预防青少年犯罪研究
24 经济与政治研究
25 人民论坛·学术前沿
26 金融市场研究
27 网络新媒体技术
28 中国药物评价
29 结核病与肺部健康杂志
30 新闻春秋
31 装备学院学报
32 交通运输部管理干部学院学报
33 德语人文研究
34 中华实用儿科临床杂志
35 风湿病与关节炎
36 储能科学与技术
37 青少年体育
38 *Quantitative Biology* 定量生物学（英文）
39 现代仪器与医疗
40 中国法学（英文版）
41 导航定位学报
42 社会学评论
43 工业和信息化教育
44 心理技术与应用
45 景观设计学（英文）
46 建筑模拟
47 *International Soil and Water Conservation Research* 国际水土保持研究（英文）
48 电子技术与软件工程
49 创新人才教育
50 *The Crop Journal* 作物学报（英文版）
51 中国中医药图书情报杂志
52 北京警察学院学报
53 解放军医学院学报
54 劳动经济研究
55 中国科学院大学学报
56 智能电网
57 国际税收
58 *Progress in Natural Science：Materials International* 自然科学进展：国际材料（英文）
59 食品科学技术学报
60 先进陶瓷（英文）
61 深空探测学报
62 现代中医临床
63 中华灾害救援医学
64 *Zoological Systematics* 动物分类学报（英文）
65 电力信息与通信技术
66 防务技术
67 *Forest Ecosystems* 森林生态系统（英文）
68 欧亚经济
69 清华金融评论

70 *Acta Pharmaceutica Sinica B* 药学学报（英文）
71 *Journal of Plant Ecology* 植物生态学报（英文版）
72 *International Journal of Digital Earth* 国际数字地球学报（英文）
73 经济学报
74 曹雪芹研究
75 港澳研究
76 *Journal of Operations Research Society of China* 中国运筹学会会刊（英文）
77 *Journal of Systems Science and Information* 系统科学与信息学报（英文）
78 自动化学报（英文版）
79 密码学报
80 中国画学刊
81 中华解剖与临床杂志
82 国际汉语教学研究
83 *Frontiers of Architectural Research* 农业科学与工程前沿（英文）
84 *Frontiers of Engineering Management* 工程管理前沿（英文）
85 世界睡眠医学杂志
86 国际法研究
87 社会发展研究
88 产业经济评论
89 工业技术创新
90 摩擦（英文）
91 交通节能与环保
92 军事医学研究（英文）
93 文学遗产
94 价格理论与实践
95 税务研究
96 审计研究
97 中国法学
98 文学评论
99 煤炭经济研究
100 中国史研究
101 中国史研究动态
102 中国人口科学
103 世界历史
104 经济管理
105 方言
106 中国语文
107 解放军医学杂志
108 经济学动态
109 外国文学评论
110 财政研究
111 会计研究
112 经济研究
113 中国经济史研究
114 数量经济技术经济研究
115 世界农业
116 社会学研究
117 人口与经济
118 艺术教育
119 城市问题
120 旅游学刊

121 中国社会科学院研究生院学报
122 国际金融研究
123 中国书法
124 世界经济
125 哲学研究
126 哲学动态
127 中国行政管理
128 西亚非洲
129 中国药理学与病理学杂志
130 戏剧——中央戏剧学院学报
131 拉丁美洲研究
132 法学研究
133 国外社会科学
134 财贸经济
135 中国地质
136 美国研究
137 戏曲艺术
138 杂技与魔术
139 世界美术
140 美术研究
141 故宫博物院院刊
142 考古
143 考古学报
144 中国社会科学
145 国际社会科学杂志
146 历史研究
147 近代史研究
148 民族语文
149 民族研究
150 林业科学研究
151 档案学研究
152 管理世界
153 外国文学
154 外语教学与研究
155 中国农村经济
156 中国钱币
157 金融研究
158 中国记者
159 中学语文教学
160 新文学史料
161 体育科学
162 中国运动医学杂志
163 世界宗教研究
164 统计研究
165 南亚研究
166 美术
167 中国音乐学
168 中小学外语教学
169 当代电视
170 农业经济问题
171 中华医院管理杂志
172 建筑经济
173 中国农业科学
174 中国社会科学（英文版）
175 新闻战线
176 世界经济与政治
177 中国科技论坛
178 刑事技术
179 中医教育
180 中国翻译

181 国际金融
182 中国音乐
183 经济与管理研究
184 装饰
185 中国地方志
186 政治学研究
187 管理现代化
188 金属世界
189 科技导报
190 民族文学研究
191 技术经济
192 当代电影
193 情报资料工作
194 档案学通讯
195 教学与研究
196 中国博物馆
197 语言教学与研究
198 世界汉语教学
199 商业会计
200 中国人民大学学报
201 人口研究
202 国际问题研究
203 北京师范大学学报（社会科学版）
204 经济理论与经济管理
205 自然辩证法通讯
206 国际新闻界
207 电影艺术
208 文物
209 文物天地
210 出版发行研究
211 图书情报工作
212 舞蹈
213 北京大学学报（哲学社会科学版）
214 国外文学
215 经济科学
216 科研管理
217 文艺理论与批评
218 曲艺
219 文献
220 思想政治课教学
221 光明中医
222 国际贸易
223 心理发展与教育
224 清华大学教育研究
225 未来与发展
226 军事历史
227 外国军事学术
228 法学杂志
229 自然辩证法研究
230 人民音乐
231 音乐创作
232 广播与电视技术
233 音乐研究
234 史学史研究
235 文艺研究
236 红楼梦学刊
237 北京电影学院学报
238 文史

239 中国艺术
240 环境保护
241 城镇供水
242 纺织导报
243 中国法医学杂志
244 中国军事科学
245 台湾研究
246 中国科学基金
247 中国航空学报（英文版）
248 城市规划（英文版）
249 学位与研究生教育
250 中国广播电视学刊
251 少年儿童研究
252 水利水电技术
253 食品工业科技
254 情报理论与实践
255 石油钻探技术
256 测控技术
257 新技术新工艺
258 中国戏剧
259 大气科学
260 飞航导弹
261 战术导弹技术
262 强度与环境
263 力学进展
264 计算机工程与设计
265 计算机研究与发展
266 遥测遥控
267 空间科学学报
268 科学通报
269 科学通报（英文版）
270 航空标准化与质量
271 材料工程
272 复合材料学报
273 食品与发酵工业
274 化学通报
275 科学学研究
276 中国科学院院刊
277 作物杂志
278 作物学报
279 自然科学史研究
280 推进技术
281 水文
282 大学化学
283 中国酿造
284 分析仪器
285 宇航材料工艺
286 计算机学报
287 环境科学研究
288 动物学杂志
289 昆虫学报
290 海洋预报
291 有色金属（矿山部分）
292 有色金属（选矿部分）
293 有色金属（冶炼部分）
294 环境科学学报
295 环境化学
296 水力发电
297 中国塑料
298 世界建筑

299 地理研究
300 地理学报
301 高分子学报
302 中国空间科学技术
303 金属热处理
304 核科学与工程
305 计量学报
306 病毒学报
307 中国心理卫生杂志
308 林产工业
309 光学技术
310 中国医学影像技术
311 水利学报
312 农业技术经济
313 舰船科学技术
314 起重运输机械
315 物理化学学报
316 地震
317 环境科学
318 古脊椎动物学报
319 物探与化探
320 林业科学
321 大学物理
322 心理学报
323 自然资源学报
324 遗传
325 铁道机车车辆
326 建筑机械化
327 岩石学报
328 化学教育
329 大气科学进展
330 航空学报
331 建筑学报
332 建筑结构学报
333 北京林业大学学报
334 地质科学
335 锻压技术
336 特种结构
337 化工学报
338 铁道运输与经济
339 地质学报
340 地质论评
341 化工进展
342 建筑机械
343 物理
344 物理学报
345 中国物理快报（英文版）
346 教学仪器与实验
347 建筑科学
348 人类学学报
349 农业机械学报
350 矿床地质
351 岩石矿物学杂志
352 中国造纸
353 铀矿冶
354 铀矿地质
355 粉末冶金技术
356 铁道通信信号
357 植物保护
358 植物保护学报

359 中国农学通报
360 畜牧兽医学报
361 计量技术
362 航天控制
363 植物检疫
364 北京师范大学学报（自然科学版）
365 生物物理学报
366 微生物学报
367 微生物学通报
368 生物工程学报
369 中国农业气象
370 地质学报（英文版）
371 电子科学学刊（英文版）
372 气象学报
373 中国地震
374 中国地震研究（英文版）
375 计算物理
376 生态学报
377 高分子科学（英文版）
378 核电子学与探测技术
379 分析试验室
380 数学的实践与认识
381 系统科学与数学
382 地震学报
383 世界电影
384 中国针灸
385 工程勘察
386 铁道建筑
387 冶金分析
388 实验技术与管理
389 现代地质
390 数学学报
391 数学学报（英文版）
392 应用数学学报
393 应用数学学报（英文版）
394 生物学通报
395 地质与勘探
396 原子能科学技术
397 核化学与放射化学
398 农业工程学报
399 仪器仪表与分析监测
400 中华神经外科杂志
401 高分子通报
402 宇航计测技术
403 宇航学报
404 海洋学报
405 海洋学报（英文版）
406 中国生物医学工程学报
407 航天标准化
408 力学学报
409 力学学报（英文版）
410 力学与实践
411 声学学报
412 声学学报（英文版）
413 冶金自动化
414 工业建筑
415 地球物理学报
416 中国造纸学报
417 世界林业研究

418 太阳能学报
419 中国畜牧杂志
420 电子学报
421 测绘学报
422 冷藏技术
423 工程热物理学报
424 环境工程
425 通信学报
426 铁道学报
427 中国电机工程学报
428 林业资源管理
429 自动化学报
430 中国超声医学杂志
431 稀有金属
432 稀有金属（英文版）
433 钢铁
434 物理测试
435 土木工程学报
436 应用声学
437 电声技术
438 电视技术
439 数值计算与计算机应用
440 计算数学
441 计算数学（英文版）
442 计算机工程与应用
443 石油学报
444 石油学报（石油加工）
445 岩矿测试
446 钢铁研究学报
447 化学试剂
448 中华医学杂志
449 中华内科杂志
450 中华外科杂志
451 中华儿科杂志
452 中华妇产科杂志
453 中华眼科杂志
454 中华口腔医学杂志
455 中华结核和呼吸杂志
456 中华心血管病杂志
457 中华放射学杂志
458 中华预防医学杂志
459 中华病理学杂志
460 中华肿瘤杂志
461 中华医学杂志（英文版）
462 中华医史杂志
463 北京农学院学报
464 卫生研究
465 生物化学与生物物理进展
466 中国药学杂志
467 药学学报
468 中国园林
469 中医杂志
470 中医杂志（英文版）
471 玻璃钢/复合材料
472 现代化工
473 电子测量技术
474 兵工学报
475 建筑技术开发
476 仪器仪表学报
477 农村电气化

478 制冷学报
479 冶金设备
480 植物病理学报
481 机械工程学报
482 电工技术学报
483 煤炭学报
484 地震地质
485 光谱学与光谱分析
486 中国环境科学
487 水文地质工程地质
488 塑料
489 食品科学
490 中国循环杂志
491 化工环保
492 医疗装备
493 中国临床药理学杂志
494 汽车工程
495 清华大学学报（自然科学版）
496 药物分析杂志
497 中华老年医学杂志
498 北京汽车
499 解剖学报
500 中华护理杂志
501 中国医学科学院学报
502 水力发电学报
503 数理统计与管理
504 测绘通报
505 中国物价
506 建筑技术
507 数学通报
508 情报学报
509 北京生物医学工程
510 核农学报
511 系统工程理论与实践
512 国外电子测量技术
513 生理科学进展
514 中华放射医学与防护杂志
515 中国中药杂志
516 北京医学
517 针刺研究
518 气象学报英文版
519 公路交通科技
520 气象
521 电工电能新技术
522 中国体育科技
523 北京工业大学学报
524 电子显微学报
525 计算机科学技术学报（英文版）
526 航空动力学报
527 中华微生物学和免疫学杂志
528 硅酸盐学报
529 数学进展
530 石油与天然气文摘
531 中文信息学报
532 中国蔬菜
533 地震地磁观测与研究
534 中华泌尿外科杂志
535 中华流行病学杂志
536 中国标准化
537 化工新型材料

538 中国石油文摘
539 石油勘探与开发
540 石油化工
541 国际地震动态
542 中国稀土学报
543 世界地震译丛
544 气象科技
545 城市规划
546 毛纺科技
547 农业科技通讯
548 生物技术通报
549 煤炭科学技术
550 纺织机械
551 信号处理
552 电网技术
553 数学译林
554 系统工程与电子技术
555 中华胸心血管外科杂志
556 激光与红外
557 公安研究
558 北京大学学报（自然科学版）
559 中外法学
560 中国统计
561 建井技术
562 轧钢
563 石油化工设备技术
564 中国兽医杂志
565 世界有色金属
566 低温工程
567 中国铁道科学
568 中国骨伤
569 真空电子技术
570 电子测量与仪器学报
571 编辑学报
572 乐器
573 中国健康教育
574 国土资源遥感
575 北京科技大学学报
576 北京服装学院学报（自然科学版）
577 中国农业文摘——农业工程
578 泥沙研究
579 中国康复医学杂志
580 中国音乐教育
581 北方工业大学学报
582 软件学报
583 同位素
584 中国青年研究
585 电力建设
586 中国能源
587 中国现代文学研究丛刊
588 中国癌症研究（英文版）
589 理论物理
590 工程力学
591 北京理工大学学报
592 中国文化
593 中国教育学刊
594 中日友好医院学报
595 中国金融电脑
596 北京航空航天大学学报

597 煤炭加工与综合利用
598 消防技术与产品信息
599 环境科学学报（英文版）
600 人工晶体学报
601 中国土地科学
602 中国烧伤创疡杂志
603 基础医学与临床
604 人民军医
605 纺织标准与质量
606 中国消毒学杂志
607 农药科学与管理
608 木材加工机械
609 肉类研究
610 中国科技期刊研究
611 民族教育研究
612 应用气象学报
613 国际泥沙研究（英文版）
614 电气化铁道
615 中国铁路
616 第四纪研究
617 纸和造纸
618 中国化学快报（英文版）
619 农业图书情报学刊
620 质量与可靠性
621 纺织科学研究
622 鲁迅研究月刊
623 木材工业
624 中国俄语教学
625 中国林业教育
626 *Chinese Journal of Mechanical Engineering* 中国机械工程学报（英文版）
627 中国图书馆学报
628 日本学刊
629 中国电视
630 中国医学科学杂志
631 知识产权
632 中国防痨杂志
633 清史研究
634 中国照明电器
635 合成树脂及塑料
636 高技术通讯
637 中国科技翻译
638 航天医学与医学工程
639 工业计量
640 中国青年政治学院学报
641 中国中西医结合杂志
642 稀土学报（英文版）
643 中国边疆史地研究
644 北京第二外国语学院学报
645 中国出版
646 交通标准化
647 生物医学与环境科学
648 中国兽药杂志
649 美术向导
650 书法丛刊
651 施工技术
652 暖通空调
653 建筑结构
654 中国管理科学

655 航空精密制造技术
656 中国中医眼科杂志
657 中国新药杂志
658 中国科学基金（英文版）
659 中国地质灾害与防治学报
660 热科学学报
661 计算机系统应用
662 现代图书情报技术
663 中国药事
664 中国肿瘤
665 中国环境监测
666 计算机辅助绘图设计与制造（英文版）
667 中国药学（英文版）
668 中国粮油学报
669 中国安全科学学报
670 中华实验和临床病毒学杂志
671 中国京剧
672 妇女研究论丛
673 比较教育研究
674 抗日战争研究
675 世界针灸杂志
676 中国农业会计
677 华北电力技术
678 北京理工大学学报（英文版）
679 有色设备
680 科技与法律
681 计算机辅助设计与图形学学报
682 中国激光医学杂志
683 疾病监测
684 史学理论研究
685 中国哲学年鉴
686 大学图书馆学报
687 中国生物医学工程学报（英文版）
688 人民论坛
689 公安教育
690 中国工商管理研究
691 核标准计量与质量
692 石油规划设计
693 中国饲料
694 质谱学报
695 地球物理学进展
696 系统科学与系统工程学报（英文版）
697 中国烟草学报
698 中国实验动物学报
699 铁道标准设计
700 工程建设标准化
701 中国学校体育
702 武警医学
703 经济研究参考
704 中国奶牛
705 湿法冶金
706 CT 理论与应用研究
707 系统工程与电子技术（英文版）
708 现代防御技术
709 眼科
710 中国脊柱脊髓杂志
711 照明工程学报

712 中华放射肿瘤学杂志
713 北京建筑大学学报
714 中国矿业
715 中国软科学
716 中国哲学史
717 中国卫生法制
718 经济导刊
719 中医药管理杂志
720 航空科学技术
721 系统仿真学报
722 心肺血管病杂志
723 世界经济年鉴
724 行政法学研究
725 国际石油经济
726 中国职业技术教育
727 法律适用
728 外国文学动态
729 北京印刷学院学报
730 体育教学
731 工程造价管理
732 太平洋学报
733 中国医学影像学杂志
734 中国介入心脏病学杂志
735 中国食品卫生杂志
736 寄生虫与医学昆虫学报
737 航空材料学报
738 交通财会
739 首都师范大学学报（社会科学版）
740 首都师范大学学报（自然科学版）
741 国家检察官学院学报
742 宏观经济管理
743 当代中国史研究
744 科技与出版
745 法学家
746 中国大学教学
747 北京联合大学学报
748 广播电视信息
749 中国铁路（英文版）
750 铁道经济研究
751 明胶科学与技术
752 中国钨业
753 精细与专用化学品
754 区域供热
755 应用基础与工程科学学报
756 生物多样性
757 工程地质学报
758 中国国境卫生检疫杂志
759 中国斜视与小儿眼科杂志
760 新视野
761 体育科技文献通报
762 导弹与航天运载技术
763 中国电力
764 中国化学工程学报（英文版）
765 青年研究
766 标记免疫分析与临床
767 中国考试
768 中国文化研究
769 继续教育

770 新闻与传播研究
771 金融会计
772 农业生物技术学报
773 草地学报
774 中国洗涤用品工业
775 油气田环境保护
776 地学前缘
777 粉末冶金工业
778 电子产品世界
779 代数集刊
780 化学进展
781 连铸
782 全球科技经济瞭望
783 植物生态学报
784 制造技术与机床
785 石油炼制与化工
786 中国水产科学
787 塑性工程学报
788 安全与电磁兼容
789 中华医院感染学杂志
790 中国乡村医药
791 当代韩国
792 铁路计算机应用
793 科学决策
794 地球学报
795 石油化工设计
796 石化技术
797 矿冶
798 世界石油工业
799 城建档案
800 中国邮电高校学报（英文版）
801 中国肿瘤临床与康复
802 中国实验方剂学杂志
803 中央民族大学学报（自然科学版）
804 城市发展研究
805 食品科技
806 中国农业资源与区划
807 中国中医药信息杂志
808 机器人技术与应用
809 金属功能材料
810 海洋开发与管理
811 中国特色社会主义研究
812 中央民族大学学报（哲学社会科学版）
813 中国工业经济
814 北京测绘
815 中国食品添加剂
816 中国油气（英文版）
817 中国神经免疫学和神经病学杂志
818 医学综述
819 中国中医基础医学杂志
820 中国民间疗法
821 高科技与产业化
822 中华医学科研管理杂志
823 铁道工程学报
824 北京邮电大学学报
825 国际造纸
826 北京中医药大学学报

827 雕塑
828 中国农村观察
829 马克思主义研究
830 清华大学学报（哲学社会科学版）
831 中国煤炭
832 中国环保产业
833 世界宗教文化
834 北京口腔医学
835 中华精神科杂志
836 首都医科大学学报
837 北京广播电视大学学报
838 中国流通经济
839 美术观察
840 地质力学学报
841 世界民族
842 工程爆破
843 洁净煤技术
844 煤矿开采
845 钢铁研究学报（英文版）
846 城市住宅
847 汽车与安全
848 高技术通讯（英文版）
849 气候与环境研究
850 中华神经科杂志
851 中国医疗器械信息
852 调研世界
853 当代亚太
854 中国食物与营养
855 塑料包装
856 计算机仿真
857 中国冶金
858 墙材革新与建筑节能
859 中国体视学与图像分析
860 中国疼痛医学杂志
861 中国药物滥用防治杂志
862 中国优生与遗传杂志
863 清华大学学报自然科学版（英文版）
864 中国图象图形学报
865 中国康复理论与实践
866 计算机与应用化学
867 铁道技术监督
868 中国冶金教育
869 中国地质教育
870 钢琴艺术
871 北京体育大学学报
872 国际经济评论
873 农业科研经济管理
874 中国心血管杂志
875 中华女子学院学报
876 岩土工程技术
877 现代电力
878 中国特殊教育
879 中国农业大学学报
880 遥感学报
881 中央财经大学学报
882 通讯世界
883 中华航空航天医学杂志
884 中华普通外科杂志

885 地理科学进展
886 中华心律失常学杂志
887 煤质技术
888 工程质量
889 资源科学
890 中国生物化学与分子生物学报
891 当代语言学
892 诊断病理学杂志
893 中华肝胆外科杂志
894 传染病信息
895 中国刑事法杂志
896 中国劳动
897 钢结构
898 中国农业科技导报
899 中华围产医学杂志
900 英国医学杂志（中文版）
901 中国表面工程
902 工程建设与设计
903 水利技术监督
904 中国药物依赖性杂志
905 船舶标准化与质量
906 中国非金属矿工业导刊
907 中国医刊
908 石油库与加油站
909 宏观经济研究
910 华北电力大学学报（社会科学版）
911 国际论坛
912 北京科技大学学报（社会科学版）
913 北京航空航天大学学报（社会科学版）
914 石油化工管理干部学院学报
915 北京石油化工学院学报
916 北京舞蹈学院学报
917 装甲兵工程学院学报
918 解放军艺术学院学报
919 化工管理
920 农药学学报
921 植物营养与肥料学报
922 啤酒科技
923 有色冶金节能
924 中国炼油与石油化工
925 药物不良反应杂志
926 应用泛函分析学报
927 有线电视技术
928 北京市经济管理干部学院学报
929 北京行政学院学报
930 思想理论教育导刊
931 北京邮电大学学报（社会科学版）
932 中国内部审计
933 科学与无神论
934 国家行政学院学报
935 北京理工大学学报（社会科学版）
936 中国农业大学学报（社会科学版）
937 北京电子科技学院学报
938 中国社会科学文摘

939 中国文学年鉴
940 航空军医
941 生物技术通讯
942 解放军药学学报
943 总装备部医学学报
944 飞行器测控学报
945 复印报刊资料·毛泽东思想
946 复印报刊资料·哲学原理
947 复印报刊资料·科学技术哲学
948 复印报刊资料·逻辑
949 复印报刊资料·心理学
950 复印报刊资料·中国哲学
951 复印报刊资料·外国哲学
952 复印报刊资料·美学
953 复印报刊资料·伦理学
954 复印报刊资料·宗教
955 复印报刊资料·社会科学总论
956 复印报刊资料·管理科学
957 复印报刊资料·社会学
958 复印报刊资料·社会保障制度
959 复印报刊资料·政治学
960 复印报刊资料·公共行政
961 复印报刊资料·中国共产党
962 复印报刊资料·中国政治
963 复印报刊资料·法理学、法史学
964 复印报刊资料·宪法学、行政法学
965 复印报刊资料·民商法学
966 复印报刊资料·经济法学劳动法学
967 复印报刊资料·刑事法学
968 复印报刊资料·诉讼法学、司法制度
969 复印报刊资料·国际法学
970 复印报刊资料·青少年导刊
971 复印报刊资料·工会工作
972 复印报刊资料·妇女研究
973 复印报刊资料·民族问题研究
974 复印报刊资料·中国外交
975 复印报刊资料·国际政治
976 复印报刊资料·理论经济学
977 复印报刊资料·社会主义经济理论与实践
978 复印报刊资料·国民经济管理
979 复印报刊资料·财务与会计导刊
980 复印报刊资料·统计与精算
981 复印报刊资料·市场营销
982 复印报刊资料·财政与税务
983 复印报刊资料·金融与保险
984 复印报刊资料·投资与证券
985 复印报刊资料·经济史
986 复印报刊资料·旅游管理
987 复印报刊资料·文化研究
988 复印报刊资料·教育学
989 复印报刊资料·思想政治教育
990 复印报刊资料·中小学教育
991 复印报刊资料·中小学学校管理

992 复印报刊资料·中学历史、地理教与学
993 复印报刊资料·中学物理教与学
994 复印报刊资料·中学化学教与学
995 复印报刊资料·中学外语教与学
996 复印报刊资料·中学政治及其他各科教与学
997 复印报刊资料·高等教育
998 复印报刊资料·成人教育学刊
999 复印报刊资料·职业技术教育
1000 复印报刊资料·新闻与传播
1001 复印报刊资料·档案学
1002 复印报刊资料·体育
1003 复印报刊资料·语言文字学
1004 复印报刊资料·文艺理论
1005 复印报刊资料·中国古代、近代文学研究
1006 复印报刊资料·中国现代、当代文学研究
1007 复印报刊资料·外国文学研究
1008 复印报刊资料·舞台艺术
1009 复印报刊资料·造型艺术
1010 复印报刊资料·影视艺术
1011 复印报刊资料·历史学
1012 复印报刊资料·先秦秦汉史
1013 复印报刊资料·魏晋南北朝隋唐史
1014 复印报刊资料·宋辽金元史
1015 复印报刊资料·明清史
1016 复印报刊资料·中国近代史
1017 复印报刊资料·中国现代史
1018 复印报刊资料·世界史
1019 复印报刊资料·地理
1020 复印报刊资料·生态环境与保护
1021 复印报刊资料·体制改革
1022 航空制造技术
1023 制造业自动化
1024 新材料产业
1025 地质装备
1026 中国种业
1027 测绘科学
1028 小城镇建设
1029 中国工程科学
1030 中国药品标准
1031 中国实验血液学杂志
1032 中国基础科学
1033 水利建设与管理
1034 当代医学
1035 中华检验医学杂志
1036 中华整形外科杂志
1037 中华老年心脑血管病杂志
1038 国土资源情报
1039 国土资源信息化
1040 物理与工程
1041 车辆与动力技术
1042 电子与信息学报

1043 电子商务
1044 中国渔业经济
1045 北京工商大学学报（社会科学版）
1046 首都体育学院学报
1047 制冷与空调
1048 交通运输系统工程与信息
1049 现代教育技术
1050 中国微创外科杂志
1051 市政技术
1052 中国食品学报
1053 中国预防医学杂志
1054 单片机与嵌入式系统应用
1055 航天返回与遥感
1056 安全与环境学报
1057 过程工程学报
1058 系统科学与复杂性（英文版）
1059 材料热处理学报
1060 *Journal of Geographical Sciences* 地理学报（英文版）
1061 当代石油石化
1062 中国计划生育学杂志
1063 中国注册会计师
1064 北京工业大学学报（社会科学版）
1065 环球法律评论
1066 教育科学研究
1067 首都经济贸易大学学报
1068 北京教育学院学报
1069 体育文化导刊
1070 中国个体防护装备
1071 中国与世界经济
1072 生殖医学杂志
1073 地质通报
1074 水利发展研究
1075 中华急诊医学杂志
1076 中华医学美学美容杂志
1077 煤炭工程
1078 现代制造工程
1079 军事运筹与系统工程
1080 中国物业管理
1081 科技和产业
1082 中国医院
1083 古地理学报
1084 科学技术与工程
1085 建设科技
1086 中国药物与临床
1087 护理管理杂志
1088 中国分子心脏病学杂志
1089 复印报刊资料·劳动经济与劳动关系
1090 复印报刊资料·世界经济导刊
1091 北京林业大学学报（社会科学版）
1092 北京化工大学学报（社会科学版）
1093 有色金属加工
1094 中华医学图书情报杂志
1095 世界哲学
1096 临床和实验医学杂志

1097 中国血液净化
1098 信息技术与标准化
1099 中国教育技术装备
1100 北京化工大学学报（自然科学版）
1101 城市燃气
1102 计算机测量与控制
1103 航天制造技术
1104 心理科学进展
1105 中国乳业
1106 林业科技通讯
1107 中国纤检
1108 国际政治研究
1109 中华老年多器官疾病杂志
1110 中国编辑
1111 中华全科医师杂志
1112 中国教师
1113 北京工业职业技术学院学报
1114 俄罗斯东欧中亚研究
1115 中国生物工程杂志
1116 中国艾滋病性病
1117 乙烯工业
1118 石油与天然气地质
1119 中国比较医学杂志
1120 现代测量与实验室管理
1121 医院管理论坛
1122 中国生育健康杂志
1123 清洗世界
1124 智能建筑与城市信息
1125 中国畜牧兽医
1126 北京大学教育评论
1127 中国医院建筑与装备
1128 中国医药指南
1129 北京农业职业学院学报
1130 中华耳科学杂志（中文版）
1131 中华耳科学杂志（英文版）
1132 基础教育参考
1133 中国中西医结合影像学杂志
1134 欧洲研究
1135 艺术评论
1136 世界竹藤通讯
1137 世界核地质科学
1138 中国畜牧兽医文摘
1139 中国园艺文摘
1140 基因组蛋白质组与生物信息学报
1141 中国结合医学杂志
1142 中国体外循环杂志
1143 中国妇产科临床杂志
1144 地理信息世界
1145 癌症进展
1146 给水排水
1147 中国医院用药评价与分析
1148 中国人民公安大学学报（社会科学版）
1149 中国护理管理
1150 中国口腔颌面外科杂志
1151 中国老年保健医学
1152 中国性科学
1153 中国免疫学杂志（英文版）

1154 中国水土保持科学
1155 临床药物治疗杂志
1156 智能建筑
1157 中国现代教育装备
1158 石油科学
1159 植物遗传资源学报
1160 古今农业
1161 中国病案
1162 计算机教育
1163 载人航天
1164 中华老年口腔医学杂志
1165 中国煤层气
1166 水利规划与设计
1167 糖尿病新世界
1168 中国水利水电科学研究院学报
1169 中国书画
1170 中国中医药现代远程教育
1171 科技资讯
1172 中国总会计师
1173 管理评论
1174 建筑与文化
1175 中国城市林业
1176 探矿工程（岩土钻掘工程）
1177 农业网络信息
1178 中国有色冶金
1179 植物学报（英文版）
1180 中国矿山工程
1181 北京联合大学学报（人文社会科学版）
1182 中国卫生信息管理杂志
1183 中国心血管病研究
1184 中国发明与专利
1185 中国脑血管病杂志
1186 设计
1187 油气论坛
1188 水电站机电技术
1189 中国执业药师
1190 中国听力语言康复科学杂志
1191 城市交通
1192 建筑师
1193 都市快轨交通
1194 教师教育研究
1195 纺织学报
1196 中国国土资源经济
1197 中国植保导刊
1198 中国耳鼻咽喉头颈外科
1199 真空科学与技术学报
1200 菌物学报
1201 电子政务
1202 铁道勘察
1203 现代城市轨道交通
1204 科学文化评论
1205 华北科技学院学报
1206 亚非纵横
1207 中国医学装备
1208 应用地球物理（英文版）
1209 中国介入影像与治疗学
1210 中国石油勘探
1211 中国药物警戒
1212 住宅产业

1213 北京交通大学学报（社会科学版）
1214 感染 炎症 修复
1215 中国药物应用与监测
1216 中国现代医药杂志
1217 石油和化工设备
1218 中国科技史杂志
1219 电气技术
1220 中国健康心理学杂志
1221 北京交通大学学报
1222 中华医学教育杂志
1223 工程抗震与加固改造
1224 毒理学杂志
1225 中国骨与关节损伤杂志
1226 实验流体力学
1227 安装
1228 北京市工会干部学院学报
1229 中国发展观察
1230 中国外语
1231 中国文物科学研究
1232 科技促进发展
1233 中华护理教育
1234 教育学报
1235 复印报刊资料·企业管理研究
1236 复印报刊资料·世界社会主义运动
1237 老年心脏病杂志（英文版）
1238 中华耳鼻咽喉头颈外科杂志
1239 航天器环境工程
1240 中华中医药杂志
1241 中国安全生产科学技术
1242 现代电影技术
1243 北京教育学院学报（自然科学版）
1244 中国畜禽种业
1245 农业展望
1246 国际问题研究（英文版）
1247 中国特种设备安全
1248 计测技术
1249 国际自动化与计算杂志
1250 中国海事
1251 中华神经医学杂志
1252 肿瘤研究与临床
1253 白血病·淋巴瘤
1254 数字图书馆论坛
1255 中国劳动关系学院学报
1256 现代传播——中国传媒大学学报
1257 气候变化研究进展
1258 外交评论
1259 麻醉与镇痛
1260 北京城市学院学报
1261 湿地科学与管理
1262 林业经济
1263 国际病毒学杂志
1264 国际耳鼻咽喉头颈外科杂志
1265 国际外科学杂志
1266 国际中医中药杂志
1267 国际移植与血液净化杂志
1268 中国电子科学研究院学报

1269 科普研究
1270 复印报刊资料·物流管理
1271 *Neural Regeneration Research* 中国神经再生研究（英文版）
1272 中国新生儿科杂志
1273 资源与产业
1274 震灾防御技术
1275 科技成果管理与研究
1276 中国卒中杂志
1277 中国猪业
1278 中外能源
1279 中国通信（英文版）
1280 硅酸盐通报
1281 中国现代中药
1282 遥感信息
1283 医学信息学杂志
1284 中国糖尿病杂志
1285 遗传学报（英文版）
1286 中国医药
1287 中国急救复苏与灾害医学杂志
1288 医学研究杂志
1289 中国小儿急救医学
1290 中国医师进修杂志
1291 中华肿瘤防治杂志
1292 中国病原生物学杂志
1293 财会学习
1294 动物营养学报
1295 中国小儿血液与肿瘤杂志
1296 科学观察
1297 生态毒理学报
1298 中国土壤与肥料
1299 国际眼科纵览
1300 中国自动识别技术
1301 实验动物科学
1302 世界中西医结合杂志
1303 中国医药生物技术
1304 中国疫苗和免疫
1305 世界中医药
1306 中华创伤骨科杂志
1307 首都公共卫生
1308 中国医药导报
1309 中华高血压杂志
1310 国际脑血管病杂志
1311 中国水能及电气化
1312 中国数字医学
1313 国际商务财会
1314 中国科技术语
1315 饮料工业
1316 中华临床免疫和变态反应杂志
1317 石油化工安全环保技术
1318 前沿科学
1319 中国临床实用医学
1320 中国教育信息化
1321 航天器工程
1322 中国经济学人
1323 国际城市规划
1324 中国防汛抗旱
1325 化学工业
1326 环境工程学报
1327 北京劳动保障职业学院学报

1328 清华法学
1329 计算机科学与探索
1330 中国现代医生
1331 影像科学与光化学
1332 生物产业技术
1333 中华消化外科杂志
1334 石油科技论坛
1335 国际药学研究杂志
1336 中华健康管理学杂志
1337 中外医疗
1338 北京中医药
1339 中国物理 B（*Chinese Physics B*）
1340 科技创新导报
1341 中国物理 C（*Chinese Physics C*）
1342 证据科学
1343 人口与发展
1344 中国科技资源导刊
1345 运动
1346 环球中医药
1347 实用皮肤病学杂志
1348 中国医疗设备
1349 中国核电
1350 汽车零部件
1351 中国骨与关节外科
1352 空间控制技术与应用
1353 中华胰腺病杂志
1354 中华生物医学工程杂志
1355 中国文献情报（英文刊）
1356 颗粒学报（*PARTICUOLOGY*）
1357 中华临床感染病杂志
1358 中国信息技术教育
1359 北京财贸职业学院学报
1360 中华现代护理杂志
1361 中华骨质疏松和骨矿盐疾病杂志
1362 中国实用医刊
1363 大气和海洋科学快报 *Atmospheric and Oceanic Science Letters*
1364 中国卫生政策研究
1365 *Earthquake Science* 地震学报（英文版）
1366 世界科学技术——中医药现代化
1367 俄罗斯文艺
1368 植物学报
1369 中国继续医学教育
1370 中华全科医学
1371 中国循证心血管医学杂志
1372 天文和天体物理学研究 *Research in Astronomy and Astrophysics*
1373 中国高等学校学术文摘 · 数学（英文）
1374 中国历史学前沿
1375 中国教育学前沿
1376 中国法学前沿
1377 中国哲学前沿
1378 中国经济学前沿
1379 中国文学研究前沿
1380 中国工商管理研究前沿
1381 复印报刊资料 · 马克思列宁主

义研究
1382 复印报刊资料·中国特色社会主义理论
1383 复印报刊资料·社会工作
1384 复印报刊资料·人口学
1385 复印报刊资料·出版业
1386 复印报刊资料·图书馆学情报学
1387 复印报刊资料·创新政策与管理
1388 复印报刊资料·文化创意产业
1389 复印报刊资料·产业经济
1390 复印报刊资料·农业经济研究
1391 复印报刊资料·区域与城市经济
1392 复印报刊资料·国际贸易研究
1393 复印报刊资料·贸易经济
1394 哲学文摘
1395 社会学文摘
1396 法学文摘
1397 经济学文摘
1398 财政金融文摘
1399 国际经济文摘
1400 教育学文摘
1401 管理学文摘
1402 马克思主义文摘
1403 政治学文摘
1404 文学研究文摘
1405 历史学文摘
1406 植物分类学报
1407 工程研究——跨学科视野中的工程
1408 半导体学报
1409 中国医学创新
1410 中国当代医药
1411 矿物冶金与材料学报
1412 国防制造技术
1413 中华糖尿病杂志
1414 建筑技艺
1415 动物学报 *Current Zoology*
1416 检验检疫学刊
1417 中华口腔正畸学杂志
1418 中国印刷与包装研究
1419 导航与控制
1420 中华内分泌外科杂志
1421 地球信息科学学报
1422 标准科学
1423 中国妇幼卫生杂志
1424 石化人力资源管理
1425 科技传播
1426 中华临床营养杂志
1427 土木建筑工程信息技术
1428 热喷涂技术
1429 中国科学：数学
1430 中国科学：数学（英文版）
1431 中国科学：化学
1432 中国科学：化学（英文版）
1433 中国科学：生命科学
1434 中国科学：生命科学（英文版）
1435 中国科学：地球科学

1436　中国科学：地球科学（英文版）
1437　中国科学：技术科学
1438　中国科学：技术科学（英文版）
1439　中国科学：信息科学
1440　中国科学：信息科学（英文版）
1441　中国科学：物理学　力学　天文学
1442　中国科学：物理学　力学　天文学（英文版）
1443　国学学刊
1444　清华管理评论
1445　政治经济学评论
1446　实用检验医师杂志
1447　金融评论
1448　北京信息科技大学学报（自然科学版）
1449　铁路技术创新
1450　艺术设计研究
1451　中国艺术时空
1452　矿产勘查
1453　行政管理改革
1454　协和医学杂志
1455　*Journal of Resources and Ecology* 资源与生态学报（英文版）
1456　*Protein & Cell*（蛋白质与细胞）
1457　中国美术
1458　生物学前沿（英文）
1459　中医临床研究
1460　农产品质量与安全
1461　慢性病学杂志
1462　磁共振成像
1463　汽车安全与节能学报
1464　广义虚拟经济研究
1465　中国卫生标准管理
1466　中华眼视光学与视觉科学杂志
1467　民间文化论坛
1468　住区
1469　*Advances in Climate Change Research* 气候变化研究进展（英文版）
1470　*Geoscience Frontiers* 地学前缘（英文版）
1471　铁路工程造价管理
1472　复印报刊资料·台港澳研究
1473　复印报刊资料·小学语文教与学
1474　复印报刊资料·小学数学教与学
1475　复印报刊资料·小学英语教与学
1476　复印报刊资料·初中语文教与学
1477　复印报刊资料·初中数学教与学
1478　复印报刊资料·高中语文教与学
1479　复印报刊资料·高中数学教与学
1480　信息安全与技术
1481　科研信息化技术与应用

1482 新型工业化
1483 保密科学技术
1484 军事医学
1485 农业部管理干部学院学报
1486 食品安全质量检测学报
1487 *Journal of Animal Science and Biotechnology* 畜牧与生物技术杂志（英文版）
1488 中国病毒病杂志
1489 环境工程技术学报
1490 中国生物防治学报
1491 *Nano Research* 纳米研究（英文版）
1492 中国人民大学教育学刊
1493 *Frontiers of Chemical Science and Engineering* 高等学校学术文摘·化学科学与工程前沿（英文）
1494 *Frontiers of Earth Science* 高等学校学术文摘·地球科学前沿（英文）
1495 *Frontiers of Medicine* 高等学校学术文摘·医学前沿（英文）
1496 *Frontiers of Mechanical Engineering* 高等学校学术文摘·机械工程前沿（英文）
1497 *Frontiers of Materials Science* 高等学校学术文摘·材料学前沿（英文）
1498 铁路节能环保与安全卫生
1499 中华实验眼科杂志
1500 *Theoretical and Applied Mechanics Letters* 力学快报（英文）
1501 *Frontiers of Physics* 高等学校学术文摘·物理学前沿（英文）
1502 空军医学杂志
1503 石油石化节能与减排
1504 环境卫生学杂志
1505 中国无机分析化学
1506 中国医药科学
1507 中国医疗美容
1508 全球化
1509 *Integrative Zoology* 整合动物学（英文）
1510 残疾人研究
1511 农学学报
1512 *Frontiers in Energy* 能源前沿（英文）
1513 中国渔业质量与标准
1514 *Insect Science* 昆虫科学（英文）
1515 应用昆虫学报
1516 中华医学教育探索杂志
1517 中华眼外伤职业眼病杂志
1518 农业工程
1519 历史教学
1520 文学自由谈
1521 图书馆工作与研究
1522 南开学报（哲学社会科学版）
1523 南开经济研究
1524 道德与文明
1525 经营与管理

1526 天津社会科学
1527 医疗卫生装备
1528 海河水利
1529 电气传动
1530 无机盐工业
1531 焊接技术
1532 水泥技术
1533 中国给水排水
1534 营养学报
1535 海洋通报
1536 工程机械文摘
1537 内燃机学报
1538 工业水处理
1539 中华血液学杂志
1540 石油工程建设
1541 中华劳动卫生职业病杂志
1542 环境与健康杂志
1543 电镀与精饰
1544 中国肿瘤临床
1545 煤气与热力
1546 化学工业与工程
1547 海洋信息
1548 南开大学学报（自然科学版）
1549 中草药
1550 天津纺织科技
1551 中华骨科杂志
1552 天津医药
1553 科学学与科学技术管理
1554 针织工业
1555 机械设计
1556 电源技术
1557 天津大学学报（自然科学与工程技术版）
1558 天津航海
1559 地质找矿论丛
1560 职业与健康
1561 天津体育学院学报
1562 系统工程学报
1563 中国修船
1564 离子交换与吸附
1565 自动化与仪表
1566 天津造纸
1567 信息系统工程
1568 热固性树脂
1569 理论与现代化
1570 摩托车技术
1571 影像技术
1572 水道港口
1573 精细石油化工
1574 光电子·激光
1575 天津农林科技
1576 数学教育学报
1577 中国慢性病预防与控制
1578 解放军预防医学杂志
1579 天津冶金
1580 天津化工
1581 天津科技
1582 继续医学教育
1583 环境卫生工程
1584 透析与人工器官

1585 中国氯碱
1586 中国惯性技术学报
1587 城市
1588 天津药学
1589 食品研究与开发
1590 燃烧科学与技术
1591 水利水电工程设计
1592 天津大学学报（英文版）
1593 中国中西医结合外科杂志
1594 电力系统及其自动化学报
1595 天津农业科学
1596 天津医科大学学报
1597 天津护理
1598 红外与激光工程
1599 海洋通报（英文版）
1600 天津建设科技
1601 管理科学学报
1602 中国轻工教育
1603 天津音乐学院学报
1604 天津农学院学报
1605 天津职业大学学报
1606 天津行政学院学报
1607 中共天津市委党校学报
1608 天津电大学报
1609 天津美术学院学报
1610 南开管理评论
1611 天津大学学报（社会科学版）
1612 口岸卫生控制
1613 天津市工会管理干部学院学报
1614 华北金融
1615 中国港湾建设
1616 消防科学与技术
1617 中国中西医结合急救杂志
1618 天津师范大学学报（基础教育版）
1619 工程机械
1620 生物医学工程与临床
1621 保鲜与加工
1622 仪器仪表用户
1623 天津师范大学学报（社科版）
1624 天津师范大学学报（自然版）
1625 小型内燃机与摩托车
1626 中国应用生理学杂志
1627 天津工业大学学报
1628 海洋测绘
1629 农业环境科学学报
1630 心理与行为研究
1631 天津中医药
1632 橡塑资源利用
1633 纳米技术与精密工程
1634 实验室科学
1635 地质调查与研究
1636 天津科技大学学报
1637 职业教育研究
1638 中国综合临床
1639 中国现代神经疾病杂志
1640 光电子快报
1641 录井工程
1642 军事交通学院学报
1643 天津理工大学学报

1644 考试研究
1645 资源节约与环保
1646 天津市经理学院学报
1647 中国中西医结合皮肤性病学杂志
1648 国际放射医学核医学杂志
1649 国际生物医学工程杂志
1650 国际内分泌代谢杂志
1651 天津职业院校联合学报
1652 现代财经——天津财经大学学报
1653 盐业与化工
1654 天津中医药大学学报
1655 供水技术
1656 中国肺癌杂志
1657 中国民航大学学报
1658 再生资源与循环经济
1659 国际妇产科学杂志
1660 国际生殖健康/计划生育杂志
1661 天津商业大学学报
1662 现代药物与临床
1663 药物评价研究
1664 *Chinese Herbal Medicine* 中草药（英文版）
1665 汽车工程师
1666 文学与文化
1667 天津法学
1668 政治思想史
1669 电源学报
1670 天津外国语大学学报
1671 天津职业技术师范大学学报
1672 海洋经济
1673 东北亚学刊
1674 武警后勤学院学报（医学版）
1675 中华危重病急救医学
1676 *Cancer Biology and Medicine* 癌症生物学与医学（英文）
1677 天津商务职业学院学报
1678 海洋技术学报
1679 农业资源与环境学报
1680 天津城建大学学报
1681 河北学刊
1682 经济论坛
1683 河北法学
1684 日本问题研究
1685 河北大学学报（哲学社会科学版）
1686 河北师范大学学报（哲学社会科学版）
1687 经济与管理
1688 河北师范大学学报（自然科学版）
1689 临床荟萃
1690 河北中医
1691 医学动物防制
1692 人造纤维
1693 石油钻采工艺
1694 中华麻醉学杂志
1695 河北农业大学学报
1696 河北大学学报（自然科学版）

1697 河北林业科技
1698 河北省科学院学报
1699 河北电力技术
1700 物理通报
1701 河北医药
1702 油气储运
1703 石油地球物理勘探
1704 矿山测量
1705 无线电工程
1706 无线电通信技术
1707 勘察科学技术
1708 华北农学报
1709 华北地震科学
1710 临床误诊误治
1711 玻璃
1712 半导体技术
1713 选煤技术
1714 钻井液与完井液
1715 文物春秋
1716 医学理论与实践
1717 中国电梯
1718 中国媒介生物学及控制杂志
1719 河北渔业
1720 油气井测试
1721 中华超声影像学杂志
1722 邮政研究
1723 承德医学院学报
1724 河北冶金
1725 河北金融
1726 河北理科教学研究
1727 水力采煤与管道运输
1728 粉煤灰综合利用
1729 化工矿产地质
1730 脑与神经疾病杂志
1731 金融教学与研究
1732 河北农业科学
1733 河北医学
1734 中国监狱学刊
1735 河北果树
1736 河北科技图苑
1737 河北经贸大学学报
1738 河北工业大学学报
1739 河北医科大学学报
1740 华北电力大学学报（自然科学版）
1741 河北中医药学报
1742 河北林果研究
1743 教学研究
1744 石家庄经济学院学报
1745 燕山大学学报
1746 中国煤炭工业医学杂志
1747 计算机与网络
1748 河北科技大学学报
1749 河北工业科技
1750 武警学院学报
1751 河北体育学院学报
1752 张家口职业技术学院学报
1753 河北广播电视大学学报
1754 河北建筑工程学院学报
1755 河北工程技术高等专科学校

学报
1756 军械工程学院学报
1757 实用心脑肺血管病杂志
1758 教育实践与研究
1759 河北青年管理干部学院学报
1760 河北大学成人教育学院学报
1761 承德石油高等专科学校学报
1762 邢台职业技术学院学报
1763 中国环境管理干部学院学报
1764 中共石家庄市委党校学报
1765 燕山大学学报（哲学社会科学版）
1766 现代中西医结合杂志
1767 邯郸职业技术学院学报
1768 石家庄职业技术学院学报
1769 河北师范大学学报（教育科学版）
1770 河北省社会主义学院学报
1771 信息记录材料
1772 河北科技大学学报（社会科学版）
1773 河北经贸大学学报（综合版）
1774 物探装备
1775 河北能源职业技术学院学报
1776 微纳电子技术
1777 中国生态农业学报
1778 疑难病杂志
1779 电力科学与工程
1780 地理与地理信息科学
1781 中国疗养医学
1782 国防交通工程与技术
1783 南水北调与水利科技
1784 唐山学院学报
1785 邢台学院学报
1786 河北科技师范学院学报（社会科学版）
1787 河北公安警察职业学院学报
1788 河北科技师范学院学报
1789 水科学与工程技术
1790 石油化工建设
1791 护理实践与研究
1792 实用疼痛学杂志
1793 当代经济管理
1794 石家庄铁路职业技术学院学报
1795 河北北方学院学报（自然科学版）
1796 河北软件职业技术学院学报
1797 邯郸学院学报
1798 石家庄学院学报
1799 衡水学院学报
1800 国际呼吸杂志
1801 产业与科技论坛
1802 河北工程大学学报（自然科学版）
1803 河北工程大学学报（社会科学版）
1804 防灾科技学院学报
1805 北华航天工业学院学报
1806 中国煤炭地质
1807 河北旅游职业学院学报

1808 保定学院学报
1809 临床合理用药杂志
1810 廊坊师范学院学报（社会科学版）
1811 廊坊师范学院学报（自然科学版）
1812 医学研究与教育
1813 现代农村科技
1814 统计与管理
1815 河北工业大学学报（社会科学版）
1816 内燃机与配件
1817 工业技术与职业教育
1818 石家庄铁道大学学报（社会科学版）
1819 石家庄铁道大学学报（自然科学版）
1820 神经药理学报
1821 解放军医药杂志
1822 沧州师范学院学报
1823 河北联合大学学报（自然科学版）
1824 河北联合大学学报（社会科学版）
1825 河北联合大学学报（医学版）
1826 河北民族师范学院学报
1827 河北北方学院学报（社会科学版）
1828 煤炭与化工
1829 白求恩医学杂志
1830 晋图学刊
1831 教学与管理
1832 教育理论与实践
1833 技术经济与管理研究
1834 晋阳学刊
1835 语文研究
1836 会计之友
1837 编辑之友
1838 经济师
1839 山西大学学报（哲学社会科学版）
1840 山西师大学报（社会科学版）
1841 理论探索
1842 五台山研究
1843 山西煤炭
1844 山西林业科技
1845 山西水土保持科技
1846 山西大学学报（自然科学版）
1847 山西地震
1848 山西医药杂志
1849 山西化工
1850 山西中医
1851 山西农业科学
1852 辐射防护通讯
1853 新型炭材料
1854 同煤科技
1855 电脑开发与应用
1856 机械管理开发
1857 电子工艺技术
1858 火力与指挥控制

1859 燃料化学学报
1860 车用发动机
1861 煤化工
1862 辐射防护
1863 生产力研究
1864 山西档案
1865 煤炭转化
1866 山西冶金
1867 山西科技
1868 煤
1869 长治医学院学报
1870 山西水利科技
1871 电力学报
1872 沧桑
1873 量子光学学报
1874 中医外治杂志
1875 日用化学品科学
1876 山西电子技术
1877 山西医科大学学报
1878 中华风湿病学杂志
1879 太原理工大学学报
1880 山西财经大学学报
1881 实用骨科杂志
1882 山西财政税务专科学校学报
1883 山西广播电视大学学报
1884 中共山西省委党校学报
1885 中共太原市委党校学报
1886 山西社会主义学院学报
1887 山西经济管理干部学院学报
1888 山西省政法管理干部学院学报
1889 山西煤炭管理干部学院学报
1890 山西高等学校社会科学学报
1891 文物世界
1892 山西师范大学学报（自然科学版）
1893 山西中医学院学报
1894 山西职工医学院学报
1895 太原理工大学学报（社会科学版）
1896 护理研究
1897 中国中西医结合肾病杂志
1898 山西建筑
1899 实用医学影像杂志
1900 忻州师范学院学报
1901 山西警官高等专科学校学报
1902 建材技术与应用
1903 山西电力
1904 太原大学学报
1905 吕梁教育学院学报
1906 实用医技杂志
1907 临床医药实践
1908 测试技术学报
1909 太原师范学院学报（社会科学版）
1910 太原师范学院学报（自然科学版）
1911 山西农业大学学报（社会科学版）
1912 山西农业大学学报（自然科学版）

1913 山西焦煤科技
1914 中西医结合心脑血管病杂志
1915 基层医学论坛
1916 运城学院学报
1917 机械工程与自动化
1918 日用化学工业
1919 太原城市职业技术学院学报
1920 校园心理
1921 晋中学院学报
1922 长治学院学报
1923 中北大学学报（社会科学版）
1924 太原科技大学学报
1925 中北大学学报（自然科学版）
1926 系统科学学报
1927 食品工程
1928 太原大学教育学院学报
1929 农业技术与装备
1930 山西大同大学学报（自然科学版）
1931 山西大同大学学报（社会科学版）
1932 中共山西省直机关党校学报
1933 晋城职业技术学院学报
1934 全科护理
1935 铸造设备与工艺
1936 科学技术哲学研究
1937 测试科学与仪器（英文版）
1938 科技创新与生产力
1939 能源与节能
1940 高等财经教育研究
1941 基础医学教育
1942 吕梁学院学报
1943 体育研究与教育
1944 山西青年职业学院学报
1945 内蒙古社会科学（蒙古文版）
1946 内蒙古社会科学（汉文版）
1947 内蒙古师大学报（哲社蒙古文版）
1948 内蒙古师大学报（哲社汉文版）
1949 内蒙古师大学报（自然蒙古文版）
1950 内蒙古师大学报（自然汉文版）
1951 内蒙古大学学报（哲社蒙古文版）
1952 内蒙古大学学报（人文社会科学版）
1953 内蒙古大学学报（自然版）
1954 内蒙古工业大学学报
1955 阴山学刊
1956 蒙古语文
1957 现代农业
1958 稀土
1959 科学管理研究
1960 内蒙古林业科技
1961 干旱区资源与环境
1962 内蒙古农业科技
1963 内蒙古煤炭经济
1964 内蒙古气象

1965 理论研究
1966 内蒙古金融研究
1967 蒙古学研究
1968 内蒙古电大学刊
1969 前沿
1970 内蒙古林业调查设计
1971 内蒙古水利
1972 内蒙古石油化工
1973 内蒙古公路与运输
1974 包头医学
1975 包头医学院学报
1976 广播电视大学学报（哲学社会科学版）
1977 内蒙古电力技术
1978 呼伦贝尔学院学报（蒙文版）
1979 职大学报
1980 内蒙古农业大学学报（社会科学版）
1981 内蒙古农业大学学报（自然科学版）
1982 包钢科技
1983 内蒙古师范大学学报（教育科学版）
1984 内蒙古民族大学学报（社会科学版）
1985 内蒙古民族大学学报（社会科学蒙古文版）
1986 内蒙古民族大学学报（自然汉文版）
1987 内蒙古民族大学学报（自然蒙古文版）
1988 内蒙古民族大学学报（蒙医药学·蒙古文版）
1989 包头职业技术学院学报
1990 畜牧与饲料科学
1991 北方药学
1992 内蒙古大学艺术学院学报
1993 中国蒙古学
1994 赤峰学院学报（哲学社会科学版）
1995 赤峰学院学报（蒙文哲学社会科学版）
1996 赤峰学院学报（自然版）
1997 中国草地学报
1998 中国蒙医药
1999 兽医导刊
2000 疾病监测与控制
2001 集宁师范学院学报
2002 草原文物
2003 民族高等教育研究
2004 内蒙古医科大学学报
2005 内蒙古财经大学学报
2006 财经理论研究
2007 草原与草业
2008 环境与发展
2009 社会科学辑刊
2010 农业经济
2011 辽宁经济
2012 日本研究
2013 满族研究

2014 记者摇篮
2015 图书馆学刊
2016 中国图书评论
2017 音乐生活
2018 当代作家评论
2019 艺术广角
2020 外语与外语教学
2021 辽宁教育
2022 教育科学
2023 辽宁大学学报（哲学社会科学版）
2024 辽宁师范大学学报（社会科学版）
2025 美苑
2026 乐府新声
2027 沈阳体育学院学报
2028 理论界
2029 高等农业教育
2030 医学与哲学
2031 冶金经济与管理
2032 财经问题研究
2033 养猪
2034 鞍钢技术
2035 小型微型计算机系统
2036 辽宁林业科技
2037 水产科学
2038 辽宁农业科学
2039 有色矿冶
2040 大连理工大学学报
2041 变压器
2042 蓄电池
2043 控制与决策
2044 电大理工
2045 辽宁中医杂志
2046 辽宁医学杂志
2047 阀门
2048 组合机床与自动化加工技术
2049 沈阳农业大学学报
2050 环境保护科学
2051 机器人
2052 信息与控制
2053 金属学报
2054 机械设计与制造
2055 辽宁大学学报（自然科学版）
2056 塑料科技
2057 工业卫生与职业病
2058 生态学杂志
2059 中国卫生统计
2060 仪表技术与传感器
2061 纯碱工业
2062 燃料与化工
2063 中国果树
2064 风机技术
2065 海洋环境科学
2066 饲料工业
2067 氯碱工业
2068 土壤通报
2069 美术大观
2070 真空
2071 压缩机技术

2072 衡器
2073 冶金能源
2074 色谱
2075 微生物学杂志
2076 实用中医内科杂志
2077 铸造
2078 沈阳工业大学学报
2079 水泵技术
2080 辽宁师范大学学报（自然科学版）
2081 催化学报
2082 辽宁化工
2083 精细化工
2084 农药
2085 微处理机
2086 轻金属
2087 北方果树
2088 中国医科大学学报
2089 无损探伤
2090 煤矿安全
2091 中国公共卫生
2092 聚氯乙烯
2093 聚酯工业
2094 应用生态学报
2095 党政干部学刊
2096 混凝土
2097 腐蚀科学与防护技术
2098 润滑油
2099 中国工业医学杂志
2100 辽宁丝绸
2101 低温与特气
2102 电气开关
2103 东北电力技术
2104 世界海运
2105 建筑与预算
2106 航海教育研究
2107 中国刑警学院学报
2108 管道技术与设备
2109 中国药物化学杂志
2110 材料科学技术（英文版）
2111 中国微生态学杂志
2112 材料研究学报
2113 中国实用内科杂志
2114 中国实用外科杂志
2115 中国实用妇科与产科杂志
2116 中国实用儿科杂志
2117 飞机设计
2118 中国冶金工业医学杂志
2119 冶金设备管理与维修
2120 东北大学学报（自然科学版）
2121 石油化工高等学校学报
2122 解剖科学进展
2123 中国实用眼科杂志
2124 沈阳药科大学学报
2125 客车技术
2126 特种油气藏
2127 航空发动机
2128 大连海事大学学报
2129 金属学报（英文版）
2130 辽宁体育科技

2131 临床军医杂志
2132 大连医科大学学报
2133 辽宁广播电视大学学报
2134 计算力学学报
2135 软件工程师
2136 辽宁工程技术大学学报
2137 中国临床医学影像杂志
2138 大连理工大学学报（社会科学版）
2139 沈阳农业大学学报（社会科学版）
2140 大连大学学报
2141 鞍山师范学院学报
2142 沈阳医学院学报
2143 辽宁师专学报（社会科学版）
2144 辽宁师专学报（自然科学版）
2145 中小学教学研究
2146 辽宁省交通高等专科学校学报
2147 辽宁警专学报
2148 辽宁行政学院学报
2149 大连教育学院学报
2150 辽宁高职学报
2151 辽宁工程技术大学学报（社会科学版）
2152 东北大学学报（社会科学版）
2153 东北财经大学学报
2154 辽宁公安司法管理干部学院学报
2155 小学数学教育
2156 大连民族学院学报
2157 辽宁省社会主义学院学报
2158 辽宁农业职业技术学院学报
2159 当代化工
2160 地质与资源
2161 中国森林病虫
2162 实用手外科杂志
2163 可再生能源
2164 热科学与技术
2165 材料与冶金学报
2166 中国腐蚀与防护学报
2167 大连海事大学学报（社科版）
2168 控制工程
2169 露天采矿技术
2170 矿业工程
2171 染料与染色
2172 现代医院管理
2173 新世纪剧坛
2174 辽宁经济职业技术学院·辽宁经济管理干部学院学报
2175 光电技术应用
2176 中国铸造
2177 沈阳干部学刊
2178 辽宁教育行政学院学报
2179 中国实用护理杂志
2180 中国实用乡村医生杂志
2181 辽宁石油化工大学学报
2182 渤海大学学报（哲学社会科学版）
2183 辽东学院学报（社会科学版）
2184 渤海大学学报（自然科学版）

2185 现代畜牧兽医
2186 实用药物与临床
2187 沈阳工程学院学报（社会科学版）
2188 地方财政研究
2189 沈阳建筑大学学报（社会科学版）
2190 辽宁科技学院学报
2191 实用糖尿病杂志
2192 沈阳工程学院学报（自然科学版）
2193 中学课程资源
2194 国际儿科学杂志
2195 北方水稻
2196 气象与环境学报
2197 水土保持应用技术
2198 辽东学院学报（自然科学版）
2199 沈阳师范大学学报（自然科学版）
2200 北方交通
2201 建筑节能
2202 中国美容整形外科杂志
2203 辽宁中医药大学学报
2204 耐火与石灰
2205 文化学刊
2206 中华中医药学刊
2207 中国数学教育
2208 大连交通大学学报
2209 一重技术
2210 辽宁医学院学报
2211 辽宁医学院学报（社会科学版）
2212 辽宁科技大学学报
2213 环境保护与循环经济
2214 皮革与化工
2215 沈阳工业大学学报（社会科学版）
2216 农业科技与装备
2217 大连工业大学学报
2218 中国实用口腔科杂志
2219 辽宁工业大学学报（社会科学版）
2220 辽宁工业大学学报（自然科学版）
2221 沈阳师范大学学报（社会科学版）
2222 中国中西医结合儿科学
2223 现代教育管理
2224 防灾减灾学报
2225 园艺与种苗
2226 大连海洋大学学报
2227 沈阳航空航天大学学报
2228 沈阳化工大学学报
2229 沈阳建筑大学学报（自然科学版）
2230 *Journal of Mathematical Research with Applications* 数学研究及应用（英文）
2231 中国组织工程研究
2232 沈阳大学学报（社会科学版）

2233 沈阳大学学报（自然科学版）
2234 中国海商法研究
2235 能源化学（英文版）
2236 语言教育
2237 东北亚外语研究
2238 创伤与急危重病医学
2239 船舶职业教育
2240 铁道机车与动车
2241 国外铁道机车与动车
2242 沈阳理工大学学报
2243 社会科学战线
2244 长白学刊
2245 人口学刊
2246 外国教育研究
2247 古籍整理研究学刊
2248 延边大学学报（社会科学版）
2249 文艺争鸣
2250 戏剧文学
2251 当代法学
2252 经济纵横
2253 东北师大学报（哲学）
2254 吉林大学社会科学学报
2255 史学集刊
2256 现代日本经济
2257 吉林金融研究
2258 电影文学
2259 现代中小学教育
2260 东北水利水电
2261 吉林农业大学学报
2262 吉林林业技术
2263 临床肝胆病杂志
2264 黄金
2265 世界地质
2266 汽车文摘
2267 汽车技术
2268 吉林医学
2269 发光学报
2270 吉林中医药
2271 东北师大学报（自然科学）
2272 地理科学
2273 分析化学
2274 中国免疫学杂志
2275 中国妇幼保健
2276 应用化学
2277 工业技术经济
2278 高等学校化学学报
2279 气象水文海洋仪器
2280 中国地方病防治杂志
2281 中风与神经疾病
2282 农业科技管理
2283 物理实验
2284 铁合金
2285 炭素技术
2286 特产研究
2287 人参研究
2288 农业与技术
2289 中国地理科学
2290 东北亚论坛
2291 现代情报
2292 高校化学研究

2293 汽车工艺与材料
2294 延边大学学报（自然科学）
2295 中国生物制品学杂志
2296 光学精密工程
2297 玉米科学
2298 税务与经济
2299 世界古典文明史
2300 中小学教师培训
2301 数学学习与研究
2302 汽车维修
2303 经济视角
2304 大学物理实验
2305 弹性体
2306 汽车工业研究
2307 当代经济研究
2308 中国兽医学报
2309 行政与法
2310 吉林气象
2311 中国老年学
2312 法制与社会发展
2313 吉林化工学院学报
2314 中国实验诊断学
2315 经济动物学报
2316 液晶与显示
2317 延边大学医学学报
2318 延边大学农学学报
2319 分子科学学报（中、英文）
2320 情报科学
2321 吉林工程技术师范学院学报
2322 化工科技
2323 长春大学学报
2324 通化师范学院学报
2325 吉林艺术学院学报
2326 吉林体育学院学报
2327 吉林建筑工程学院学报
2328 长春金融高等专科学校学报
2329 长春市委学校学报
2330 延边党校学报
2331 延边教育学院学报
2332 吉林省经济管理干部学院学报
2333 长春理工大学学报（社科版）
2334 北华大学学报（自然）
2335 北华大学学报（社会科学版）
2336 吉林省社会主义学
2337 长春工程学院学报（社会科学版）
2338 长春工程学院学报（自然科学版）
2339 中国卫生工程学
2340 现代教育科学
2341 吉林大学学报（理工）
2342 吉林大学学报（工）
2343 吉林大学学报（医学版）
2344 吉林大学学报（地）
2345 吉林大学学报（信息科学版）
2346 湿地科学
2347 菌物研究
2348 仿生工程学报
2349 白城师范学院学报
2350 长春理工大学学报（自然科

学版）
2351 吉林师范大学学报（人文社会科学版）
2352 吉林农业科技学院学报
2353 吉林医药学院学报
2354 国际护理学杂志
2355 世界地质（英文版）
2356 东北电力大学学报
2357 长春中医药大学学报
2358 长春工业大学学报
2359 长春工业大学学报（高教研究版）
2360 吉林工商学院学报
2361 工程与试验
2362 吉林师范大学学报（自然科学版）
2363 数学研究通讯
2364 外国问题研究
2365 国际老年医学杂志
2366 中国光学
2367 净月学刊
2368 *Light: Science & Applications* 光：科学与应用（英文）
2369 长春师范大学学报
2370 东疆学刊
2371 理论探讨
2372 满语研究
2373 黑龙江气象
2374 大庆社会科学
2375 黑龙江民族丛刊
2376 北方文物
2377 中国初级卫生保健
2378 中国医院管理
2379 中国卫生经济
2380 学术交流
2381 学习与探索
2382 西伯利亚研究
2383 商业经济
2384 文艺评论
2385 北方音乐
2386 现代远距离教育
2387 成人教育
2388 求是学刊
2389 外语学刊
2390 北方论丛
2391 黑龙江高教研究
2392 思想政治教育研究
2393 牡丹江师范学院学报（哲学社会科学版）
2394 林区教学
2395 农场经济管理
2396 学理论
2397 黑河学刊
2398 教育探索
2399 现代化农业
2400 黑龙江教育学院学报
2401 金融理论与教学
2402 地震工程与工程振动
2403 哈尔滨医科大学学报
2404 哈尔滨医药

2405 低温建筑技术
2406 化学工程师
2407 炭素
2408 焊接
2409 热能动力工程
2410 中国乳品工业
2411 焊接学报
2412 黑龙江大学自然科学学报
2413 林业科技
2414 应用能源技术
2415 哈尔滨师范大学自然科学学报
2416 应用科技
2417 中医药学报
2418 中医药信息
2419 世界地震工程
2420 减速顶与调速技术
2421 机械制造文摘·焊接分册
2422 中国急救医学
2423 电测与仪表
2424 黑龙江农业科学
2425 黑龙江畜牧兽医
2426 实用肿瘤学杂志
2427 国土与自然资源研究
2428 黑龙江水产
2429 黑龙江中医药
2430 冰雪运动
2431 化学与粘合
2432 轻合金加工技术
2433 大豆科学
2434 林业勘查设计
2435 农机化研究
2436 哈尔滨工业大学学报
2437 哈尔滨体育学院学报
2438 北方园艺
2439 锅炉制造
2440 汽轮机技术
2441 大电机技术
2442 黑龙江广播电视技术
2443 酿酒
2444 黑龙江造纸
2445 防爆电机
2446 纤维复合材料
2447 东北林业大学学报
2448 牡丹江医学院学报
2449 黑龙江纺织
2450 黑龙江八一农垦大学学报
2451 齐齐哈尔医学院学报
2452 煤矿机械
2453 大庆石油地质与开发
2454 林业科技情报
2455 牡丹江师范学院学报（自然科学版）
2456 物流科技
2457 饲料博览
2458 中国调味品
2459 节能技术
2460 生物技术
2461 中国甜菜糖业
2462 自然灾害学报
2463 黑龙江医学

2464 图书馆建设
2465 中国焊接（英文版）
2466 电站系统工程
2467 防护林科技
2468 材料科学与工艺
2469 黑龙江动物繁殖
2470 针灸临床杂志
2471 行政论坛
2472 水产学杂志
2473 商业研究
2474 统计与咨询
2475 哈尔滨工业大学学报（英文版）
2476 黑龙江医药
2477 农村实用科技信息
2478 林业劳动安全
2479 森林工程
2480 哈尔滨工程大学学报
2481 东北农业大学学报
2482 东北农业大学学报（英文版）
2483 煤炭技术
2484 测绘工程
2485 油气田地面工程
2486 水利科技与经济
2487 黑龙江环境通报
2488 哈尔滨理工大学学报
2489 林业机械与木工设备
2490 中国糖料
2491 黑龙江社会科学
2492 电机与控制学报
2493 林业研究（英文版）
2494 佳木斯大学社会科学学报
2495 中国预防兽医学报
2496 高师理科学刊
2497 齐齐哈尔大学学报（自然科学版）
2498 哈尔滨铁道科技
2499 黑龙江医药科学
2500 佳木斯大学学报（自然科学版）
2501 齐齐哈尔大学学报（哲学社会科学版）
2502 教书育人
2503 交通科技与经济
2504 科技与管理
2505 哈尔滨工业大学学报（社会科学版）
2506 牡丹江大学学报
2507 黑龙江省政法管理干部学院学报
2508 黑龙江省社会主义学院学报
2509 牡丹江教育学院学报
2510 哈尔滨市委党校学报
2511 世纪桥
2512 理论观察
2513 继续教育研究
2514 黑龙江电力
2515 自动化技术与应用
2516 中国马铃薯
2517 神经疾病与精神卫生

2518 植物研究
2519 哈尔滨学院学报
2520 鸡西大学学报（综合版）
2521 地震工程与工程振动（英文版）
2522 哈尔滨商业大学学报（自然科学版）
2523 黑龙江工程学院学报
2524 炼油与化工
2525 畜牧兽医科技信息
2526 散装水泥
2527 哈尔滨商业大学学报（社会科学版）
2528 哈尔滨工程大学学报（英文版）
2529 管理科学
2530 珠算与珠心算
2531 生物信息学
2532 哈尔滨轴承
2533 东北农业大学学报（社会科学版）
2534 测绘与空间地理信息
2535 公共管理学报
2536 边疆经济与文化
2537 城市建筑
2538 艺术研究
2539 哈尔滨职业技术学院学报
2540 环境科学与管理
2541 经济研究导刊
2542 齐齐哈尔师范高等专科学校学报
2543 国际免疫学杂志
2544 国际遗传学杂志
2545 传感器与微系统
2546 智能系统学报
2547 中国林业经济
2548 绿色财会
2549 现代生物医学进展
2550 北方法学
2551 大豆科技
2552 黑龙江生态工程职业学院学报
2553 中外医学研究
2554 信息技术
2555 工程管理学报
2556 农业经济与管理
2557 黑河学院学报
2558 黑龙江大学工程学报
2559 哈尔滨师范大学社会科学学报
2560 大庆师范学院学报
2561 绥化学院学报
2562 俄罗斯学刊
2563 航空航天医学杂志
2564 石油石化节能
2565 智能计算机与应用
2566 对外经贸
2567 土壤与作物
2568 东北石油大学学报
2569 中华地方病学杂志
2570 韩国语教学与研究
2571 当代教研论丛
2572 野生动物学报

2573 黑龙江科技大学学报
2574 第二军医大学学报
2575 音乐艺术
2576 上海体育学院学报
2577 化学教学
2578 华东师范大学学报（教育科学版）
2579 生物学教学
2580 华东师范大学学报（哲学社会科学版）
2581 财经研究
2582 历史教学问题
2583 地理教学
2584 数学教学
2585 物理教学
2586 外语电化教学
2587 外国中小学教育
2588 外国语（上海外国语大学学报）
2589 国际展望
2590 化工高等教育
2591 世界经济研究
2592 国际商务研究
2593 法学
2594 上海教育科研
2595 外国经济与管理
2596 语文学习
2597 小学数学教师
2598 学术月刊
2599 史林
2600 政治与法律
2601 图书馆杂志
2602 社会科学
2603 编辑学刊
2604 上海师范大学学报（哲学教育社会科学）
2605 中小学英语教学与研究
2606 社会
2607 世界经济文汇
2608 戏剧艺术
2609 复旦学报（社会科学版）
2610 电影新作
2611 文艺理论研究
2612 新闻大学
2613 上海金融
2614 上海经济研究
2615 新闻记者
2616 青少年犯罪问题
2617 体育科研
2618 探索与争鸣
2619 思想理论教育
2620 当代青年研究
2621 上海大学学报（社会科学版）
2622 上海农村经济
2623 上海保险
2624 水运管理
2625 粮食与油脂
2626 纺织文摘
2627 中国医药工业杂志
2628 印染

2629 造船技术
2630 中国寄生虫学与寄生虫病杂志
2631 水产科技情报
2632 航海技术
2633 光学学报
2634 国外内燃机
2635 内燃机工程
2636 应用概率统计
2637 辐射研究与辐射工艺学报
2638 计算机应用与软件
2639 柴油机
2640 仪表技术
2641 同济大学学报（自然科学版）
2642 上海纺织科技
2643 电信快报
2644 上海中医药杂志
2645 国外畜牧学——猪与禽
2646 上海畜牧兽医通讯
2647 船舶工程
2648 中华内分泌代谢杂志
2649 水产学报
2650 解剖学杂志
2651 电机技术
2652 计算机工程
2653 模具技术
2654 华东师范大学学报（自然科学版）
2655 红外
2656 化肥工业
2657 振动与冲击
2658 上海针灸杂志
2659 中国医疗器械杂志
2660 化学学报
2661 有机化学
2662 电子技术
2663 集成电路应用
2664 电世界
2665 数学年刊 A 辑（中文版）
2666 数学年刊 B 辑（英文版）
2667 复旦学报（自然科学版）
2668 建筑施工
2669 无损检测
2670 机械工程材料
2671 理化检验·化学分册
2672 理化检验·物理分册
2673 中国激光
2674 天文学进展
2675 海洋渔业
2676 核技术
2677 生殖与避孕
2678 噪声与振动控制
2679 中国药理学报
2680 生理学报
2681 结构工程师
2682 时代建筑
2683 合成纤维
2684 化纤文摘
2685 无机材料学报
2686 中华传染病杂志
2687 上海医学

2688 中华消化杂志
2689 中成药
2690 肿瘤
2691 制导与引信
2692 应用激光
2693 电气自动化
2694 临床儿科杂志
2695 机械制造
2696 航空电子技术
2697 机械设计与研究
2698 生命的化学
2699 中国航海
2700 发电设备
2701 电线电缆
2702 中国生物学文摘
2703 船舶设计通讯
2704 水动力学研究与进展
2705 工业锅炉
2706 应用科学学报
2707 上海农业学报
2708 住宅科技
2709 能源研究与信息
2710 石油商技
2711 上海师范大学学报（自然科学版）
2712 自然杂志
2713 机电设备
2714 上海计量测试
2715 微特电机
2716 电动工具
2717 应用数学与计算数学学报
2718 工业微生物
2719 声学技术
2720 腐蚀与防护
2721 上海交通大学学报
2722 供用电
2723 香料香精化妆品
2724 法医学杂志
2725 华东电力
2726 上海航天
2727 制冷技术
2728 上海第二工业大学学报
2729 中国造船
2730 上海建材
2731 宝钢技术
2732 上海节能
2733 自动化仪表
2734 光学仪器
2735 电站辅机
2736 电镀与环保
2737 锅炉技术
2738 净水技术
2739 上海管理科学
2740 上海电力学院学报
2741 光源与照明
2742 中国市政工程
2743 上海建设科技
2744 中国海洋平台
2745 中国化学（英文）
2746 生殖与避孕（英文版）

2747　上海金属
2748　核技术（英文版）
2749　新金融
2750　船舶
2751　水动力学研究与进展 B 辑
2752　上海精神医学（*Shanghai Archives of Psychiatry*）
2753　细胞研究（英文版）
2754　上海中学数学
2755　红外与毫米波学报
2756　心理科学
2757　地下工程与隧道
2758　产业用纺织品
2759　传动技术
2760　上海工程技术大学学报
2761　研究与发展管理
2762　生命科学
2763　中国胶粘剂
2764　城市道桥与防洪
2765　市政设施管理
2766　民用飞机设计与研究
2767　医用生物力学
2768　世界地理研究
2769　有机氟工业
2770　功能高分子学报
2771　微型电脑应用
2772　上海预防医学
2773　国际观察
2774　出版与印刷
2775　中国体育教练员
2776　上海有色金属
2777　*Applied Mathematics and Mechanics*（*English Edition* 应用数学和力学（英文版）
2778　文物保护与考古科学
2779　中华手外科杂志
2780　上海文化
2781　建设监理
2782　上海医药
2783　集装箱化
2784　口腔颌面外科杂志
2785　毛泽东邓小平理论研究
2786　计算机辅助工程
2787　中医文献杂志
2788　食用菌学报
2789　药学实践杂志
2790　激光与光电子学进展
2791　华东理工大学学报（自然科学版）
2792　旅游科学
2793　中国比较文学
2794　中国医学计算机成像杂志
2795　上海口腔医学
2796　上海城市规划
2797　实验室研究与探索
2798　机电一体化
2799　粉煤灰
2800　上海大学学报（自然科学版）
2801　职业卫生与应急救援
2802　军队政工理论研究

2803 开放教育研究
2804 中国肿瘤生物治疗杂志
2805 中国临床药学杂志
2806 中国癌症杂志
2807 运筹学学报
2808 渔业现代化
2809 工业工程与管理
2810 上海理工大学学报
2811 国际纺织导报
2812 极地研究
2813 中国新药与临床杂志
2814 城市轨道交通研究
2815 中国临床神经科学
2816 外科理论与实践
2817 海洋石油
2818 中国男科学杂志
2819 建筑材料学报
2820 热处理
2821 上海塑料
2822 思想政治课研究
2823 教育发展研究
2824 肝脏
2825 同济大学学报（社会科学版）
2826 上海交通大学学报（哲学社会科学版）
2827 华东理工大学学报（社会科学版）
2828 上海公安高等专科学校学报
2829 上海中医药大学学报
2830 印制电路信息
2831 中国临床医学
2832 亚洲男性学杂志（英文）
2833 介入放射学杂志
2834 胃肠病学
2835 老年医学与保健
2836 犯罪研究
2837 国外社会科学文摘
2838 上海行政学院学报
2839 上海财经大学学报
2840 海军医学杂志
2841 解放军护理杂志
2842 解放军医院管理杂志
2843 世界农药
2844 力学季刊
2845 化工设备与管道
2846 世界钢铁
2847 上海交通大学学报（农业科学版）
2848 全球教育展望
2849 俄罗斯研究
2850 上海护理
2851 中华航海医学与高气压医学杂志
2852 东华大学学报（社会科学）
2853 上海理工大学学报（社会科学版）
2854 精密制造与自动化
2855 信息网络安全
2856 中国司法鉴定
2857 东华大学学报（自然科学版）

2858 上海大中型电机
2859 中国货币市场
2860 中国眼耳鼻喉科杂志
2861 诊断学理论与实践
2862 药学服务与研究
2863 环境与职业医学
2864 上海应用技术学院学报（自然科学版）
2865 复旦学报（医学版）
2866 高等学校文科学术文摘
2867 中国光学快报（英文版）
2868 复旦教育论坛
2869 装备机械
2870 建筑钢结构进展
2871 现代免疫学
2872 同济大学学报（医学版）
2873 上海市社会主义学院学报
2874 脊柱外科杂志
2875 针灸推拿医学（英文版）
2876 上海市经济管理干部学院学报
2877 基础教育
2878 检验医学
2879 流体传动与控制
2880 热力透平
2881 中国工程机械学报
2882 神经病学与神经康复学杂志
2883 上海翻译
2884 城市规划学刊
2885 世界临床药物
2886 生物化学与生物物理学报（英文）
2887 上海交通大学学报（自然科学版）（英文版）
2888 系统仿真技术
2889 组织工程与重建外科
2890 铸造工程
2891 国际心血管病杂志
2892 国际骨科学杂志
2893 国际消化病杂志
2894 实验动物与比较医学
2895 中国真菌学杂志
2896 国际医学寄生虫病杂志
2897 国际生物制品学杂志
2898 外语教学理论与实践
2899 中国感染与化疗杂志
2900 微生物与感染
2901 上海海事大学学报
2902 中国循证儿科杂志
2903 中医药文化
2904 阿拉伯世界研究
2905 健康教育与健康促进
2906 神经科学通报（英文版）
2907 系统管理学报
2908 内科理论与实践
2909 上海金融学院学报
2910 船舶标准化工程师
2911 中华文史论丛
2912 上海电气技术
2913 上海电机学院学报
2914 辞书研究

2915 中国浦东干部学院学报
2916 生物医学工程学进展
2917 复旦人文社会科学论丛（英文）
2918 宝钢技术研究
2919 分子细胞生物学报 *Journal of Molecular Cell Biology*
2920 石油化工技术与经济
2921 华东政法大学学报
2922 东方法学
2923 上海政法学院学报
2924 分子植物 *Molecular Plant*
2925 科学发展
2926 复杂油气藏
2927 创意设计源
2928 新会计
2929 上海船舶运输科学研究所学报
2930 上海海洋大学学报
2931 东方翻译
2932 现代中文学刊
2933 中国动物传染病学报
2934 德国研究
2935 中国细胞生物学学报
2936 当代外语研究
2937 绿色建筑
2938 动力工程学报
2939 软件产业与工程
2940 当代修辞学
2941 上海城市管理
2942 上海交通大学学报（医学版）
2943 外语测试与教学
2944 工会理论研究
2945 *Advances in Polar Science* 极地科学进展（英文版）
2946 电力与能源
2947 哲学分析
2948 植物生理学报
2949 上海国土资源
2950 运动与健康科学
2951 *Advances in Manu facturing* 先进制造进展（英文）
2952 上海教育评估研究
2953 渔业信息与战略
2954 外科研究与新技术
2955 会计与经济研究
2956 交大法学
2957 船舶与海洋工程
2958 纺织服装教育
2959 *High Power Laser Science and Engineering* 高功率激光科学与工程（英文）
2960 教育生物学杂志
2961 *Journal of Integrative Medicine* 结合医学学报（英文）
2962 国际关系研究
2963 台海研究
2964 肿瘤影像学
2965 海洋工程装备与技术
2966 上海对外经贸大学学报
2967 青年学报

2968　海关与经贸研究
2969　交通与港航
2970　化工与医药工程
2971　外语研究
2972　南京政治学院学报
2973　南京艺术学院学报（美术与设计）
2974　民国档案
2975　江海学刊
2976　明清小说研究
2977　南京师大学报（社会科学版）
2978　文教资料
2979　苏州大学学报（哲学社会科学版）
2980　江苏高教
2981　盐城师范学院学报（人文社会科学版）
2982　中国农史
2983　江苏商论
2984　江苏第二师范学院学报
2985　南京大学学报（哲学·人文科学·社会科学）
2986　艺术百家
2987　东南文化
2988　药学进展
2989　固体电子学研究与进展
2990　现代铸铁
2991　天文学报
2992　蚕业科学
2993　河海大学学报（自然科学版）
2994　土壤
2995　土壤学报
2996　岩土工程学报
2997　硫酸工业
2998　物理学进展
2999　玻璃纤维
3000　科学养鱼
3001　国外医学·卫生经济分册
3002　中华皮肤科杂志
3003　非金属矿
3004　南京农业大学学报
3005　林产化学与工业
3006　中国医学文摘内科学分册（英文版）
3007　石油实验地质
3008　中国矿业大学学报（自然科学版）
3009　涂料工业
3010　中国药科大学学报
3011　雷达与对抗
3012　林业科技开发
3013　南京林业大学学报（自然科学版）
3014　水利经济
3015　南京大学学报（自然科学）
3016　高等学校计算数学学报
3017　混凝土与水泥制品
3018　东南大学学报（自然科学版）
3019　电力系统自动化
3020　机车车辆工艺

3021 国外机车车辆工艺
3022 无机化学学报
3023 地层学杂志
3024 古生物学报
3025 微体古生物学报
3026 畜牧与兽医
3027 江苏建筑
3028 中国校医
3029 临床皮肤科杂志
3030 江苏蚕业
3031 临床检验杂志
3032 体育与科学
3033 临床麻醉学杂志
3034 江苏农业学报
3035 江苏农业科学
3036 物理教师
3037 杂草科学
3038 江苏医药
3039 中国家禽
3040 江苏船舶
3041 中学生物学
3042 水产养殖
3043 江苏调味副食品
3044 江苏林业科技
3045 南京师大学报（自然科学版）
3046 气象科学
3047 南京中医药大学学报
3048 徐州医学院学报
3049 江苏陶瓷
3050 苏盐科技
3051 口腔医学
3052 江苏丝绸
3053 印染助剂
3054 聚氨酯工业
3055 科技与经济
3056 现代管理科学
3057 石油物探
3058 军事通信技术
3059 军事通信技信
3060 中国美术教育
3061 南京社会科学
3062 物理之友
3063 学海
3064 水科学进展
3065 江苏社会科学
3066 *PEDOSPHERE* 土壤圈（英文版）
3067 审计与经济研究
3068 电力自动化设备
3069 化工时刊
3070 中国养兔杂志
3071 传感技术学报
3072 东南大学学报（英文版）
3073 现代塑料加工应用
3074 航天电子对抗
3075 湖泊科学
3076 中国资源综合利用
3077 临床神经病学杂志
3078 实用老年医学
3079 植物资源与环境学报

3080 弹道学报
3081 光电子技术
3082 高等学校计算数学学报（英文版）
3083 振动工程学报
3084 药学教育
3085 现代雷达
3086 水资源保护
3087 振动、测试与诊断
3088 煤炭高等教育
3089 数据采集与处理
3090 中国血吸虫病防治杂志
3091 中国野生植物资源
3092 南京航空航天大学学报（英文版）
3093 临床精神医学杂志
3094 燃气轮机技术
3095 南京理工大学学报（自然科学版）
3096 江南论坛
3097 化学传感器
3098 交通医学
3099 舰船电子对抗
3100 合成技术及应用
3101 电子器件
3102 环境监测管理与技术
3103 江苏卫生事业管理
3104 染整技术
3105 中国蚕业
3106 海洋工程
3107 肾脏病与透析肾移植杂志
3108 南京航空航天大学学报
3109 解放军理工大学·自然科学版
3110 水利水电科技进展
3111 高校地质学报
3112 中国海洋工程（英文版）
3113 南京医科大学学报（自然科学版）
3114 中学数学月刊
3115 能源化工
3116 江苏预防医学
3117 电池工业
3118 水泥工程
3119 机械职业教育
3120 中国建筑防水
3121 中华消化内镜杂志
3122 扬州大学学报（人文社会科学版）
3123 扬州大学学报（高教研究版）
3124 船舶力学
3125 扬州大学学报（自然科学版）
3126 江苏水利
3127 淮阴师范学院学报（哲学社会科学版）
3128 肠外与肠内营养
3129 江苏实用心电学杂志
3130 电气电子教学学报
3131 药物生物技术
3132 煤炭科技
3133 化工矿物与加工

3134 微波学报
3135 南京体育学院学报（社会科学版）
3136 淮海工学院学报（人文社会科学版）
3137 盐城工学院学报（社会科学版）
3138 镇江高专学报
3139 南京理工大学学报（社会科学版）
3140 东南大学学报（哲学社会科学版）
3141 河海大学学报（哲学社会科学版）
3142 苏州市职业大学学报
3143 沙洲职业工学院学报
3144 南通职业大学学报
3145 扬州职业大学学报
3146 电子机械工程
3147 世界经济与政治论坛
3148 现代金融
3149 南京航空航天大学学报（社科版）
3150 南京师范大学文学院学报
3151 扬州教育学院学报
3152 苏州教育学院学报
3153 南京艺术学院学报（音乐与表演）
3154 江苏省社会主义学院学报
3155 南京中医药大学学报（社会科学版）
3156 江苏行政学院学报
3157 南京广播电视大学学报
3158 金融纵横
3159 现代经济探讨
3160 江南社会学院学报
3161 中国农业教育
3162 医学研究生学报
3163 临床肿瘤学杂志
3164 中华男科学杂志
3165 电加工与模具
3166 硫磷设计与粉体工程
3167 电力需求侧管理
3168 中国矿业大学学报（社会科学版）
3169 连云港职业技术学院学报
3170 扬州大学烹饪学报
3171 常州工学院学报
3172 泰州职业技术学院学报
3173 南京农业大学学报（社会科学版）
3174 精细石油化工进展
3175 淮阴工学院学报
3176 南京医科大学学报（社会科学版）
3177 南京林业大学学报（人文社会科学版）
3178 现代城市研究
3179 水利水运工程学报
3180 连云港师范高等专科学校学报

3181 南京晓庄学院学报
3182 中国血液流变学杂志
3183 工矿自动化
3184 江苏中医药
3185 分析理论与应用（英文版）
3186 南京工业职业技术学院学报
3187 中华卫生杀虫药械
3188 南京工程学院学报（社会科学版）
3189 现代农药
3190 资源调查与环境
3191 水电自动化与大坝监测
3192 机械制造与自动化
3193 无锡商业职业技术学院学报
3194 南通纺织职业技术学院学报
3195 东南大学学报（医学版）
3196 扬州大学学报（农业与生命科学版）
3197 盐城工学院学报（自然科学版）
3198 南京体育学院学报（自然科学版）
3199 南京工业大学学报（社会科学版）
3200 江苏大学学报（社会科学版）
3201 淮阴师范学院学报（自然科学版）
3202 现代医学
3203 江南大学学报（人文社会科学版）
3204 江南大学学报（自然科学版）
3205 江苏大学学报（自然科学版）
3206 江苏大学学报（医学版）
3207 南京工业大学学报（自科版）
3208 南京工程学院学报（自然科学版）
3209 涂料技术与文摘
3210 无锡职业技术学院学报
3211 产业经济研究
3212 南京师范大学学报（工程技术版）
3213 南通航运职业技术学院学报
3214 语言科学
3215 常州信息职业技术学院学报
3216 苏州科技学院学报（社会科学）
3217 新世纪图书馆
3218 苏州科技学院学报（工程技术版）
3219 现代测绘
3220 防灾减灾工程学报
3221 实用临床医药杂志
3222 苏州科技学院学报（自然科学版）
3223 江苏警官学院学报
3224 江苏经贸职业技术学院学报
3225 生物加工过程
3226 电子与封装
3227 粮食与食品工业
3228 传媒观察

3229 东南国防医药
3230 苏州工艺美术职业技术学院学报
3231 塑料助剂
3232 南京财经大学学报
3233 南京审计学院学报
3234 抗感染药学
3235 临床神经外科杂志
3236 常州工学院学报（社科版）
3237 能源技术与管理
3238 江苏科技大学学报（社会科学版）
3239 金陵科技学院学报（社会科学版）
3240 常熟理工学院学报
3241 食品与生物技术学报
3242 南通大学学报（哲学社会科学版）
3243 南通大学学报（自然科学版）
3244 指挥控制与仿真
3245 采矿与安全工程学报
3246 国际麻醉学与复苏杂志
3247 国际皮肤性病学杂志
3248 工业控制计算机
3249 江苏科技大学学报（自然科学版）
3250 生态与农村环境学报
3251 生物质化学工程
3252 大麦与谷类科学
3253 南京邮电大学学报（社会科学版）
3254 南京邮电大学学报（自然科学版）
3255 药学与临床研究
3256 高校教育管理
3257 江苏教育研究
3258 农业开发与装备
3259 江苏通信
3260 中共南京市委党校学报
3261 水科学与水工程 *Water Science and Engineering*
3262 环境科技
3263 徐州工程学院学报（自然科学版）
3264 徐州工程学院学报（社会科学版）
3265 教育研究与评论
3266 中国名城
3267 创意与设计
3268 中国肿瘤外科杂志
3269 地质学刊
3270 信息化研究
3271 现代冶金
3272 电工电气
3273 南京信息工程大学学报
3274 阅江学刊
3275 大气科学学报
3276 环境监控与预警
3277 南通大学学报（医学版）
3278 电力科技与环保

3279 生物医学研究杂志（英文版）
3280 中国临床研究
3281 现代丝绸科学与技术
3282 口腔生物医学
3283 排灌机械工程学报
3284 东吴学术
3285 廉政文化研究
3286 指挥信息系统与技术
3287 水利信息化
3288 常州大学学报（社会科学版）
3289 常州大学学报（自然科学版）
3290 税收经济研究
3291 油气藏评价与开发
3292 *International Journal of Mining Science and Technology* 矿业科学技术学报
3293 中华核医学与分子影像杂志
3294 江苏建筑职业技术学院学报
3295 江苏师范大学学报（哲学社会科学版）
3296 江苏师范大学学报（自然科学版）
3297 轨道交通装备与技术
3298 中国农机化学报
3299 机械设计与制造工程
3300 军事历史研究
3301 江苏开放大学学报
3302 江苏理工学院学报
3303 人口与社会
3304 浙江学刊
3305 中共浙江省委党校学报
3306 浙江师范大学学报（社会科学版）
3307 湖州师范学院学报
3308 中小学音乐教育
3309 中国高等医学教育
3310 卫生经济研究
3311 新美术
3312 中学教研（数学）
3313 实用肿瘤杂志
3314 浙江农业科学
3315 新型建筑材料
3316 科技通报
3317 浙江电力
3318 蚕桑通报
3319 浙江中医杂志
3320 环境污染与防治
3321 化学反应工程与工艺
3322 机电工程
3323 包装世界
3324 浙江化工
3325 计算机时代
3326 茶叶
3327 浙江畜牧兽医
3328 声学与电子工程
3329 浙江建筑
3330 浙江柑桔
3331 浙江医学
3332 高校应用数学学报
3333 浙江林业科技

3334 能源工程
3335 茶叶科学
3336 中国茶叶
3337 竹子研究汇刊
3338 丝绸
3339 水处理技术
3340 浙江体育科学
3341 发酵科技通讯
3342 宁波大学学报（人文版）
3343 宁波大学学报（理工版）
3344 管理工程学报
3345 高校化学工程学报
3346 中国水稻科学
3347 中国计量学院学报
3348 浙江社会科学
3349 浙江农业学报
3350 口腔材料器械杂志
3351 中国茶叶加工
3352 华东森林经理
3353 浙江水利科技
3354 艺术科技
3355 高校应用数学学报 B 辑（英文版）
3356 浙江中西医结合杂志
3357 轻工机械
3358 化工生产与技术
3359 浙江工业大学学报
3360 肝胆胰外科杂志
3361 杭州化工
3362 浙江预防医学
3363 中国稻米
3364 造纸化学品
3365 小水电
3366 空间结构
3367 浙江实用医学
3368 绍兴文理学院学报
3369 中国现代应用药学
3370 宁波大学学报（教育科学版）
3371 观察与思考
3372 中共宁波市委党校学报
3373 浙江临床医学
3374 浙江大学学报（英文版）A 辑
3375 浙江大学学报（人文社会科学版）
3376 浙江海洋学院学报（自然科学版）
3377 浙江海洋学院学报（人文科学版）
3378 宁波教育学院学报
3379 中共杭州市委党校学报
3380 浙江大学学报（工学版）
3381 浙江大学学报（理学版）
3382 浙江大学学报（农业与生命科学版）
3383 浙江大学学报（医学版）
3384 现代纺织技术
3385 心脑血管病防治
3386 浙江创伤外科
3387 大坝与安全
3388 浙江树人大学学报

3389 浙江交通职业技术学院学报
3390 宁波职业技术学院学报
3391 能源环境保护
3392 肿瘤学杂志
3393 金华职业技术学院学报
3394 现代实用医学
3395 嘉兴学院学报
3396 浙江万里学院学报
3397 温州职业技术学院学报
3398 教学月刊（小学版）
3399 浙江气象
3400 工程设计学报
3401 浙江师范大学学报（自然科学版）
3402 浙江科技学院学报
3403 浙江医学教育
3404 护理与康复
3405 浙江工贸职业技术学院学报
3406 宁波广播电视大学学报
3407 浙江青年专修学院学报
3408 浙江工商职业技术学院学报
3409 远程教育杂志
3410 台州学院学报
3411 材料科学与工程学报
3412 全科医学临床与教育
3413 湖州职业技术学院学报
3414 浙江艺术职业学院学报
3415 水稻科学（英文版）
3416 海相油气地质
3417 海洋学研究
3418 兵器材料科学与工程
3419 宁波工程学院学报
3420 丽水学院学报
3421 浙江传媒学院学报
3422 商业经济与管理
3423 浙江工商大学学报
3424 浙江理工大学学报
3425 杭州电子科技大学学报
3426 国际流行病学传染病学杂志
3427 法治研究
3428 温州大学学报（自然科学版）
3429 温州大学学报（社会科学版）
3430 杭州师范大学学报（社会科学版）
3431 杭州师范大学学报（自然科学版）
3432 浙江中医药大学学报
3433 浙江警察学院学报
3434 浙江纺织服装职业技术学院学报
3435 文化艺术研究
3436 浙江大学学报（英文版）B 辑
3437 健康研究
3438 统计科学与实践
3439 美育学刊
3440 大氮肥
3441 浙江农林大学学报
3442 食药用菌
3443 发电与空调
3444 公安海警学院学报

3445 生物医学与生物技术
3446 心电与循环
3447 浙江水利水电学院学报
3448 财经论丛（浙江财经大学学报）
3449 世界儿科杂志（英文）
3450 国际肝胆胰疾病杂志（英文）
3451 江淮论坛
3452 学术界
3453 安徽史学
3454 预测
3455 华东经济管理
3456 治淮
3457 安徽大学学报（哲学社会科学版）
3458 安徽师范大学学报（人文社科版）
3459 阜阳师范学院学报（社会科学版）
3460 安庆师范学院学报（社会科学版）
3461 低温物理学报
3462 中国科学技术大学学报
3463 金属矿山
3464 实验力学
3465 压力容器
3466 低温与超导
3467 安徽大学学报（自科版）
3468 安徽师范大学学报（自科版）
3469 安徽医科大学学报
3470 蚌埠医学院学报
3471 皖南医学院学报
3472 阜阳师范学院学报（自科版）
3473 临床与实验病理学杂志
3474 安徽农业科学
3475 安徽医学
3476 茶业通报
3477 生物学杂志
3478 合肥工业大学学报
3479 中国药理学通报
3480 模式识别与人工智能
3481 中国学校卫生
3482 财贸研究
3483 临床心电学杂志
3484 安徽地质
3485 安徽化工
3486 火灾科学
3487 颈腰痛杂志
3488 包装与食品机械
3489 安徽建筑
3490 冶金动力
3491 运筹与管理
3492 理论建设
3493 煤矿爆破
3494 大学图书情报学刊
3495 流体机械
3496 人类工效学
3497 安徽农学通报
3498 临床眼科杂志
3499 安庆师范学院学报（自科版）

3500 安徽体育科技
3501 安徽预防医学杂志
3502 安徽农业大学学报
3503 量子电子学报
3504 临床骨科杂志
3505 立体定向和功能性神经外科杂志
3506 合肥工业大学学报（社会科学版）
3507 安徽广播电视大学学报
3508 芜湖职业技术学院学报
3509 等离子体科学和技术（英文版）
3510 淮海医药
3511 中国基层医药
3512 安徽农业大学学报（社会科学版）
3513 工业用水与废水
3514 中国临床药理学与治疗学
3515 安徽电子信息职业技术学院学报
3516 安徽卫生职业技术学院学报
3517 淮北职业技术学院学报
3518 安徽工业大学学报（社会科学版）
3519 阜阳职业技术学院学报
3520 安徽理工大学学报（社会科学版）
3521 安徽理工大学学报（自科版）
3522 大学数学
3523 电子工程学院学报
3524 宿州教育学院学报
3525 中兴通讯技术
3526 安徽医药
3527 临床肺科杂志
3528 淮南师范学院学报
3529 皖西学院学报
3530 临床输血与检验
3531 安徽水利水电职业技术学院学报
3532 淮南职业技术学院学报
3533 安徽商贸职业技术学院学报
3534 滁州职业技术学院学报
3535 安徽警官职业学院学报
3536 铜陵职业技术学院学报
3537 中共合肥市委党校学报
3538 临床护理杂志
3539 安徽工业大学学报（自科版）
3540 黄山学院学报
3541 铜陵学院学报
3542 巢湖学院学报
3543 热带病与寄生虫学
3544 雷达科学与技术
3545 现代中药研究与实践
3546 中医药临床杂志
3547 实用肝脏病杂志
3548 现代农业科技
3549 安徽职业技术学院学报
3550 安徽冶金科技职业学院学报
3551 合肥学院学报（社会科学版）
3552 滁州学院学报
3553 宿州学院学报

3554 合肥学院学报（自科版）
3555 实用防盲技术
3556 江淮水利科技
3557 中兴通讯技术（英文版）
3558 化学物理学报（英文版）
3559 工程与建设
3560 大气与环境光学学报
3561 安徽科技学院学报
3562 池州学院学报
3563 合肥师范学院学报
3564 中华疾病控制杂志
3565 高校辅导员学刊
3566 现代矿业
3567 安徽行政学院学报
3568 文物鉴定与鉴赏
3569 美术教育研究
3570 安徽林业科技
3571 淮北师范大学学报（自然科学版）
3572 淮北师范大学学报（哲学社会科学版）
3573 安徽工程大学学报
3574 研究生教育研究
3575 债券
3576 蚌埠学院学报
3577 安徽中医药大学学报
3578 安徽建筑大学学报
3579 福建文博
3580 亚太经济
3581 教育评论
3582 福建师范大学学报（哲学社会科学版）
3583 厦门大学学报（哲学社会科学版）
3584 中国经济问题
3585 台湾研究集刊
3586 中国社会经济史研究
3587 发展研究
3588 福州大学学报（哲学社会科学版）
3589 华侨大学学报（哲学社会科学版）
3590 南洋问题研究
3591 党史研究与教学
3592 林业经济问题
3593 海交史研究
3594 厦门大学学报（自然版）
3595 福建医药杂志
3596 福建中医药
3597 福建师大学报（自然科学版）
3598 福建农业科技
3599 华侨大学学报（自然版）
3600 福建地质
3601 福建农机
3602 福建体育科技
3603 福建林学院学报
3604 福建水产
3605 福建交通科技
3606 福建畜牧兽医
3607 武夷科学

3608 木工机床
3609 福建建材
3610 结构化学
3611 福光技术
3612 福州大学学报
3613 林业勘察设计
3614 福建建筑
3615 水利科技
3616 福建热作科技
3617 微分方程年刊
3618 福建金融
3619 福建林业科技
3620 福建冶金
3621 福建稻麦科技
3622 情报探索
3623 福建水力发电
3624 福建轻纺
3625 福建建设科技
3626 电化学
3627 海峡药学
3628 数学研究
3629 茶叶科学技术
3630 海峡预防医学杂志
3631 集美大学学报（自然版）
3632 体育科学研究
3633 台湾农业探索
3634 福建医科大学学报
3635 心血管康复医学杂志
3636 福建农业学报
3637 东南学术
3638 中共福建省委党校学报
3639 福建广播电视大学学报
3640 福州党校学报
3641 厦门特区党校学报
3642 福建省社会主义学院学报
3643 黎明职业大学学报
3644 厦门广播电视大学学报
3645 集美大学学报（哲学社会科学版）
3646 福建师大福清分校学报
3647 福建金融管理干部学院学报
3648 集美大学学报
3649 福建教育学院学报
3650 福建医科大学学报（哲学社会科学版）
3651 亚热带植物科学
3652 泉州师范学院学报
3653 福建分析测试
3654 福建论坛（人文社会科学版）
3655 中医药通报
3656 福建农林大学学报（自然版）
3657 福建农林大学学报（哲学社会科学版）
3658 闽江学院学报
3659 莆田学院学报
3660 机电技术
3661 外国语言文学
3662 福建工程学院学报
3663 能源与环境
3664 东南传播

3665 亚热带农业研究
3666 漳州职业技术学院学报
3667 亚热带水土保持
3668 中国人兽共患病学报
3669 化学工程与装备
3670 龙岩学院学报
3671 闽西职业技术学院学报
3672 三明学院学报
3673 厦门理工学院学报
3674 教育与考试
3675 亚热带资源与环境学报
3676 武夷学院学报
3677 福建警察学院学报
3678 福建行政学院学报
3679 质量技术监督研究
3680 海峡法学
3681 生物安全学报
3682 福建中医药大学学报
3683 福建江夏学院学报
3684 宁德师范学院学报（自然科学版）
3685 厦门城市职业学院学报
3686 学术评论
3687 宁德师范学院学报（哲学社会科学版）
3688 东南园艺
3689 应用海洋学学报
3690 闽南师范大学学报（哲学社会科学版）
3691 闽南师范大学学报（自然版）
3692 江西社会科学
3693 求实
3694 企业经济
3695 金融与经济
3696 价格月刊
3697 景德镇陶瓷
3698 江西师范大学学报（哲学社会科学版）
3699 江西农业大学学报
3700 当代财经
3701 华东交通大学学报
3702 赣南师范学院学报
3703 农业考古
3704 职教论坛
3705 中国陶瓷
3706 江西师范大学学报（自然版）
3707 江西科学
3708 江西医药
3709 江西中医药
3710 中兽医学杂志
3711 中学数学研究
3712 实用癌症杂志
3713 江西建材
3714 江西化工
3715 江西林业科技
3716 有色冶金设计与研究
3717 江西水利科技
3718 江西通信科技
3719 江西畜牧兽医杂志
3720 江西煤炭科技

3721 江西测绘
3722 江西农业学报
3723 江西水产科技
3724 江西电力
3725 陶瓷研究
3726 计算机与现代化
3727 直升机技术
3728 老区建设
3729 赣南医学院学报
3730 南方文物
3731 党史文苑
3732 过滤与分离
3733 南昌大学学报（理科版）
3734 南昌大学学报（工科版）
3735 南昌大学学报（人文社会科学版）
3736 萍乡高等专科学校学报
3737 中国陶瓷工业
3738 花炮科技与市场
3739 陶瓷学报
3740 江西广播电视大学学报
3741 景德镇高专学报
3742 南昌教育学院学报
3743 江西财经大学学报
3744 江西饲料
3745 心理学探新
3746 江西行政学院学报
3747 铜业工程
3748 南方农机
3749 上饶师范学院学报
3750 实用临床医学
3751 九江职业技术学院学报
3752 宜春学院学报
3753 实用中西医结合临床
3754 江西电力职业技术学院学报
3755 药品评价
3756 社会工作
3757 中共南昌市委党校学报
3758 会计师
3759 失效分析与预防
3760 江西青年职业学院学报
3761 九江学院学报（社会科学版）
3762 现代园艺
3763 南昌工程学院学报
3764 江西理工大学学报
3765 气象与减灾研究
3766 热处理技术与装备
3767 中国井冈山干部学院学报
3768 九江学院学报（自然科学版）
3769 实验与检验医学
3770 东华理工大学学报（社会科学版）
3771 东华理工大学学报（自然科学版）
3772 教育学术月刊
3773 南昌航空大学学报（自然科学版）
3774 南昌航空大学学报（社会科学版）
3775 鄱阳湖学刊

3776 井冈山大学学报（社会科学版）
3777 井冈山大学学报（自然科学版）
3778 能源研究与管理
3779 有色金属科学与工程
3780 金融教育研究
3781 新余学院学报
3782 江西警察学院学报
3783 农业灾害研究
3784 教练机
3785 棉花科学
3786 生物灾害科学
3787 地方文化研究
3788 南昌大学学报（医学版）
3789 图书馆研究
3790 江西科技师范大学学报
3791 农林经济管理学报
3792 当代会计
3793 江西中医药大学学报
3794 南昌师范学院学报
3795 科学与管理
3796 山东外语教学
3797 孔子研究
3798 山东社会科学
3799 东岳论丛
3800 齐鲁艺苑
3801 当代世界社会主义问题
3802 山东师范大学学报（人文社会科学版）
3803 管子学刊
3804 蒲松龄研究
3805 齐鲁学刊
3806 山东大学学报（哲学社会科学版）
3807 文史哲
3808 烟台大学学报（哲学社会科学版）
3809 工程塑料应用
3810 落叶果树
3811 山东农业大学学报（自然科学版）
3812 海洋湖沼通报
3813 齐鲁石油化工
3814 济宁医学院学报
3815 海岸工程
3816 山东农业科学
3817 海洋与湖沼
3818 中国海洋湖沼学报（英文版）
3819 海洋科学
3820 曲阜师范大学学报（自然科学版）
3821 中国海洋药物
3822 山东医药
3823 山东中医杂志
3824 山东师范大学学报（自然科学版）
3825 民俗研究
3826 山东科学
3827 周易研究

3828 现代妇产科进展
3829 山东化工
3830 烟台大学学报（自然科学版）
3831 中国成人教育
3832 东方论坛——青岛大学学报（社会科学版）
3833 山东气象
3834 青岛大学学报（自然科学版）
3835 中国动物检疫
3836 中国矫形外科杂志
3837 齐鲁护理杂志
3838 山东电力技术
3839 石油沥青
3840 山东畜牧兽医
3841 青岛大学学报（工程技术版）
3842 山东中医药大学学报
3843 齐鲁医学杂志
3844 山东工艺美术学院学报
3845 山东财政学院学报
3846 山东农业大学学报（社会科学版）
3847 海军航空工程学院学报
3848 化学分析计量
3849 中国粉体技术
3850 山东师范大学外国语学院学报
3851 山东科技大学学报（社会科学版）
3852 法学论坛
3853 中国麻风皮肤病杂志
3854 胜利油田党校学报
3855 青岛大学医学院学报
3856 山东科技大学学报（自然科学版）
3857 油气地质与采收率
3858 腹腔镜外科杂志
3859 花生学报
3860 中国现代普通外科进展
3861 德州学院学报
3862 济南大学学报（社会科学版）
3863 济南大学学报（自然科学版）
3864 山东商业职业技术学院学报
3865 实用医药杂志
3866 海洋科学进展
3867 安全、健康和环境
3868 山东大学学报（理学版）
3869 山东大学学报（医学版）
3870 山东大学学报（工学版）
3871 青岛科技大学（社会科学版）
3872 山东交通学院学报
3873 山东理工大学学报（社会科学版）
3874 复杂系统与复杂性科学
3875 泰山学院学报
3876 中国海洋大学学报（社会科学版）
3877 青岛职业技术学院学报
3878 山东国土资源
3879 山东理工大学学报（自然科学版）
3880 生物医学工程研究

3881 山东工商学院学报
3882 青岛科技大学学报（自然科学版）
3883 信息技术与信息化
3884 医学影像学杂志
3885 预防医学论坛
3886 山东警察学院学报
3887 农业装备与车辆工程
3888 济南职业学院学报
3889 滨州学院学报
3890 山东大学耳鼻喉眼学报
3891 国际肿瘤学杂志
3892 青岛理工大学学报
3893 现代制造技术与装备
3894 医学检验与临床
3895 内燃机与动力装置
3896 中国石油大学胜利学院学报
3897 山东建筑大学学报
3898 鲁东大学学报（哲学社会科学版）
3899 鲁东大学学报（自然科学版）
3900 精神医学杂志
3901 青岛农业大学学报（自然科学版）
3902 青岛农业大学学报（社会科学版）
3903 济宁学院学报
3904 金融发展研究
3905 渔业科学进展
3906 山东图书馆学刊
3907 中华行为医学与脑科学杂志
3908 山东女子学院学报
3909 山东行政学院学报
3910 齐鲁师范学院学报
3911 临沂大学学报
3912 数学建模及其应用
3913 青岛远洋船员职业学院学报
3914 药学研究
3915 山东高等教育
3916 齐鲁工业大学学报
3917 山东工会论坛
3918 中州学刊
3919 河南师范大学学报（哲学社会科学版）
3920 中原文物
3921 河南图书馆学刊
3922 华夏考古
3923 史学月刊
3924 学习论坛
3925 领导科学
3926 郑州大学学报（哲学社会科学版）
3927 河南大学学报（哲学社会科学版）
3928 信阳师范学院学报（哲学社会科学版）
3929 殷都学刊
3930 语文知识
3931 美与时代
3932 金融理论与实践

3933 化学研究
3934 河南科学
3935 地域研究与开发
3936 中州煤炭
3937 河南农业科学
3938 河南教育学院学报（哲学社会科学版）
3939 河南化工
3940 河南大学学报（自然版）
3941 数学季刊（英文）
3942 偏微分方程（英文）
3943 眼科新进展
3944 信阳师院学报（自然版）
3945 河南师范大学学报（自然版）
3946 国医论坛
3947 河南农业大学学报
3948 河南中医
3949 临床医学
3950 矿产保护与利用
3951 中医研究
3952 人民黄河
3953 机械传动
3954 机械强度
3955 耐火材料
3956 烟草科技
3957 矿山机械
3958 炼油技术与工程
3959 中国棉花
3960 中国水土保持
3961 金属制品
3962 轴承
3963 材料开发与应用
3964 南都学坛
3965 中国棉花加工
3966 中医正骨
3967 棉花学报
3968 解放军外国语学院学报
3969 河南林业科技
3970 磷肥与复肥
3971 河南医学研究
3972 中国耐火材料（英文）
3973 电波科学学报
3974 新乡医学院学报
3975 中国卫生检验杂志
3976 信息工程大学学报
3977 河南水产
3978 河南冶金
3979 郑州航空工业管理学院学报
3980 寻根
3981 河南社会科学
3982 档案管理
3983 断块油气田
3984 河南预防医学杂志
3985 胃肠病学和肝病学杂志
3986 拖拉机与农用运输车
3987 成组技术与生产现代化
3988 电光与控制
3989 航空兵器
3990 天中学刊
3991 河南外科学杂志

3992 粮食流通技术
3993 宽厚板
3994 金刚石与磨料磨具工程
3995 管理工程师
3996 石油化工腐蚀与防护
3997 郑州牧业工程高等专科学校学报
3998 信阳农业高等专科学校学报
3999 河南商业高等专科学校学报
4000 河南财政税务高等专科学校学报
4001 河南机电高等专科学校学报
4002 中州大学学报
4003 焦作大学学报
4004 开封大学学报
4005 黄河科技大学学报
4006 黄河水利职业技术学院学报
4007 河南职工医学院学报
4008 郑州铁路职业技术学院学报
4009 洛阳师范学院学报
4010 商丘师范学院学报
4011 果树学报
4012 开封教育学院学报
4013 郑州航空工业管理学院学报（社会科学版）
4014 安阳师范学院学报
4015 郑州轻工业学院学报（社会科学版）
4016 全球定位系统
4017 电气防爆
4018 河南广播电视大学学报
4019 南阳师范学院学报
4020 商丘职业技术学院学报
4021 三门峡职业技术学院学报
4022 漯河职业技术学院学报
4023 中共郑州市委党校学报
4024 铁道警官学院学报
4025 灌溉排水学报
4026 郑州大学学报（理学版）
4027 郑州大学学报（工学版）
4028 郑州大学学报（医学版）
4029 中原工学院学报
4030 周口师范学院学报
4031 许昌学院学报
4032 市场研究
4033 济源职业技术学院学报
4034 焦作师范高等专科学校学报
4035 临床心身疾病杂志
4036 化学推进剂和高分子材料
4037 隧道建设
4038 河南司法警官职业学院学报
4039 河南大学学报（医学版）
4040 防护工程
4041 濮阳职业技术学院学报
4042 中国瓜菜
4043 安阳工学院学报
4044 河南理工大学学报（社会科学版）
4045 平顶山学院学报
4046 河南工业大学学报（自然科学

版）
4047 河南工业大学学报（社会科学版）
4048 中国实用神经疾病杂志
4049 河南科技学院学报
4050 肿瘤基础与临床
4051 河南理工大学学报（自然科学版）
4052 测绘科学技术学报
4053 气象与环境科学
4054 石油地质与工程
4055 种业导刊
4056 心理研究
4057 华电技术
4058 河南工程学院学报（社会科学版）
4059 河南工程学院学报（自然科学版）
4060 中华实用诊断与治疗杂志
4061 电力系统保护与控制
4062 洛阳理工学院学报（社会科学版）
4063 洛阳理工学院学报（自然科学版）
4064 南阳理工学院学报
4065 征信
4066 管理学刊
4067 河南城建学院学报
4068 中医学报
4069 汉语言文学研究
4070 解放军外国语学院学报（社会科学版）
4071 河南科技学院学报（自然科学版）
4072 郑州师范教育
4073 河南财经政法大学学报
4074 经济经纬
4075 郑州轻工业学院学报（自然科学版）
4076 外文研究
4077 区域经济评论
4078 中原文化研究
4079 河南警察学院学报
4080 行政科学论坛
4081 华北水利水电大学学报（社会科学版）
4082 华北水利水电大学学报（自然科学版）
4083 学习与实践
4084 统计与决策
4085 江汉论坛
4086 湖北大学学报（哲学社会科学版）
4087 高等教育研究
4088 语言研究
4089 高等工程教育研究
4090 华中师范大学学报（人文社会科学版）
4091 教育研究与实验
4092 江汉大学学报（社会科学版）

4093 外国文学研究
4094 黄钟
4095 武汉大学学报（哲学社会科学版）
4096 江汉考古
4097 图书情报知识
4098 法学评论
4099 法国研究
4100 社会主义研究
4101 财会通讯
4102 武汉体育学院学报
4103 海军工程大学学报
4104 湖北社会科学
4105 对外经贸实务
4106 港口装卸
4107 固体力学学报（英文版）
4108 临床心血管病杂志
4109 临床泌尿外科杂志
4110 肉类工业
4111 淡水渔业
4112 临床内科杂志
4113 水利水电快报
4114 特种铸造及有色合金
4115 土工基础
4116 护理学杂志
4117 新建筑
4118 炼铁
4119 中华小儿外科杂志
4120 数学杂志
4121 爆破
4122 中学数学
4123 长江科学院院报
4124 长江蔬菜
4125 湖北林业科技
4126 粮食与饲料工业
4127 湖北体育科技
4128 华中师范大学学报（自科版）
4129 波谱学杂志
4130 华中农业大学学报（自然版）
4131 临床口腔医学杂志
4132 粘接
4133 应用数学
4134 临床放射学杂志
4135 湖北中医杂志
4136 桥梁建设
4137 岩土力学
4138 人民长江
4139 中华器官移植杂志
4140 中国医院药学杂志
4141 放射学实践
4142 武钢技术
4143 湖北大学学报（自科版）
4144 中华实验外科杂志
4145 材料保护
4146 钢铁研究
4147 医学新知
4148 科技进步与对策
4149 数学物理学报
4150 数学物理学报（英文版）
4151 华中建筑

4152 水生生物学报
4153 水电能源科学
4154 地球科学——中国地质大学学报
4155 高电压技术
4156 地质科技情报
4157 肿瘤防治研究
4158 环境科学与技术
4159 石油机械
4160 固体力学学报
4161 中国康复
4162 腹部外科
4163 湖北农业科学
4164 炼钢
4165 光通信研究
4166 船电技术
4167 教育与经济
4168 黄冈师范学院学报
4169 临床血液学杂志
4170 理论月刊
4171 财会月刊
4172 专用汽车
4173 医药导报
4174 中国机械工程
4175 中国组织化学与细胞化学杂志
4176 交通企业管理
4177 数理医药学杂志
4178 湖北植保
4179 城市勘测
4180 临床消化病杂志
4181 长江流域资源与环境
4182 微循环学杂志
4183 湖北民族学院学报（哲学社会科学版）
4184 药物流行病学杂志
4185 临床外科杂志
4186 装备维修技术
4187 水雷战与舰船防护
4188 分析科学学报
4189 中国中医骨伤科杂志
4190 长江论坛
4191 经济评论
4192 湖北畜牧兽医
4193 计算机与数字工程
4194 农村经济与科技
4195 蛛形学报
4196 湖北电力
4197 通信电源技术
4198 医学与社会
4199 湖北造纸
4200 听力学及言语疾病杂志
4201 内科急危重症杂志
4202 中国水运
4203 岩石力学与工程学报
4204 氨基酸和生物资源
4205 卒中与神经疾病
4206 武汉大学学报（自然科学英文版）
4207 戏剧之家
4208 华南地质与矿产

4209 中国农村水利水电
4210 节水灌溉
4211 中国心脏起搏与心电生理杂志
4212 学校党建与思想教育
4213 中国油料作物学报
4214 当代经济
4215 时珍国医国药
4216 宝石和宝石学杂志
4217 建筑热能通风空调
4218 湖北美术学院学报
4219 郧阳师范高等专科学校学报
4220 湖北汽车工业学院学报
4221 鄂州大学学报
4222 华中农业大学学报（社会科学版）
4223 湖北师范学院学报（自然科学版）
4224 湖北民族学院学报（自科版）
4225 胶体与聚合物
4226 湖北成人教育学院学报
4227 武汉冶金管理干部学院学报
4228 江汉石油职工大学学报
4229 武汉公安干部学院学报
4230 湖北省社会主义学院学报
4231 湖北民族学院学报（医学版）
4232 武汉金融
4233 武汉科技大学学报（社会科学版）
4234 华南国防医学杂志
4235 中国临床神经外科杂志
4236 湖北师范学院学报（哲学社会科学版）
4237 临床急诊杂志
4238 武汉科技大学学报
4239 地球空间信息科学学报（英文版）
4240 交通科技
4241 中国中西医结合消化杂志
4242 出版科学
4243 中国药师
4244 中国地质大学学报（社会科学版）
4245 临床肾脏病杂志
4246 安全与环境工程
4247 工业安全与环保
4248 船海工程
4249 武汉工程职业技术学院学报
4250 湖北行政学院学报
4251 中德临床肿瘤学杂志
4252 大地测量与地球动力学
4253 黄冈职业技术学院学报
4254 武汉理工大学学报
4255 华中科技大学学报（自然科学版）
4256 武汉理工大学学报（社会科学版）
4257 武汉大学学报（人文科学版）
4258 中南财经政法大学学报
4259 法商研究
4260 中华物理医学与康复杂志

4261 武汉职业技术学院学报
4262 武汉船舶职业技术学院学报
4263 软件导刊
4264 华中科技大学学报（社会科学版）
4265 武汉大学学报（理学版）
4266 武汉大学学报（工学版）
4267 武汉大学学报（信息科学版）
4268 武汉大学学报（医学版）
4269 华中科技大学学报（医学版）
4270 华中科技大学学报（医学英德文版）
4271 武汉理工大学学报——材料科学版（英文）
4272 世界桥梁
4273 口腔医学研究
4274 体育成人教育学刊
4275 中小学实验与装备
4276 地理空间信息
4277 工程地球物理学报
4278 光学与光电技术
4279 中南民族大学学报（人文社会科学版）
4280 中南民族大学学报（自然科学版）
4281 财政监督
4282 三峡大学学报（人文社会科学版）
4283 化学与生物工程
4284 生物骨科材料与临床研究
4285 湖北经济学院学报
4286 医学分子生物学杂志
4287 审计月刊
4288 管理学报
4289 亚太传统医药
4290 汉语学报
4291 高教发展与评估
4292 特种设备安全技术
4293 公共卫生与预防医学
4294 三峡大学学报（自然科学版）
4295 资源环境与工程
4296 江汉大学学报（自然科学版）
4297 信息通信
4298 长江大学学报（社会科学版）
4299 长江大学学报（自科版）
4300 湖北职业技术学院学报
4301 湖北警官学院学报
4302 长江工程职业技术学院学报
4303 武汉交通职业学院学报
4304 海军工程大学学报（综合版）
4305 湖北工业大学学报
4306 长江学术
4307 中国舰船研究
4308 中国社会医学杂志
4309 神经损伤与功能重建
4310 中国病毒学（英文）
4311 临床耳鼻咽喉头颈外科杂志
4312 暴雨灾害
4313 武汉工程大学学报
4314 交通信息与安全

4315 湖北第二师范学院学报
4316 建材世界
4317 水生态学杂志
4318 中国临床护理
4319 地球科学学刊 *Journal of Earth Science*
4320 中西医结合研究
4321 现代泌尿生殖肿瘤杂志
4322 物流工程与管理
4323 社会保障研究
4324 科教导刊
4325 荆楚理工学院学报
4326 骨科
4327 水电与新能源
4328 *Journal of Rock Mechanics and Geotechnical Engineering* 岩石力学与岩土工程学报（英文版）
4329 *Geodesy and Geodynamics* 大地测量与地球动力学（英文版）
4330 设计艺术研究
4331 绿色科技
4332 信息资源管理学报
4333 湖北医药学院学报
4334 土木工程与管理学报
4335 植物科学学报
4336 武汉纺织大学学报
4337 武汉理工大学学报（交通科学与工程版）
4338 武汉理工大学学报（信息与管理工程版）
4339 服饰导刊
4340 湖北文理学院学报
4341 湖北科技学院学报
4342 湖北理工学院学报
4343 中国农业银行武汉培训学院学报
4344 荆楚学刊
4345 湖北工程学院学报
4346 领导科学论坛
4347 湖北理工学院学报（人文社会科学版）
4348 湖北科技学报（医学版）
4349 测绘地理信息
4350 当代继续教育
4351 江汉学术
4352 湖北中医药大学学报
4353 高等继续教育学报
4354 教师教育论坛
4355 空军预警学院学报
4356 宏观质量研究
4357 襄阳职业技术学院学报
4358 湖北经济学院学报（人文社会科学版）
4359 武汉轻工大学学报
4360 湖北工业职业技术学院学报
4361 求索
4362 中国韵文学刊
4363 消费经济
4364 图书馆
4365 高校图书馆工作
4366 学前教育研究

4367 湖南中学物理
4368 湖南有色金属
4369 财经理论与实践
4370 湖南大学学报（自科版）
4371 湖南师范大学自然科学学报
4372 湘潭大学自科学报
4373 国防科技大学学报
4374 吉首大学学报（社会科学版）
4375 中国文学研究
4376 实验教学与仪器
4377 中南林业调查规划
4378 湖南林业科技
4379 汽车电器
4380 湖南农业科学
4381 矿冶工程
4382 湖南中医杂志
4383 茶叶通讯
4384 硬质合金
4385 化工设计通讯
4386 稀有金属与硬质合金
4387 作物研究
4388 系统工程
4389 经济林研究
4390 经济数学
4391 机车电传动
4392 经济地理
4393 中国锰业
4394 电池
4395 农业现代化研究
4396 烧结球团
4397 杂交水稻
4398 计算技术与自动化
4399 合成纤维工业
4400 古汉语研究
4401 湖湘论坛
4402 湖南社会科学
4403 湘潭大学学报（哲学社会科学版）
4404 湖南师范大学社会科学学报
4405 有色金属文摘
4406 模糊系统与数学
4407 食品与机械
4408 建设机械技术与管理
4409 船山学刊
4410 湖南交通科技
4411 电脑与信息技术
4412 中国普通外科杂志
4413 中国临床心理学杂志
4414 矿业研究与开发
4415 湖南畜牧兽医
4416 实用预防医学
4417 中国现代医学杂志
4418 湖南造纸
4419 中国有色金属学报
4420 中国有色金属学报（英文版）
4421 云梦学刊
4422 中国耳鼻咽喉颅底外科杂志
4423 家具与室内装饰
4424 粮食科技与经济
4425 吉首大学学报（自科版）

4426 中国内镜杂志
4427 湖南农业大学学报（自科版）
4428 计算机工程与科学
4429 中国动脉硬化杂志
4430 激光生物学报
4431 生命科学研究
4432 湖南电力
4433 中国医师杂志
4434 长沙大学学报
4435 湖南商学院学报
4436 湖南税务高等专科学校学报
4437 湖南大学学报（社会科学版）
4438 中国当代儿科杂志
4439 湖南社会主义学院学报
4440 湖南广播电视大学学报
4441 湖南农业大学学报（社会科学版）
4442 湖南行政学院学报
4443 高等教育研究学报
4444 湖南水利水电
4445 数学理论与应用
4446 中国现代手术学杂志
4447 长沙铁道学院学报（社会科学版）
4448 采矿技术
4449 精细化工中间体
4450 湖南工程学院学报（社会科学版）
4451 湖南工程学院学报（自科版）
4452 南华大学学报（社科版）
4453 现代大学教育
4454 公路与汽运
4455 中外公路
4456 国防科技
4457 湖南大众传媒职业技术学院学报
4458 长沙民政职业技术学院学报
4459 湖南工业职业技术学院学报
4460 临床小儿外科杂志
4461 湖南师范大学教育科学学报
4462 医学临床研究
4463 伦理学研究
4464 中国感染控制杂志
4465 当代教育论坛
4466 中南大学学报（社会科学版）
4467 怀化学院学报
4468 长沙航空职业技术学院学报
4469 大学教育科学
4470 电力机车与城轨车辆
4471 邵阳学院学报（社会科学版）
4472 湖南城市学院学报
4473 中南药学
4474 动力学与控制学报
4475 辣椒杂志
4476 湖南文理学院学报（自科版）
4477 湖南理工学院学报（自科版）
4478 铁道科学与工程学报
4479 岳阳职业技术学院学报
4480 中南大学学报（自然科学版）
4481 中南大学学报（医学版）

4482 湖南城市学院学报（自然科学版）
4483 邵阳学院学报（自然科学版）
4484 时代法学
4485 保险职业学院学报
4486 湘南学院学报
4487 湖南科技大学学报（社会科学版）
4488 南华大学学报（自然科学版）
4489 湖南科技大学学报（自然科学版）
4490 长沙理工大学学报（自然科学版）
4491 中医药导报
4492 长沙理工大学学报（社会科学版）
4493 粉末冶金材料科学与工程
4494 湖南师范大学学报（医学版）
4495 衡阳师范学院学报
4496 湖南人文科技学院学报
4497 国际神经病学神经外科学杂志
4498 国际精神病学杂志
4499 湖南科技学院学报
4500 国际泌尿系统杂志
4501 湘南学院学报（医学版）
4502 工程建设
4503 中国麻业科学
4504 湖南工业大学学报
4505 中南林业科技大学学报
4506 湖南中医药大学学报
4507 电力科学与技术学报
4508 金属材料与冶金工程
4509 中南林业科技大学学报（社会科学版）
4510 公路工程
4511 湖南工业大学学报（社会科学版）
4512 财务与金融
4513 大功率变流技术
4514 当代教育理论与实践
4515 矿业工程研究
4516 交通科学与工程
4517 包装学报
4518 创新与创业教育
4519 湖南第一师范学院学报
4520 武陵学刊
4521 肿瘤药学
4522 中南医学科学杂志
4523 湖南财政经济学院学报
4524 湖南警察学院学报
4525 *Journal of Central South University* 中南大学学报（英文版）
4526 临床与病理杂志
4527 湖南生态科学学报
4528 湖南邮电职业技术学院学报
4529 岭南文史
4530 岭南学刊
4531 政法学刊
4532 青年探索
4533 深圳大学学报（人文社会科学

版）
4534 特区经济
4535 开放时代
4536 人民珠江
4537 汕头大学学报（人文社会科学版）
4538 汕头大学学报（自然科学版）
4539 癌变 畸变 突变
4540 广东社会科学
4541 南方经济
4542 学术研究
4543 现代哲学
4544 南方农村
4545 高教探索
4546 华南农业大学学报
4547 南方人口
4548 眼科学报
4549 东南亚研究
4550 广州体育学院学报
4551 星海音乐学院学报
4552 美术学报
4553 广州医学院学报
4554 华南师范大学学报（自然科学版）
4555 华南师范大学学报（社会科学版）
4556 中学数学研究
4557 语文月刊
4558 中国临床解剖学杂志
4559 中山大学学报（社会科学版）
4560 现代外语
4561 华文文学
4562 中国病理生理杂志
4563 广东医学
4564 实用医学杂志
4565 癌症
4566 广州医药
4567 养禽与禽病防治
4568 广船科技
4569 热带地理
4570 甘蔗糖业
4571 新医学
4572 中国神经精神疾病杂志
4573 生态科学
4574 中华肾脏病杂志
4575 制冷
4576 广东通信技术
4577 广东印刷
4578 科技管理研究
4579 广州化工
4580 广州建筑
4581 新中医
4582 世界建筑导报
4583 电镀与涂饰
4584 广东化工
4585 控制理论与应用
4586 中山大学学报（自然科学版）
4587 广东畜牧兽医科技
4588 桉树科技
4589 广东建材

4590 华南理工大学学报（自然科学版）
4591 广东林业科技
4592 冶金丛刊
4593 机床与液压
4594 润滑与密封
4595 南方建筑
4596 华南地震
4597 广东农业科学
4598 广东造船
4599 广东公路交通
4600 暨南大学学报（自然科学与医学版）
4601 暨南学报（哲学社会科学版）
4602 中药材
4603 南方论刊
4604 移动通信
4605 国际经贸探索
4606 图书馆论坛
4607 中药新药与临床药理
4608 探求
4609 广州化学
4610 分析测试学报
4611 广东蚕业
4612 环境技术
4613 热带气象学报
4614 纤维素科学与技术
4615 开放导报
4616 湛江师范学院学报
4617 中国医学物理学杂志
4618 广东气象
4619 现代教育论丛
4620 教育导刊
4621 广东公安科技
4622 热带亚热带植物学报
4623 广东医学院学报
4624 珠江水运
4625 广东土木与建筑
4626 影像诊断与介入放射学
4627 广东饲料
4628 佛山陶瓷
4629 广东微量元素科学
4630 地球化学
4631 深圳大学学报（理工版）
4632 合成材料老化与应用
4633 体育学刊
4634 广东牙病防治
4635 热带气象学报（英文版）
4636 五邑大学学报（自然科学版）
4637 电子产品可靠性与环境试验
4638 广东药学院学报
4639 现代计算机
4640 国际医药卫生导报
4641 深圳中西医结合杂志
4642 广东电力
4643 广东艺术
4644 韩山师范学院学报
4645 广州中医药大学学报
4646 广东工业大学学报
4647 工业工程

4648 广东水利水电
4649 岭南心血管病杂志
4650 佛山科学技术学院学报（自然科学版）
4651 佛山科学技术学院学报（社会科学版）
4652 热带农业工程
4653 华南理工大学学报（社会科学版）
4654 广东行政学院学报
4655 广州航海学院学报
4656 东莞理工学院学报
4657 中国微侵袭神经外科杂志
4658 广东广播电视大学学报
4659 广州市公安管理干部学院学报
4660 五邑大学学报（社会科学版）
4661 南方金融
4662 解剖学研究
4663 罕少疾病杂志
4664 热带海洋学报
4665 热带医学杂志
4666 韶关学院学报
4667 肇庆学院学报
4668 岭南现代临床外科
4669 岭南心血管病杂志（英文版）
4670 血栓与止血学
4671 广东农工商职业技术学院学报
4672 南方金属
4673 机电工程技术
4674 教育信息技术
4675 中华胃肠外科杂志
4676 造纸科学与技术
4677 现代医院
4678 岭南急诊医学杂志
4679 模具制造
4680 广州大学学报（社会科学版）
4681 广州大学学报（自然科学版）
4682 广州广播电视大学学报
4683 循证医学
4684 中国处方药
4685 华南预防医学
4686 惠州学院学报
4687 广东外语外贸大学学报
4688 广东交通职业技术学院学报
4689 华南农业大学学报（社会科学版）
4690 现代临床护理
4691 广东轻工职业技术学院学报
4692 深圳职业技术学院学报
4693 化纤与纺织技术
4694 中山大学学报（医学科学版）
4695 现代消化及介入诊疗
4696 心血管病防治知识
4697 广东技术师范学院学报
4698 深圳信息职业技术学院学报
4699 广东水利电力职业技术学院学报
4700 珠海市行政学院学报
4701 广州社会主义学院学报
4702 中国 CT 和 MRI 杂志

4703 大地构造与成矿学
4704 嘉应学院学报
4705 顺德职业技术学院学报
4706 电脑与电信
4707 现代农业装备
4708 现代食品科技
4709 南方医科大学学报
4710 日用电器
4711 特区实践与理论
4712 分子影像学杂志
4713 护理学报
4714 自动化与信息工程
4715 广东海洋大学学报
4716 材料研究与应用
4717 环境昆虫学报
4718 广州城市职业学院学报
4719 南方电网技术
4720 建筑监督检测与造价
4721 文化遗产
4722 逻辑学研究
4723 清远职业技术学院学报
4724 广东职业技术教育与研究
4725 中国骨科临床与基础研究杂志
4726 临床医学工程
4727 分子诊断与治疗杂志
4728 仲恺农业工程学院学报
4729 生态环境学报
4730 城市观察
4731 器官移植
4732 按摩与康复医学
4733 华文教学与研究
4734 产经评论
4735 皮肤性病诊疗学杂志
4736 战略决策研究
4737 南方职业教育学刊
4738 中小学德育
4739 南方水产科学
4740 广东石油化工学院学报
4741 广东第二师范学院学报
4742 课程教学研究
4743 集成技术
4744 广东青年职业学院学报
4745 广州职业教育论坛
4746 金融经济学研究
4747 新能源进展
4748 军事体育学报
4749 控制理论与技术（英文）
4750 广东财经大学学报
4751 学术论坛
4752 改革与战略
4753 社会科学家
4754 广西地方志
4755 广西民族研究
4756 图书馆界
4757 南方文坛
4758 民族艺术
4759 广西师范大学学报（哲学社会科学版）
4760 广西师范大学学报（自然科学版）

4761 广西师范学院学报（哲学社会科学版）
4762 广西师范学院学报（自然科学版）
4763 广西大学学报（哲学社会科学版）
4764 广西大学学报（自然科学版）
4765 广西科学院学报
4766 广西教育学院学报
4767 艺术探索
4768 柳州师专学报
4769 右江民族医学院学报
4770 基础教育研究
4771 广西医学
4772 广西中医药
4773 右江医学
4774 广西农学报
4775 广西植物
4776 红水河
4777 广西水利水电
4778 广西物理
4779 中国岩溶
4780 模具工业
4781 光通信技术
4782 广西畜牧兽医
4783 蛇志
4784 体育科技
4785 矿产与地质
4786 东南亚纵横
4787 桂海论丛
4788 广西植保
4789 广西社会科学
4790 铁道运营技术
4791 广西科学
4792 规划师
4793 广西医科大学学报
4794 广西林业科学
4795 沿海企业与科技
4796 歌海
4797 华夏医学
4798 广西青年干部学院学报
4799 广西广播电视大学学报
4800 广西社会主义学院学报
4801 广西经济管理干部学院学报
4802 广西政法管理干部学院学报
4803 中共南宁市委党校学报
4804 南宁职业技术学院学报
4805 八桂侨刊
4806 绝缘材料
4807 电工材料
4808 柳州职业技术学院学报
4809 中共桂林市委党校学报
4810 玉林师范学院学报
4811 桂林师范高等专科学校学报
4812 化工技术与开发
4813 广西电力
4814 高教论坛
4815 经济与社会发展
4816 装备制造技术
4817 市场论坛

4818　超硬材料工程
4819　河池学院学报
4820　广西警官高等专科学校学报
4821　西部交通科技
4822　广西财经学院学报
4823　微创医学
4824　结直肠肛门外科
4825　应用预防医学
4826　内科
4827　创新
4828　广西民族大学学报（哲学社会科学版）
4829　广西民族大学学报（自然科学版）
4830　桂林电子科技大学学报
4831　梧州学院学报
4832　贺州学院学报
4833　钦州学院学报
4834　百色学院学报
4835　气象研究与应用
4836　传承
4837　广西职业技术学院学报
4838　旅游论坛
4839　中国临床新医学
4840　中国癌症防治杂志
4841　基因组学与应用生物学
4842　区域金融研究
4843　桂林理工大学学报
4844　广西民族师范学院学报
4845　轻纺工业与技术
4846　农业研究与应用
4847　南方农业学报
4848　文化与传播
4849　轻工科技
4850　大学教育
4851　广西中医药大学学报
4852　桂林航天工业学院学报
4853　广西科技大学学报
4854　海南金融
4855　海南大学学报（人文社会科学版）
4856　热带作物学报
4857　新东方
4858　海南医学
4859　热带农业科学
4860　热带林业
4861　海南广播电视大学学报
4862　中国热带医学
4863　分子植物育种
4864　琼州学院学报
4865　海南师范大学学报（自然科学版）
4866　海南师范大学学报（社会科学版）
4867　热带生物学报
4868　改革
4869　探索
4870　现代法学
4871　重庆大学学报（社会科学版）
4872　西南政法大学学报

4873 高等建筑教育
4874 重庆高教研究
4875 重庆社会主义学院学报
4876 重庆广播电视大学学报
4877 重庆电力高等专科学校学报
4878 重庆大学学报（自然科学版）
4879 西南师范大学学报（自然科学版）
4880 中国药业
4881 应用数学和力学
4882 物理教学探讨
4883 矿业安全与环保
4884 计算机科学
4885 材料导报
4886 表面技术
4887 四川兵工学报
4888 微电子学
4889 压电与声光
4890 半导体光电
4891 包装工程
4892 内燃机
4893 中国中医急症
4894 数字通信
4895 中国南方果树
4896 中华肝脏病杂志
4897 创伤外科杂志
4898 第三军医大学学报
4899 重庆大学学报（英文版）
4900 重庆工商大学学报（社会科学版）
4901 重庆工商大学学报（自然科学版）
4902 重庆师范大学学报（哲学社会科学版）
4903 重庆师范大学学报（自然科学版）
4904 重庆社会科学
4905 地下空间与工程学报
4906 装备环境工程
4907 中国果业信息
4908 重庆科技学院学报
4909 重庆科技学院学报（社会科学版）
4910 重庆邮电大学学报（社会科学版）
4911 重庆邮电大学学报（自然科学版）
4912 重庆文理学院学报
4913 保健医学研究与实践
4914 西南大学学报（社会科学版）
4915 西南大学学报（自然科学版）
4916 重庆交通大学学报（自然科学版）
4917 长江师范学院学报
4918 外国语文
4919 土木建筑与环境工程
4920 精密成形工程
4921 西部论坛
4922 新闻研究导刊
4923 汽车工程学报

4924 西部人居环境学刊
4925 重庆第二师范学院学报
4926 教师教育学报
4927 南亚研究季刊
4928 经济体制改革
4929 农村经济
4930 毛泽东思想研究
4931 天府新论
4932 理论与改革
4933 社会科学研究
4934 四川文物
4935 新闻界
4936 杜甫研究学刊
4937 郭沫若学刊
4938 文史杂志
4939 四川师范大学学报（社会科学版）
4940 成都大学学报（社会科学版）
4941 音乐探索
4942 宗教学研究
4943 四川图书馆学报
4944 四川戏剧
4945 成都体育学院学报
4946 四川大学学报（哲学社会科学版）
4947 财经科学
4948 盐业史研究
4949 激光技术
4950 中国抗生素杂志
4951 国外医药抗生素分册
4952 机械
4953 四川建筑
4954 四川体育科学
4955 四川建筑科学研究
4956 矿物岩石
4957 四川医学
4958 实用妇产科杂志
4959 高压物理学报
4960 爆炸与冲击
4961 四川水力发电
4962 核聚变与等离子体物理
4963 四川冶金
4964 四川环境
4965 四川水利
4966 核动力工程
4967 天然气勘探与开发
4968 四川生理科学杂志
4969 四川地震
4970 钢管
4971 通信技术
4972 华西口腔医学杂志
4973 四川建材
4974 钻采工艺
4975 天然气工业
4976 四川畜牧兽医
4977 天然气与石油
4978 四川中医
4979 心血管病学进展
4980 中药药理与临床
4981 空气动力学学报

4982 四川动物
4983 计算机应用研究
4984 原子与分子物理学报
4985 四川蚕业
4986 中国沼气
4987 电子科技大学学报
4988 石油与天然气化工
4989 四川农业科技
4990 西南农业学报
4991 成都大学学报（自然科学版）
4992 四川林业科技
4993 华西药学杂志
4994 电子元件与材料
4995 物探化探计算技术
4996 粮食储藏
4997 钢铁钒钛
4998 职业卫生与病伤
4999 矿产综合利用
5000 川北医学院学报
5001 生物医学工程学杂志
5002 泸州医学院学报
5003 磁性材料及器件
5004 电讯技术
5005 软科学
5006 塑料工业
5007 工具技术
5008 四川地质学报
5009 预防医学情报杂志
5010 西南交通大学学报
5011 电焊机
5012 四川农业大学学报
5013 油田化学
5014 高分子材料科学与工程
5015 四川师范大学学报（自然科学版）
5016 机电元件
5017 建筑电气
5018 计算机应用
5019 强激光与粒子束
5020 经济学家
5021 四川电力技术
5022 免疫学杂志
5023 东方电气评论
5024 天然产物研究与开发
5025 天然气化工（C1 化学与化工）
5026 中国井矿盐
5027 光电工程
5028 化工设计
5029 华西医学
5030 西南国防医药
5031 现代预防医学
5032 中国修复重建外科杂志
5033 中华医学遗传学杂志
5034 化学研究与应用
5035 中氮肥
5036 水电站设计
5037 中国输血杂志
5038 光散射学报
5039 大型铸锻件
5040 皮革科学与工程

5041 计量与测试技术
5042 路基工程
5043 兵工自动化
5044 合成化学
5045 四川解剖学杂志
5046 中华眼底病杂志
5047 特钢技术
5048 资源开发与市场
5049 燃气涡轮试验与研究
5050 四川有色金属
5051 四川水泥
5052 四川精神卫生
5053 地质灾害与环境保护
5054 世界科技研究与发展
5055 粮油仓储科技通讯
5056 应用与环境生物学报
5057 含能材料
5058 中国胸心血管外科临床杂志
5059 中国口腔种植学杂志
5060 成都中医药大学学报
5061 中华文化论坛
5062 中国普外基础与临床杂志
5063 畜禽业
5064 山地学报
5065 成都纺织高等专科学校学报
5066 阿坝师范高等专科学校学报
5067 四川行政学院学报
5068 四川省社会主义学院学报
5069 成都行政学院学报
5070 中共四川省委党校学报
5071 中共成都市委党校学报
5072 电子科技大学学报（社会科学版）
5073 四川省干部函授学院学报
5074 成都中医药大学学报（教育科学版）
5075 现代远程教育研究
5076 中共乐山市委党校学报
5077 西南交通大学学报（社会科学版）
5078 西南金融
5079 中国民航飞行学院学报
5080 国土资源科技管理
5081 沉积与特提斯地质
5082 有机硅材料
5083 四川大学学报（自然科学版）
5084 四川大学学报（工程科学版）
5085 现代隧道技术
5086 信息安全与通信保密
5087 乐山师范学院学报
5088 内江师范学院学报
5089 制冷与空调
5090 四川化工
5091 成都信息工程学院学报
5092 成都航空职业技术学院学报
5093 宜宾学院学报
5094 中国呼吸与危重监护杂志
5095 中国西部科技
5096 成都理工大学学报（自科版）
5097 通信与信息技术

5098 寄生虫病与感染性疾病
5099 攀枝花学院学报
5100 西南科技大学学报（自然科学版）
5101 成都理工大学学报（社会科学版）
5102 四川大学学报（医学版）
5103 四川职业技术学院学报
5104 交通运输工程与信息学报
5105 实验科学与技术
5106 西部医学
5107 中国循证医学杂志
5108 西南科技大学学报·哲学社会科学版
5109 山地科学学报（英文）
5110 实用医院临床杂志
5111 绵阳师范学院学报
5112 西南民族大学学报（人文社科版）
5113 西南民族大学学报（自然科学版）
5114 西南军医
5115 西华师范大学学报（哲学社会科学版）
5116 西华大学学报（哲学社会科学版）
5117 四川理工学院学报（社会科学版）
5118 纺织科技进展
5119 西华大学学报（自科版）
5120 四川理工学院学报（自科版）
5121 现代临床医学
5122 西昌学院学报（自科版）
5123 西昌学院学报（社会科学版）
5124 现代传输
5125 国际输血及血液学杂志
5126 电子信息对抗技术
5127 教育科学论坛
5128 草业与畜牧
5129 国际口腔医学杂志
5130 西华师范大学学报（自然科学版）
5131 中国重型装备
5132 肿瘤预防与治疗
5133 成都医学院学报
5134 高原山地气象研究
5135 国际口腔科学杂志 *International Journal of Oral Science*
5136 中国计划生育和妇产科
5137 测绘
5138 食品与发酵科技
5139 中国测试
5140 四川警察学院学报
5141 四川文理学院学报
5142 西南石油大学学报（自然科学版）
5143 西南石油大学学报（社会科学版）
5144 教育与教学研究
5145 医学与法学

5146 东方汽轮机
5147 中药与临床
5148 电子科技学刊
5149 *Photonic Sensors* 光子传感器
5150 中医眼耳鼻喉杂志
5151 当代职业教育
5152 四川民族学院学报
5153 高速铁路技术
5154 民族学刊
5155 *Asian Herpetological Research* 亚洲两栖爬行动物研究（英文版）
5156 天然气技术与经济
5157 西部经济管理论坛
5158 现代交通学报（英文）
5159 *Bone Research* 骨研究（英文）
5160 太赫兹科学与电子信息学报
5161 成都工业学院学报
5162 成都师范学院学报
5163 四川旅游学院学报
5164 党政研究
5165 贵州民族研究
5166 贵州文史丛刊
5167 贵州社会科学
5168 贵州教育
5169 中国地球化学（英文版）
5170 矿物学报
5171 现代机械
5172 酿酒科技
5173 机械与电子
5174 贵州农业科学
5175 贵州地质
5176 贵州气象
5177 贵州医药
5178 护士进修杂志
5179 耕作与栽培
5180 种子
5181 贵州科学
5182 微量元素与健康研究
5183 贵州林业科技
5184 贵州畜牧兽医
5185 矿物岩石地球化学通报
5186 贵州电力技术
5187 黔南民族师范学院学报
5188 贵州警官职业学院学报
5189 地球与环境
5190 贵阳学院学报（社会科学版）
5191 贵阳学院学报（自然科学版）
5192 环保科技
5193 毕节学院学报
5194 安顺学院学报
5195 铜仁学院学报
5196 凯里学院学报
5197 原生态民族文化学刊
5198 贵州师范学院学报
5199 癫痫与神经电生理学杂志
5200 兴义民族师范学院学报
5201 贵州民族大学学报（哲学社会科学版）
5202 贵州财经大学学报

5203 贵州大学学报（社会科学版）
5204 贵州大学学报（自然版）
5205 贵州师范大学学报（社会科学版）
5206 贵州师范大学学报（自然版）
5207 贵阳医学院学报
5208 山地农业生物学报
5209 遵义医学院学报
5210 贵州商业高等专科学校学报
5211 贵州广播电视大学学报
5212 贵州大学学报（艺术版）
5213 遵义师范学院学报
5214 贵州社会主义学院学报
5215 贵阳市委党校学报
5216 黔南民族医专学报
5217 教育文化论坛
5218 六盘水师范学院学报
5219 云南社会科学
5220 思想战线
5221 云南师范大学学报（哲学社会科学版）
5222 经济问题探索
5223 民族艺术研究
5224 动物学研究
5225 云南地质
5226 云南农业科技
5227 云南农业大学学报
5228 云南大学学报（自科版）
5229 云南师范大学学报（自科版）
5230 云南中医学院学报
5231 红外技术
5232 中国食用菌
5233 云南医药
5234 云南冶金
5235 有色金属设计
5236 地震研究
5237 贵金属
5238 云南建筑
5239 云南地理环境研究
5240 皮肤病与性病
5241 卫生软科学
5242 云南科技管理
5243 云南化工
5244 云南畜牧兽医
5245 中国民族民间医药
5246 林业建设
5247 云南电力技术
5248 云南中医中药杂志
5249 地矿测绘
5250 云南艺术学院学报
5251 云南社会主义学院学报
5252 云南行政学院学报
5253 昆明冶金高等专科学校学报
5254 学术探索
5255 中共云南省委党校学报
5256 昆明理工大学学报（社会科学版）
5257 曲靖师范学院学报
5258 玉溪师范学院学报
5259 林业调查规划

5260 楚雄师范学院学报
5261 云南大学学报（社会科学版）
5262 大理学院学报
5263 热带农业科技
5264 云南师范大学学报（对外汉语教学与研究版）
5265 天文研究与技术
5266 云南警官学院学报
5267 云南民族大学学报（哲学社会科学版）
5268 云南民族大学学报（自科版）
5269 生态经济（中文版）
5270 西部林业科学
5271 红河学院学报
5272 生态经济（英文版）
5273 环境科学导刊
5274 云南财经大学学报
5275 东南亚南亚研究
5276 昆明学院学报
5277 旅游研究
5278 保山学院学报
5279 文山学院学报
5280 植物分类与资源学报
5281 西南林业大学学报
5282 昆明医科大学学报
5283 昆明理工大学学报（自然科学版）
5284 普洱学院学报
5285 昭通学院学报
5286 云南开放大学学报
5287 印度洋经济体研究
5288 西藏研究（藏文版）
5289 西藏研究
5290 西藏研究（汉文版）
5291 西藏地质
5292 西藏教育
5293 西藏科技
5294 西藏艺术研究（汉文版）
5295 西藏艺术研究（藏文版）
5296 西藏农业科技
5297 西藏医药
5298 西藏大学学报（汉文版）
5299 西藏大学学报（藏文版）
5300 西藏发展论坛
5301 藏医药教育与研究（藏文）
5302 西藏民族学院学报
5303 理论导刊
5304 人文杂志
5305 文博
5306 考古与文物
5307 西北大学学报（哲学社会科学版）
5308 陕西师范大学学报（哲学社会科学版）
5309 延安大学学报（社会科学版）
5310 小说评论
5311 新闻知识
5312 外语教学
5313 中国历史地理论丛
5314 西北美术——西安美术学院学报

5315 唐都学刊
5316 神经解剖学杂志
5317 实用口腔医学杂志
5318 西安交通大学学报
5319 西北工业大学学报（自然科学版）
5320 陕西师范大学学报（自科版）
5321 西北大学学报（自科版）
5322 西安电子科技大学学报（自然科学版）
5323 陕西科技大学学报
5324 陕西中医学院学报
5325 昆虫分类学报
5326 畜牧兽医杂志
5327 干旱地区农业研究
5328 陕西农业科学
5329 西北植物学报
5330 陕西林业科技
5331 水土保持通报
5332 地下水
5333 灾害学
5334 中国油脂
5335 中国医学文摘·皮肤科学
5336 国外医学医学地理分册
5337 陕西医学杂志
5338 陕西中医
5339 实用放射学杂志
5340 西北药学杂志
5341 热力发电
5342 应用力学学报
5343 重型机械
5344 机械科学与技术
5345 筑路机械与施工机械化
5346 工业仪表与自动化装置
5347 微电子学与计算机
5348 电力电子技术
5349 微电机
5350 高压电器
5351 电瓷避雷器
5352 纺织器材
5353 棉纺织技术
5354 热加工工艺
5355 铸造技术
5356 化学工程
5357 特种橡胶制品
5358 陕西地质
5359 稀有金属材料与工程
5360 煤田地质与勘探
5361 情报杂志
5362 应用光学
5363 飞行力学
5364 固体火箭技术
5365 火工品
5366 人文地理
5367 中国皮肤性病学杂志
5368 西安体育学院学报
5369 西北林学院学报
5370 中国医学伦理学
5371 工业加热
5372 火控雷达技术

5373 西北农业学报
5374 石油工业技术监督
5375 测井技术
5376 现代电子技术
5377 延安大学学报（自科版）
5378 工业催化
5379 弹箭与制导学报
5380 光子学报
5381 中国钼业
5382 石油仪器
5383 纯粹数学与应用数学
5384 牙体牙髓牙周病学杂志
5385 西北水电
5386 心脏杂志
5387 工程数学学报
5388 水土保持研究
5389 航空计算技术
5390 火炮发射与控制学报
5391 陕西气象
5392 中国卫生质量管理
5393 现代医用影像学
5394 宝鸡文理学院学报（自科版）
5395 电子科技
5396 钛工业进展
5397 西安理工大学学报
5398 西安建筑科技大学学报（自然科学版）
5399 纺织高校基础科学学报
5400 北方蚕业
5401 国际设备工程与管理（英文版）
5402 细胞与分子免疫学杂志
5403 动物医学进展
5404 中国有线电视
5405 火炸药学报
5406 中国公路学报
5407 高等数学研究
5408 探测与控制学报
5409 陕西社会主义学院学报
5410 陕西广播电视大学学报
5411 西安交通大学学报（社会科学版）
5412 西安建筑科技大学学报（社会科学版）
5413 西安电子科技大学学报（社会科学版）
5414 空军工程大学学报·自然科学版
5415 西安政治学院学报
5416 宝鸡文理学院学报（社会科学版）
5417 鱼雷技术
5418 鱼雷技术
5419 中国儿童保健杂志
5420 中国美容医学杂志
5421 西安石油大学学报（社会科学版）
5422 麦类作物学报
5423 无线通信技术
5424 水土保持学报

5425 交通运输工程学报
5426 应用化工
5427 渭南师范学院学报
5428 现代泌尿外科杂志
5429 西北农林科技大学学报（社会科学版）
5430 中华神经外科疾病研究杂志
5431 西北农林科技大学学报（自科版）
5432 长安大学学报（社会科学版）
5433 长安大学学报（自科版）
5434 现代中医药
5435 现代检验医学杂志
5436 西安交通大学学报（医学版）
5437 当代经济科学
5438 杨凌职业技术学院学报
5439 水利与建筑工程学报
5440 时间频率学报
5441 延安大学学报（医学版）
5442 咸阳师范学院学报
5443 西安财经学院学报
5444 水资源与水工程学报
5445 技术与创新管理
5446 现代肿瘤医学
5447 国际眼科杂志
5448 空间电子技术
5449 统计与信息论坛
5450 地球科学与环境学报
5451 测绘科学与工程
5452 今传媒
5453 榆林学院学报
5454 家畜生态学报
5455 西安科技大学学报
5456 西安石油大学学报（自然科学版）
5457 火箭推进
5458 西安文理学院学报（社会科学版）
5459 西安文理学院学报（自科版）
5460 建筑科学与工程学报
5461 陕西理工学院学报（社会科学版）
5462 陕西理工学院学报（自科版）
5463 中国妇幼健康研究
5464 中国牛业科学
5465 计算机技术与发展
5466 陕西电力
5467 中国延安干部学院学报
5468 西安外国语大学学报
5469 西安工业大学学报
5470 商洛学院学报
5471 安康学院学报
5472 陕西行政学院学报
5473 西部金融
5474 电力电容器与无功补偿
5475 当代教师教育
5476 法律科学——西北政法大学学报
5477 西安工程大学学报
5478 延安职业技术学院学报

5479 中国材料进展
5480 电子设计工程
5481 现代导航
5482 航空工程进展
5483 医学争鸣
5484 地球环境学报
5485 *Journal of Pharmaceutical Analysis* 药物分析学报（英文）
5486 武警工程大学学报
5487 西部学刊
5488 第二炮兵工程大学学报（自然科学版）
5489 西安航空学院学报
5490 现代应用物理
5491 陕西学前师范学院学报
5492 西安邮电大学学报
5493 交通运输工程学报（英文）
5494 甘肃理论学刊
5495 开发研究
5496 敦煌研究
5497 兰州学刊
5498 西北人口
5499 科学·经济·社会
5500 电化教育研究
5501 甘肃教育
5502 西部中医药
5503 图书与情报
5504 敦煌学辑刊
5505 高等理科教育
5506 兰州大学学报（社会科学版）
5507 西北国防医学杂志
5508 西北民族研究
5509 合成橡胶工业
5510 化工自动化及仪表
5511 沉积学报
5512 分子催化
5513 移动电源与车辆
5514 化工机械
5515 数学教学研究
5516 甘肃农业科技
5517 甘肃冶金
5518 甘肃农大学报
5519 农业科技与信息
5520 甘肃林业科技
5521 高原气象
5522 甘肃中医学院学报
5523 中兽医医药杂志
5524 甘肃畜牧兽医
5525 机械研究与应用
5526 草业科学
5527 中国沙漠
5528 冰川冻土
5529 兰州大学学报（自科版）
5530 甘肃医药
5531 电子工业专用设备
5532 西北师范大学学报（社会科学版）
5533 西北师范大学学报（自然科学版）
5534 凿岩机械气动工具

5535 地球科学进展
5536 甘肃社会科学
5537 甘肃水利水电技术
5538 摩擦学学报
5539 甘肃科学学报
5540 遥感技术与应用
5541 兰州商学院学报
5542 草业学报
5543 电气传动自动化
5544 人大研究
5545 社科纵横
5546 黄金科学技术
5547 微生物学免疫学进展
5548 分析测试技术与仪器
5549 真空与低温
5550 甘肃政法学院学报
5551 甘肃科技
5552 原子核物理评论
5553 石油化工自动化
5554 石化技术与应用
5555 甘肃高师学报
5556 甘肃广播电视大学学报
5557 甘肃行政学院学报
5558 兰州教育学院学报
5559 西北成人教育学院学报
5560 草原与草坪
5561 甘肃金融
5562 天水师范学院学报
5563 卫生职业教育
5564 兰州石化职业技术学院学报
5565 河西学院学报
5566 干旱气象
5567 中医儿科杂志
5568 天然气地球科学
5569 兰州交通大学学报
5570 西北民族大学学报（哲学社会科学汉文版）
5571 西北民族大学学报（哲学社会科学藏文版）
5572 西北民族大学学报（哲学社会科学蒙古文版）
5573 西北民族大学学报（自然科学版）
5574 甘肃地质
5575 中国兽医科学
5576 兰州大学学报（医学版）
5577 岩性油气藏
5578 陇东学院学报
5579 西部法学评论
5580 寒旱区科学 *SCIENCES IN COLD AND ARID REGIONS*
5581 当代教育与文化
5582 中国草食动物科学
5583 地震工程学报
5584 兰州工业学院学报
5585 兰州文理学院学报（社会科学版）
5586 兰州文理学院学报（自然科学版）
5587 天水行政学院学报

5588 青海社会科学
5589 青海师范大学学报（哲学社会科学版）
5590 青海教育
5591 兽类学报
5592 攀登（汉文版）
5593 青海民族研究
5594 青海师范大学学报（自科版）
5595 青海医药杂志
5596 高原医学杂志
5597 青海畜牧兽医杂志
5598 青海金融
5599 青海环境
5600 盐湖研究
5601 青海农林科技
5602 高原地震
5603 柴达木开发研究
5604 青海电力
5605 青海大学学报
5606 青海医学院学报
5607 青海草业
5608 青海交通科技
5609 青海农技推广
5610 青海师范大学民族师范学院学报
5611 青海国土经略
5612 青海畜牧业
5613 中国藏医药（藏文）
5614 藏文教育
5615 青海民族大学学报（汉文版）
5616 青海民族大学学报（藏文版）
5617 青海师范大学学报（藏文版）
5618 攀登（藏文版）
5619 青藏高原论坛
5620 宁夏社会科学
5621 图书馆理论与实践
5622 宁夏大学学报（人文社会科学版）
5623 宁夏大学学报（自然版）
5624 宁夏农林科技
5625 宁夏医学杂志
5626 民族艺林
5627 回族研究
5628 宁夏党校学报
5629 中共银川市委党校学报
5630 宁夏工程技术
5631 宁夏电力
5632 农业科学研究
5633 石油化工应用
5634 宁夏师范学院学报
5635 宁夏医科大学学报
5636 北方民族大学学报
5637 神华科技
5638 西夏研究
5639 喀什师范学院（维文版）
5640 喀什师范学院学报（汉文版）
5641 喀什师范学院学报（维文版）
5642 语言与翻译（汉文版）
5643 语言与翻译（维吾尔文）
5644 语言与翻译（哈萨克文）

5645 语言与翻译（蒙古文）
5646 语言与翻译（柯尔克孜文）
5647 新疆财经（汉文版）
5648 新疆财经（维吾尔文版）
5649 新疆大学学报（哲学·人文社会科学汉文版）
5650 新疆大学学报（哲学社会科学维吾尔文版）
5651 新疆社会科学（维吾尔文版）
5652 新疆师范大学学报（哲学社会科学汉文版）
5653 新疆师范大学学报（哲学社会科学维吾尔文）
5654 新疆农垦经济
5655 新疆中医药
5656 新疆医学
5657 新疆地质
5658 新疆农垦科技
5659 新疆大学学报（自然科学版）
5660 干旱区研究
5661 干旱区研究（维吾尔文）
5662 新疆农业科学
5663 新疆农业科学（维吾尔文）
5664 干旱区地理（汉文版）
5665 干旱区地理（维文版）
5666 新疆石油地质
5667 草食家畜
5668 草食家畜（哈文）
5669 草食家畜（维文）
5670 干旱环境监测
5671 内陆地震
5672 西域研究
5673 西部探矿工程
5674 新疆农村机械化
5675 新疆地方志（维吾尔文版）
5676 新疆社会科学（哈萨克文版）
5677 新疆农业科技
5678 新疆环境保护
5679 新疆教育学院学报（汉文版）
5680 新疆教育学院学报（维吾尔文版）
5681 新疆社科论坛（汉文版）
5682 新疆社科论坛（维文版）
5683 新疆金融（维吾尔文版）
5684 石河子科技
5685 维吾尔医药
5686 新疆农业大学学报
5687 石河子大学学报（自科版）
5688 农垦医学
5689 新疆预防医学杂志
5690 新疆师范大学学报（汉文自科版）
5691 伊犁师范学院学报（社会科学汉文版）
5692 伊犁师范学院学报（社会科学哈萨克文版）
5693 新疆广播电视大学学报（汉文版）
5694 新疆广播电视大学学报（维文版）

5695 乌鲁木齐职业大学学报（汉文版）
5696 兵团教育学院学报
5697 新疆维吾尔医学专科学校学报
5698 兵团党校学报
5699 当代传播（汉文版）
5700 当代传播（维吾尔文版）
5701 新疆医科大学学报
5702 新疆医科大学学报（维文版）
5703 新疆农业大学学报（维文版）
5704 新疆师范大学学报（维文自科）
5705 新疆大学学报（维文自然科学版）
5706 石河子大学学报（哲学社会科学版）
5707 新疆社会科学（汉文版）
5708 新疆艺术研究（维吾尔文版）
5709 新疆警官高等专科学校学报（汉文版）
5710 新疆警官高等专科学校学报（维吾尔文版）
5711 昌吉学院学报
5712 新疆职业大学学报（汉文版）
5713 新疆职业大学学报（维吾尔文版）
5714 新疆大学学报（哈萨克文综合版）
5715 中共伊犁州委党校学报（汉文版）
5716 中共伊犁州委党校学报（哈萨克文版）
5717 中共乌鲁木齐市委党校学报
5718 学习与科普
5719 兵团医学
5720 新疆艺术学院学报
5721 新疆石油天然气
5722 塔里木大学学报
5723 伊犁师范学院学报（汉文、自然科学版）
5724 伊犁师范学院学报
5725 沙漠与绿洲气象
5726 和田师范专科学校学报（汉文版）
5727 和田师范专科学校学报（维吾尔文版）
5728 吐鲁番学研究
5729 新疆财经大学学报（汉文版）
5730 新疆财经大学学报（维文版）
5731 西部蒙古论坛
5732 干旱区科学
5733 乌鲁木齐职业大学学报（维吾尔文版）
5734 新疆职业教育研究
5735 克拉玛依学刊
5736 疾病预防控制通报
5737 哈萨克医药

第二批

为贯彻落实中央精神，着力解决群众和行业反映强烈的突出问题，严格学术期刊出版资质，优化学术期刊出版环境，促进学术期刊健康发展，根据国家新闻出版广电总局《关于开展第二批学术期刊认定及清理工作的通知》（新广出办发〔2016〕32 号），国家新闻出版广电总局新闻报刊司继 2014 年认定产生第一批 5737 种学术期刊后，2016 年又开展了第二批学术期刊认定及清理工作，经过各省、区、市新闻出版广电局及中央期刊主管单位初审上报，总局组织专家严格审核，确定产生了第二批学术期刊名单。

具体名单如下：

1 邮电设计技术
2 音乐传播
3 建筑遗产
4 China Finance and Economic Review 中国财政与经济研究（英文）
5 军事测绘导航
6 National Science Review 国家科学评论
7 老龄科学研究
8 国际安全研究
9 后勤学院学报
10 中国出版史研究
11 World History Studies 世界史研究
12 Rare Metal Materials and Engineering 稀有金属材料与工程
13 中国牙科研究杂志（英文）
14 工业经济论坛
15 中国医疗管理科学
16 中国法律评论
17 城市与环境研究
18 Journal of Traditional Chinese Medical Sciences 中医科学杂志（英文）
19 导航定位与授时
20 Science China：Materials 中国科学：材料科学（英文）
21 中国临床医生杂志
22 鸟类学研究
23 财务研究
24 Engineering 工程（英文）
25 海外投资与出口信贷
26 World Journal of Otorhinolaryngology-Head and Neck Surgery 世界耳鼻咽喉头颈外科杂志（英文）

27 Chronic Diseases and Translational Medicine 慢性疾病与转化医学（英文）
28 电子科学技术（北京）
29 International Journal of Coal Science & Technology 国际煤炭科学技术学报（英文）
30 汽车工艺师
31 中国民族美术
32 中国社会科学评价
33 专用车与零部件
34 全球传媒学刊
35 国际汉学
36 中国研究型医院
37 中华神经外科杂志（英文）
38 社会治理
39 电气工程学报
40 军民融合
41 工程科学学报
42 Science Bulletin 科学通报（英文版）
43 竞争政策研究
44 园艺学报英文版
45 外国文学动态研究
46 智能制造
47 中华骨与关节外科杂志
48 中国青年社会科学
49 Translational Neuroscience and Clinics（Print）临床转化神经医学（英文）
50 Computational Visual Media 计算可视媒体（英文）
51 大数据
52 交通运输研究
53 水资源开发与管理
54 Microsystems & Nanoengineering 微系统与纳米工程（英文）
55 CSEE Journal of Power and Energy Systems 中国电机工程学会电力与能源系统学报
56 专利代理
57 医学教育管理
58 信息安全研究
59 血管与腔内血管外科杂志
60 高校马克思主义理论研究
61 社会主义核心价值观研究
62 遗产与保护研究
63 中国建设信息化
64 语言战略研究
65 当代中国价值观研究
66 智慧健康
67 网络与信息安全学报
68 财政科学
69 通信与信息网络学报
70 城市设计
71 信息安全学报
72 中国电气工程学报（英文）
73 气体物理
74 中国市场监管研究
75 国际政治科学

76 数据与情报科学学报（英文）
77 世界中医药杂志（英文）
78 绿色包装
79 石油科学通报
80 教育经济评论
81 智库理论与实践
82 教育与装备研究
83 中国国际财经（中英文）
84 火箭军军事学术
85 教育与职业
86 北京社会科学
87 新闻与写作
88 现代国际关系
89 中国高等教育
90 农村金融研究
91 电气时代
92 教育研究
93 党的文献
94 中国水利
95 人民检察
96 国防大学学报
97 国际经济合作
98 公路
99 中共党史研究
100 中国藏学
101 中国藏学（藏文）
102 橡胶工业
103 水运工程
104 水泥
105 园艺学报
106 液压与气动
107 电信技术
108 电信科学
109 古建园林技术
110 电子技术应用
111 世界电信
112 团结
113 设备管理与维修
114 中小学管理
115 思想教育研究
116 中国皮革
117 后勤学术
118 现代电信科技
119 中央社会主义学院学报
120 北京档案
121 科学社会主义
122 中国农技推广
123 现代国际关系（英文）
124 语言文字应用
125 铁道货运
126 中国高教研究
127 电信网技术
128 汽车与驾驶维修
129 电视研究
130 中国广播
131 工程经济
132 电子知识产权
133 防化学报
134 中国党政干部论坛
135 中国仪器仪表

136 仪器仪表标准化与计量
137 铁道建筑技术
138 军队指挥自动化
139 轮胎工业
140 中国学术期刊文摘
141 中国涂料
142 工程机械与维修
143 和平与发展
144 中国骨质疏松杂志
145 交通世界
146 经济界
147 中国电化教育
148 中国卫生监督杂志
149 机械工业标准化与质量
150 中共中央党校学报
151 粮油食品科技
152 中国经贸导刊
153 道路交通与安全
154 机电产品开发与创新
155 机电兵船档案
156 北京党史
157 解放军卫勤杂志
158 电信工程技术与标准化
159 中国远程教育
160 国家图书馆学刊
161 自动化指挥与计算机
162 科技研究
163 口腔颌面修复学杂志
164 金融论坛
165 中国报业
166 建筑砌块与砌块建筑
167 中国发展
168 北京大学学报·医学版
169 China Tibetology 中国藏学（英文版）
170 中国版权
171 通用机械
172 液压气动与密封
173 中小学信息技术教育
174 现代电视技术
175 陆军航空兵学院学报
176 项目管理技术
177 互联网天地
178 数字与缩微影像
179 锻造与冲压
180 世界制造技术与装备市场
181 核安全
182 数字通信世界
183 中国文化遗产
184 中国无线电
185 电气应用
186 中国农村卫生事业管理
187 军事气象水文
188 中国特警
189 环境与可持续发展
190 中国海上油气
191 风景园林
192 中国传媒大学学报（自然科学版）
193 中国石油和化工标准与质量

194 中国学术期刊文摘（英文）
195 铁路通信信号工程技术
196 北京水务
197 城市地质
198 国家林业局管理干部学院学报
199 金属加工（冷加工）
200 金属加工（热加工）
201 信息通信技术
202 民族翻译
203 中华保健医学杂志
204 中国医疗保险
205 中国环境管理
206 混凝土世界
207 微型机与应用
208 演艺科技
209 计算机集成制造系统
210 中国交通信息化
211 International Journal of Disaster Risk Science 国际灾害风险科学学报
212 矿业装备
213 工业炉
214 软件
215 港工技术
216 武警指挥学院学报
217 天津市教科院学报
218 港口经济
219 武警学术
220 天津市社会主义学院学报
221 国际医学放射学杂志
222 小型内燃机与车辆技术
223 天津中德职业技术学院学报
224 经济社会史评论
225 光电技术应用
226 现代口腔医学杂志
227 中国全科医学
228 社会科学论坛
229 中国军事教育
230 炮学杂志
231 唐山师范学院学报
232 现代电生理学杂志
233 石家庄机械化步兵学院学报
234 金融理论探索
235 语文教学通讯
236 名作欣赏
237 经济问题
238 山西交通科技
239 华北国土资源
240 Chinese Nursing Research 护理研究（英文）
241 循证护理
242 史志学刊
243 指挥与控制学报
244 图书情报导刊
245 太原学院学报（社会科学版）
246 中国民族医药杂志
247 呼伦贝尔学院学报
248 内蒙古科技大学学报
249 数字传媒研究
250 北方农业学报
251 政工学刊

252 节能
253 大连干部学刊
254 海军大连舰艇学院学报
255 沈阳炮兵学院学报
256 辽宁警察学院学报
257 大连民族大学学报
258 智能城市
259 软件工程
260 职业技术教育
261 汉语学习
262 中国朝鲜语文（朝文版）
263 吉林水利
264 学问
265 吉林省教育学院学报
266 兵器试验
267 吉林电力
268 中国管理信息化
269 东北农业科学
270 吉林建筑大学学报
271 关东学刊
272 黑河教育
273 黑龙江冶金
274 黑龙江水利科技
275 中国林副特产
276 中国公共卫生管理
277 中国中医药科技
278 职业技术
279 黑龙江水利
280 知与行
281 外语界
282 书法
283 电影新作
284 上海工艺美术
285 上海农业科技
286 食用菌
287 化学世界
288 船舶设计通讯
289 印刷杂志
290 柴油机设计与制造
291 光纤与电缆及其应用技术
292 煤矿机电
293 食品工业
294 上海公路
295 世界橡胶工业
296 中国卫生资源
297 上海党史与党建
298 艺术当代
299 东华大学学报（英文版）
300 上海商学院学报
301 电机与控制应用
302 东方法学
303 公共艺术
304 现代建筑电气
305 质量与标准化
306 教育参考
307 电器与能效管理技术
308 Nano-Micro Letters 纳微快报
309 科学教育与博物馆
310 上海课程教学研究
311 中西医结合护理（中英文）

312 书法研究
313 纺织检测与标准
314 改革与开放
315 档案与建设
316 当代外国文学
317 爆破器材
318 能源研究与利用
319 江苏建材
320 中国生化药物杂志
321 世界华文文学论坛
322 化学教与学
323 书画艺术
324 解放军国际关系学院学报
325 电力安全技术
326 指挥学报
327 农业装备技术
328 工程兵学术
329 金陵科技学院学报
330 淮海工学院学报·自然科学版
331 现代交通技术
332 气象水文装备
333 现代面粉工业
334 职教通讯
335 大众考古
336 苏州大学学报·教育科学版
337 Chinese Journal of Natural Medicines 中国天然药物
338 苏州大学学报·法学版
339 江苏理工学院学报
340 解放军理工大学学报（军事科学版）
341 现代盐化工
342 纺织报告
343 美食研究
344 江苏工程职业技术学院学报
345 能源化工
346 实用心电学杂志
347 水电与抽水蓄能
348 Language and Semiotic Studies 语言与符号学研究
349 杂草学报
350 林业工程学报
351 华东地质
352 电力工程技术
353 应用心理学
354 生物技术进展
355 浙江外国语学院学报
356 温州医科大学学报
357 Frontiers of Informaion Technology & Electronic Engineering (Print) 信息与电子工程前沿（英文）
358 西泠艺丛
359 青少年研究与实践
360 眼视光学杂志（英文版）
361 中学数学教学
362 新闻世界
363 海外英语
364 中国临床保健杂志
365 科教文汇
366 安徽电气工程职业技术学院

学报
367 信息对抗学术
368 装甲兵学术
369 陆军军官学院学报
370 安徽建筑大学学报
371 福建电脑
372 学会
373 艺苑
374 中学理科园地
375 福建基础教育研究
376 森林与环境学报
377 Annals of Applied Mathematics 应用数学年刊
378 康复学报
379 茶叶学报
380 渔业研究
381 福建商学院学报（原福建商业高等专科学校学报）
382 小学教学研究
383 声屏世界
384 南昌陆军学院学报
385 鄱阳湖学刊
386 生物化工
387 苏区研究
388 南方林业科学
389 地方治理研究
390 青年记者
391 山东体育科技
392 山东体育学院学报
393 理论学刊
394 潍坊医学院学报
395 中国人口·资源与环境
396 中国人口·资源与环境（英文）
397 山东冶金
398 中国辐射卫生
399 山东陶瓷
400 山东工业技术
401 现代技术陶瓷
402 山东纺织经济
403 青岛医药卫生
404 中国烟草科学
405 菏泽医学专科学校学报
406 中外葡萄与葡萄酒
407 山东水利
408 中国铸造装备与技术
409 锻压装备与制造技术
410 聊城大学学报·社会科学版
411 中国海洋大学学报·自然科学版
412 Journal of Ocean University of China (English Edition) 中国海洋大学学报（自然科学英文版）
413 聊城大学学报·自然科学版
414 中国石油大学学报（自然科学版）
415 现代制造技术与装备
416 中国石油大学学报·社会科学版
417 高校辅导员
418 山东青年政治学院学报
419 公共财政研究

420 青少年学刊
421 基础外语教育
422 新闻爱好者
423 河南教育学院学报·自然科学版
424 河南科技大学学报·社会科学版
425 河南科技大学学报（自然科学版）
426 河南科技大学学报（医学版）
427 河南水利与南水北调
428 密码与信息安全学报
429 防空兵学院学报
430 新乡学院学报
431 大观
432 信阳农林学院学报
433 数字教育
434 河南医学高等专科学校学报
435 军事经济研究
436 军队财务
437 物流技术
438 中西医结合肝病杂志
439 军事通信学术
440 教育财会研究
441 化肥设计
442 舰船电子工程
443 军事经济学院学报
444 养殖与饲料
445 海军院校教育
446 军队采购与物流
447 新课程研究
448 武汉商学院学报
449 中国油料作物学报（英文）
450 外国语文研究
451 Oncology and Translational Medicine 肿瘤学与转化医学（英文）
452 江汉大学学报·社会科学版
453 地球科学
454 边界与海洋研究
455 火箭军指挥学院学报
456 民族论坛
457 湖南包装
458 国土资源导刊
459 教育测量与评价
460 外语与翻译
461 资源信息与工程
462 汕头大学医学院学报
463 中学历史教学
464 中华显微外科杂志
465 广东园林
466 热带地貌
467 冶金丛刊
468 证券市场导报
469 体育师友
470 中国职业医学
471 广东省社会主义学院学报
472 公共行政评论
473 今日药学
474 红广角
475 南方电视学刊

476 社会工作与管理
477 南方能源建设
478 法治社会
479 林业与环境科学
480 口腔疾病防治
481 法制与经济
482 广西蚕业
483 小学教学参考
484 视听
485 企业科技与发展
486 南方园艺
487 教育观察
488 油画艺术
489 海南大学学报·自然科学版
490 南海学刊
491 现代法学
492 西南政法大学学报
493 当代美术家
494 重庆三峡学院学报
495 重庆医科大学学报
496 中国药房
497 灯与照明
498 蚕学通讯
499 合成润滑材料
500 激光杂志
501 重庆医学
502 中华创伤杂志
503 功能材料
504 客车技术与研究
505 Chinese Journal of Traumatology 中华创伤杂志（英文版）
506 临床超声医学杂志
507 中华烧伤杂志
508 重庆通信学院学报
509 后勤工程学院学报
510 现代医药卫生
511 公路交通技术
512 重庆建筑
513 儿科药学杂志
514 检验医学与临床
515 国际检验医学杂志
516 重庆交通大学学报·社会科学版
517 重庆理工大学学报
518 环境影响评价
519 数字通信与网络（英文）
520 兵器装备工程学报
521 当代文坛
522 中国卫生事业管理
523 建筑安全
524 新世纪水泥导报
525 信号转导与靶向治疗
526 癫痫杂志
527 邓小平研究
528 阿坝师范学院学报
529 极端条件下的物质与辐射
530 成都信息工程大学学报
531 孔学堂
532 昆明民族干部学院学报
533 西藏研究（藏文）

534　西藏研究
535　西藏教育（藏文）
536　西藏大学学报
537　西藏大学学报（藏文）
538　西藏发展论坛
539　雪域藏医药
540　西藏民族大学学报·社会科学版
541　中学数学教学参考
542　中学化学教学参考
543　中学历史教学参考
544　交响——西安音乐学院学报
545　中国生漆
546　西北地质
547　中学生物教学
548　西北医学教育
549　中国医学教育技术
550　西北工业大学学报·社会科学版
551　汽车实用技术
552　西部财会
553　西安通信学院学报
554　陕西青年职业学院学报
555　法律科学——西北政法大学学报
556　电网与清洁能源
557　边防学院学报
558　昆虫分类学报
559　石油管材与仪器
560　档案
561　膜科学与技术
562　石油矿场机械
563　石油化工设备
564　财会研究
565　甘肃农业
566　现代涂料与涂装
567　兰州理工大学学报
568　宁夏教育
569　实事求是
570　新疆畜牧业
571　新疆畜牧业（哈文）
572　新疆畜牧业（蒙文）
573　新疆畜牧业（维文）
574　新疆农业科技（维吾尔文）
575　新疆社科论坛
576　新疆农机化
577　新疆艺术学院学报（维文版）
578　吐鲁番学研究
579　金融发展评论
580　双语学习（乌鲁木齐）
581　双语教育研究
582　橡胶科技
583　国际研究参考
584　中国民族博览
585　当代农村财经
586　中国文学批评
587　新媒体研究
588　环境核算与管理（英文）
589　北京教育
590　第欧根尼·中文版

591　财务与会计
592　出版参考
593　电工文摘
594　汉字文化
595　轻工标准与质量
596　中国人力资源开发
597　海峡科技与产业
598　理论视野
599　中国化工装备
600　中国医药导刊
601　传媒
602　中国设备工程
603　中小学心理健康教育
604　家电科技
605　中国民康医学
606　电视指南
607　中国蜂业
608　中国机械
609　中国现代药物应用
610　现代出版
611　中国城乡企业卫生
612　语文教学之友
613　河北农业大学学报・农林教育版
614　职业时空
615　学周刊
616　黄河之声
617　种子科技
618　名师在线
619　武术研究
620　内蒙古教育
621　北方经济
622　内蒙古艺术
623　西部资源
624　课程教育研究
625　兰台世界
626　专业训练学报
627　基础教育论坛
628　兰台内外
629　中小学电教
630　吉林广播电视大学学报
631　长春教育学院学报
632　成才之路
633　农机使用与维修
634　数理化学习
635　当代体育科技
636　上海蔬菜
637　早期教育
638　视听界
639　现代特殊教育
640　初中数学教与学
641　高中数学教与学
642　江苏教育
643　数学之友
644　教育视界
645　教学月刊・中学版
646　艺术生活
647　福建茶叶
648　福建艺术
649　新教师

650 幼儿教育研究
651 江西教育
652 蚕桑茶叶通讯
653 教师博览
654 萍乡学院学报
655 景德镇学院学报
656 中学数学杂志
657 泰山医学院学报
658 现代语文
659 潍坊学院学报
660 当代教育科学
661 枣庄学院学报
662 菏泽学院学报
663 潍坊工程职业学院学报
664 写作
665 决策与信息
666 湖北广播电视大学学报
667 当代护士
668 中外建筑
669 金融科技时代
670 岭南师范学院学报
671 出版广角
672 运动精品
673 传播与版权
674 海南医学院学报
675 数学教学通讯
676 电工技术
677 地理教育
678 局解手术学杂志
679 重庆电子工程职业学院学报
680 自动化应用
681 西部广播电视
682 教育考试与评价
683 电影评介
684 贵阳中医学院学报
685 贵州工程应用技术学院学报
686 云南水力发电
687 建材发展导向
688 中学政治教学参考
689 中学语文教学参考
690 中学物理教学参考
691 中学地理教学参考
692 农村科技
693 新疆艺术（汉文版）

（供稿人：孔娜）

“中国出版政府奖·期刊奖”入选获奖名单（第一届—第四届）

中国出版政府奖是我国新闻出版行业的最高奖项，在引领出版导向、催生精品力作、推动人才队伍建设、促进文化繁荣发展方面发挥了重要作用。根据《中国出版政府奖评奖章程》规定，从2008年启动首届中国出版政府奖，至今已成功举办四届。在党中央、国务院的正确领导下，中国出版政府奖牢牢坚持正确政治方向和宣传导向、创作导向、出版导向，在做强精品力作生产、促进行业改革发展、服务公共文化建设、推动媒体融合发展、加强国际传播能力建设等方面作出了突出贡献，推出了一大批体现时代精神、突出主旋律、人们喜闻乐见的优秀出版物，涌现出一大批先进出版单位和优秀出版人物。

期刊奖从第二届开始设立，在奖项设置上，每届评选期刊奖20个，其中《科学通报》等期刊多次入选。

第一届

无

第二届

刊　名	主办单位
《科学通报》	中国科学院、国家自然科学基金委员会
《低压电器》	上海电器科学研究所（集团）有限公司

续表

刊　名	主办单位
《中国国家地理》	中国科学院地理科学与资源研究所、中国地理学会
《高等学校化学学报》	吉林大学
《中华结核和呼吸杂志》	中华医学会
《机械工程学报》	中国机械工程学会
《舰船知识》	中国造船工程学会、中国船舶工业综合技术经济研究院
《物理学报》	中国科学院物理研究所、中国物理学会
《中草药》	天津药物研究院、中国药学会
《浙江大学学报（英文版）A 辑》	浙江大学
《求是》	中共中央
《中国社会科学》	中国社会科学院
《读者》	读者出版集团有限公司
《新华文摘》	人民出版社
《当代》	人民文学出版社
《收获》	上海市作家协会
《考古》	中国社会科学院考古研究所
《文史哲》	山东大学
《瞭望》	新华通讯社
《三联生活周刊》	生活读书新知三联书店

第三届

刊　名	主办单位
《纳米研究（英文版）》	清华大学、中国化工学会
《科学通报》	中国科学院、国家自然科学基金委员会
《细胞研究（英文版）》	中国科学院上海生命科学研究院、生物化学与细胞生物学研究所、中国细胞生物学学会
《航空知识》	中国航空学会
《科学世界》	中国科技出版传媒股份有限公司
《石油学报》	中国石油学会
《地球物理学报》	中国科学院地质与地球物理研究所、中国地球物理学会

续表

刊　名	主办单位
《电力系统自动化》	国网电力科学研究院
《中华儿科杂志》	中华医学会
《化工学报》	中国化工学会、化学工业出版社
《中共党史研究》	中共中央党史研究室
《中国新闻周刊》	中国新闻社
《中国语文》	中国社会科学院语言研究所
《南方》	中共广东省委
《北京师范大学学报（社会科学版）》	北京师范大学
《作家》	吉林省作家协会
《社会》	上海大学
《故事会》	上海世纪出版集团
《幼儿画报》	中国少年儿童新闻出版总社
《世界军事》	新华社解放军分社

第四届

刊　名	主办单位
《中国社会科学》	中国社会科学院
《读者》	读者出版传媒股份有限公司
《中共党史研究》	中共中央党史研究室
《中国新闻周刊》	中国新闻社
《中国人民大学学报》	中国人民大学
《紫光阁》	紫光阁杂志社
《文物》	文物出版社
《文明》	首都文明工程基金会
《收获》	上海市作家协会
《当代贵州》	中共贵州省委
《科学通报》	中国科学院、国家自然科学基金委员会
《中国国家地理》	中国科学院地理科学与资源研究所、中国地理学会
《中国农业科学》	中国农业科学院、中国农学会
《中国航空学报（英文版）》	中国航空学会、北京航空航天大学

续表

刊　名	主办单位
《我们爱科学》	中国少年儿童新闻出版总社
《中华心血管病杂志》	中华医学会
《暖通空调》	亚太建设科技信息研究院、中国建筑设计研究院、中国建筑学会
《国际口腔科学杂志（英文版）》	四川大学
《中国电机工程学报》	中国电机工程学会
《中国药理学报》	中国药理学会、中国科学院上海药物研究所

（供稿人：孔娜）

全国“百强期刊”（2013—2017）

2013年，国家新闻出版广电总局开展了首届“百强报刊”推荐活动，后分别于2015年和2017年相继开展了第二届和第三届“百强报刊”（“百强报纸”“百强社科期刊”“百强科技期刊”）推荐活动，陆续推出了一批坚持把社会效益放在首位、社会效益和经济效益相统一的精品报刊，发挥了较好的示范引领作用。现将各届入选期刊名单整理汇集，以备参考。

第一届（2013年）

百强期刊

《装饰》《文物》《考古》《党建研究》《党的文献》《时事报告》《人民画报》《中共党史研究》《中国政协》《人民司法》《中国法学》《中国妇女》《中国监察》《长安》《人民论坛》《瞭望》《半月谈》《中国新闻周刊》《青年文摘》《地图》《乡镇论坛》《能源评论》《美术》《民族画报》《中国税务》《中国金融》《中国社会保障》《今日中国（西文版）》《中国社会科学》《经济研究》《清华大学学报（哲学社会科学版）历史研究》《中国人民大学学报》《法学研究》《北京师范大学学报（社会科学版）文学评论》《北京大学学报（哲学社会科学版）管理世界》《哲学研究》《中国语文》《马克思主义研究》《民族研究》《幼儿画报》《三联生活周刊》《人民文学》《新华文摘》《大众摄影》《当代》《财经国家周刊》《中国企业家》《农民文摘》《中国书法》《环球人物》《瑞丽》《时尚》《父母必读》《天津社会科学》《南开管理评论》《小说月报》《共产党员》《吉林大学社会科学学报》《社会科学战线》《意林》《党的生活（黑龙江）》《学习与探索》《格言》《复旦学报（社会科学版）》《学术月

刊》《社会》《故事会》《收获》《咬文嚼字》《南京大学学报（人文社科版）》《江苏社会科学》《浙江大学学报（人文社会科学版）当代财经》《文史哲》《老人春秋》《华中师范大学学报（人文社会科学版）》《湖北大学学报（哲学社会科学版）妇女生活》《知音漫客》《特别关注》《湖南大学学报（社科版）》《新湘评论》《南方》《学术研究》《中山大学学报（社科版）》《党员文摘》《广西民族大学学报（哲学社会科学版）》《少年文摘》《改革》《社会科学研究》《当代贵州》《漫画派对》《甘肃社会科学》《读者》《当代海军》《中国军事科学》《世界军事》《科学通报》《植物学报（英文版）》《物理学报》《遗传学报（英文）》《地球物理学报》《自动化学报》《天文和天体物理学研究（英文）》《软件学报》《环境科学学报（英文版）》《计算数学（英文版）》《中国科学：化学（英文版）》《中国物理 B（英文）》《中华医学杂志（英文版）》《地质学报（英文版）》《作物学报》《机械工程学报》《中华儿科杂志》《化工学报》《药学学报》《林业科学》《地震学报》《中国中药杂志》《仪器仪表学报》《纳米研究（英文）》《清华大学学报（自然科学版）》《中国农业科学》《矿物冶金与材料学报（英文）》《中医杂志》《食品科学》《中国艾滋病性病》《生物医学与环境科学》《中国水产科学》《气象学报》《IT 经理世界》《煤炭科学技术》《金属热处理》《现代制造》《中国蔬菜》《交通建设与管理》《暖通空调》《中国皮革》《中国标准化》《工业建筑》《中国地质》《计算机工程与应用》《中国科学基金》《劳动保护》《稀有金属（英文版）》《中国煤炭》《环境保护》《电视技术》《中国国家地理》《车主之友》《舰船知识》《中草药》《中国危重病急救医学》《中国给水排水》《石油地球物理勘探》《新型炭材料》《日用化学品科学》《金属学报》《新农业》《中国实用外科杂志》《铸造》《高等学校化学学报》《管理科学》《中国药理学报（英文）》《化学学报》《细胞研究（*Cell Research*）》《无机材料学报》《同济大学学报（自然科学版）》《低压电器》《分子植物（*Molecular Plant*）》《印染》《中国激光》《大众医学》《家庭用药》《土壤圈（英文）》《电力系统自动化》《中国天然药物》《浙江大学学报（英文）A 辑》《中国水稻科学》《中国药理学通报》《金属矿山》《保健与生活》《农村百事通》《地球科学——中国地质大学学报》《中国机械工程》《数学物理学报（英文版）》《岩石力学与工程学报》《长江蔬菜》《中国有色金属学报》《科学启蒙》《农村新技术》《国际口腔科学杂志（英文）》

《天然气工业》《稀有金属材料与工程》《西北植物学报》《中国公路学报》《解放军医学杂志》

第二届（2015 年）

百强社科期刊

《求是》《时事报告》《党建》《党建研究》《半月谈》《瞭望》《党的文献》《中国纪检监察》《紫光阁》《中共党史研究》《中国政协》《中国人大》《幼儿画报》《儿童文学》《青年文摘》《军队党的生活》《民族文学》《大众摄影》《美术》《中国书法》《中国审判》《中国社会保障》《乡镇论坛》《农村工作通讯》《中国审计》《北京周报（英文）》《中国金融》《瑞丽》《啄木鸟》《集邮》《三联生活周刊》《当代》《文史知识》《中国新闻周刊》《中国税务》《时尚》《党员文摘》《共产党员》（辽宁）《党的生活》（黑龙江）《当代贵州》《南方》《领导文萃》《小说月报》《收获》《故事会》《咬文嚼字》《第一财经周刊》《女友（家园版）》《党员干部之友》《山东画报》《少年文摘》《足球周刊》《新湘评论》《知音》《特别关注》《政治指导员》《家庭》《东方娃娃》《读者》《父母必读》《文艺研究》《思想理论教育导刊》《重庆大学学报（社会科学版）》《浙江大学学报（人文社会科学版）》《复旦学报（社会科学版）》《财经研究》《文史哲》《南京大学学报（哲学·人文科学·社会科学）》《吉林大学社会科学学报》《法商研究》《华中师范大学学报（人文社会科学版）》《武汉大学学报（哲学社会科学版）》《中山大学学报（社会科学版）》《中国社会科学》《考古》《经济研究》《历史研究》《社会学研究》《世界经济与政治》《马克思主义研究》《新闻与传播研究》《哲学研究》《世界宗教研究》《中国法学》《管理世界》《新华文摘》《统计研究》《天津社会科学》《社会科学研究》《学术月刊》《社会》《编辑之友》《江苏社会科学》《江海学刊》《社会科学战线》《史学月刊》《广西民族大学学报（哲学社会科学版）》《学术研究》《敦煌研究》《改革》

百强科技期刊

《细胞研究（英文）》《中国物理 B（英文）》《科学通报》《化学学报》《自动化学报》《冰川冻土》《软件学报》《中国科学：数学（英文版）》《大气科学进展（英文）》《光：科学与应用（英文）》《无机材料学报》《土壤圈（英文版）》《天文和天体物理学研究》《植物学报（英文版）》《分子植物（英文）》《整合动物学（英文）》《动物学研究（英文）》《环境科学学报（英文版）》《中国激光》《中国国家地理》《科学世界》《家庭用药》《稀有金属材料与工程》《农业工程学报》《化工学报》《金属学报》《中华耳鼻咽喉头颈外科杂志》《物理化学学报》《中华皮肤科杂志》《中华肝脏病杂志》《水产学报》《中国中西医结合杂志》《水利学报》《中国机械工程》《中国药理学通报》《作物学报》《中国药理学报（英文）》《力学学报（英文版）》《中国公路学报》《地质学报（英文版）》《草业学报》《航空知识》《纳米研究（英文版）》《清华大学学报（自然科学版）》《浙江大学学报（英文版）A 辑》《山东大学学报（理学版）》《国际口腔科学杂志（英文）》《矿物冶金与材料学报（英文版）》《蛋白质与细胞（英文）》《华中科技大学学报（自然科学版）》《西北植物学报》《中国矿业大学学报（自然科学版）》《中国天然药物（英文）》《石油科学（英文）》《中国医学科学院学报》《中国神经再生研究（英文版）》《中华危重病急救医学》《中国医刊》《中国计划生育学杂志》《城市规划》《土木工程学报》《暖通空调》《建筑经济》《中国水利》《中国水稻科学》《中国交通信息化》《环境保护》《中国计量》《中国检验检疫》《中国发明与专利》《中国新药杂志》《电力系统自动化》《电网技术》《保密科学技术》《劳动保护》《我们爱科学》《中国有色金属》《石油地球物理勘探》《天然气工业》《日用化学工业》《气象学报》《金属加工（冷加工）》《金属热处理》《推进技术》《工业建筑》《纺织导报》《舰船知识》《土木建筑与环境工程》《农村百事通》《长江蔬菜》《铸造》《运动与健康科学（英文）》《科学画报》《应用数学和力学（英文版）》《印染》《新疆农垦科技》《建筑技术》《少年科学画报》《保健与生活》《科学启蒙》

第三届（2017 年）

百强社科期刊

《求是》《党建》《党建研究》《中共党史研究》《中国纪检监察》《紫光阁》《红旗文稿》《人民论坛》《时事报告》《半月谈》《瞭望》《人民画报》《解放军画报》《新华文摘》《管理世界》《中国金融》《中国财政》《中国审计》《中国外汇》《中国税务年鉴》《中国社会保障》《农村工作通讯》《思想理论教育导刊》《教育研究》《马克思主义与现实》《人民教育》《乡镇论坛》《文物》《政治指导员》《紫禁城》《中国法学》《美术》《中国社会科学》《文艺研究》《文学遗产》《新闻与传播研究》《历史研究》《中国文学批评》《世界经济与政治》《社会学研究》《法学研究》《经济研究》《中国工业经济》《考古学报》《中国人民大学学报》《外交评论——外交学院学报》《复旦学报（社会科学版）》《吉林大学社会科学学报》《南京大学学报（哲学·人文科学·社会科学）》《文史哲》《武汉大学学报（哲学社会科学版）》《华中师范大学学报（人文社会科学版）》《中山大学学报（社会科学版）》《学术月刊》《社会》《改革》《天津社会科学》《社会科学战线》《江海学刊》《河南社会科学》《法律科学——西北政法大学学报》《广西民族大学学报（哲学社会科学版）》《云南师范大学学报（哲学社会科学版）》《西藏大学学报》《学术研究》《敦煌研究》《新疆师范大学学报（汉文社科版）》《学习与探索》《编辑之友》《国家人文历史》《前线》《共产党员》（辽宁）《新湘评论》《南方》《四川党的建设》《当代贵州》《学前教育》《书法》《世界军事》《青年文摘》《幼儿画报》《中国新闻周刊》《中国企业家》《三联生活周刊》《环球人物》《收获》《故事会》《咬文嚼字》《十月》《东方娃娃》《父母必读》《世界知识》《意林》《特别关注》《课堂内外（初中版）》《读书》《格言》《小说月报》《知音漫客》《时代邮刊》

百强科技期刊

《细胞研究（英文）》《科学通报（英文版）》《中国科学：数学（英文

版)》《植物学报（英文版)》《中国科学：化学（英文版)》《中国科学：材料科学（英文)》《中国科学：地球科学（英文版)》《中国科学院院刊》《动物学报（英文)》《天文和天体物理学研究（英文)》《岩石学报》《图书情报工作》《力学学报》《纳米研究（英文版)》《清华大学学报（自然科学版)》《西北植物学报》《中华皮肤科杂志》《中国矿业大学学报》《中国公路学报》《新疆农业科学》《干旱区研究》《中国天然药物（英文)》《中国药理学报（英文)》《光学学报》《无机材料学报》《水产学报》《上海大学学报（自然科学版)》《第三军医大学学报》《中华创伤杂志》《重庆大学学报（自然科学版)》《材料导报》《中国电机工程学报》《中国机械工程学报（英文版)》《中华外科杂志》《中华放射学杂志》《中国航空学报（英文版)》《药学学报》《中华消化外科杂志》《农业科学学报（英文)》《气象学报》《计算机科学与探索》《测绘科学》《金属学报》《中国实用内科杂志》《中国石油大学学报（自然科学版)》《中国水稻科学》《浙江大学学报（英文版）A 辑：应用物理与工程》《中国药理学通报》《中国兽医科学》《草业学报》《地球科学进展》《兰州大学学报（自然科学版)》《中国免疫学杂志》《光：科学与应用（英文)》《地球科学》《华中科技大学学报（自然科学版)》《国际口腔科学杂志（英文版)》《中国医学科学院学报》《燃料化学学报》《环境科学研究》《国家科学评论（英文)》《北京师范大学学报（自然科学版)》《生物医学与环境科学（英文)》《电力系统自动化》《中国有色金属》《工业建筑》《环境保护》《劳动保护》《中国铁路》《金属热处理》《金属加工（冷加工)》《纺织导报》《推进技术》《系统工程与电子技术（英文版)》《稀有金属材料与工程》《新疆农垦科技》《表面技术》《建筑技术》《煤炭学报》《中国水利》《中国计量》《铸造》《农村新技术》《农村百事通》《石油地球物理勘探》《农村电工》《中国机械工程》《电网技术》《世界有色金属》《煤炭科学技术》《印染》《保密科学技术》《我们爱科学》《中国国家地理》《科学画报》《少年科学画报》《知识就是力量》《百科知识》《保健与生活》

（供稿人：孔娜）

“期刊主题宣传好文章”推荐活动入选文章名单（2016—2017）

第一届

2016 年 11 月，中国编辑学会组织开展了第一届“期刊主题宣传好文章”推荐活动，共有 18 篇（组）文章被遴选为期刊主题宣传好文章并向社会推荐。具体如下：

文　章	期刊名称
“退休官员变身新乡贤”系列文章	《半月谈（内部版）》
《G20 汇聚全球目光　大国领袖习近平》	《环球人物》
《大国崛起呼唤强大领袖核心——当前公众的核心观念与核心意识调查报告》等系列文章	《人民论坛》
“一带一路　中国 2.0 时代”系列文章	《中华儿女》
《我们共同努力，将保护写进法律》	《中国妇女》
《G20 的中国方案》	《中国新闻周刊》
“南海大史”系列文章	《环球》
《站在法治中国时代的门槛上——从常委会工作报告看立法成就》	《民主与法制》
“复兴寻梦”系列文章	《瞭望新闻周刊》
《涉农腐败，诱发因素有哪些》等系列文章	《国家治理周刊》
《杉林森森——“中国生态英雄”吴庆贤的绿色实践》	《当代贵州》
“长征路上闪耀的巾帼”系列文章	《瞭望东方周刊》
“我的长征——纪念红军长征胜利 80 周年”系列文章	《银潮》
“中国共产党的独特力量”系列文章	《人民论坛》
“长征 1934—1936 决定中国命运的大棋局”系列文章	《国家人文历史》
“‘一带一路’两年考”系列文章	《财经国家周刊》

续表

文　章	期刊名称
“草根创业大时代”系列文章	《南风窗》
“知识青年再‘下乡’”系列文章	《小康》

第二届

2017年11月，中国编辑学会、中国期刊协会联合组织开展了第二届“期刊主题宣传好文章”推荐活动，共有17篇（组）文章被遴选为期刊主题宣传好文章并向社会推荐。具体如下：

文　章	期刊名称
《永远为了人民的期待——十八大以来中国特色社会主义国家治理的根本逻辑》	《瞭望新闻周刊》
《中国马克思主义文艺理论的创新性发展——习近平文艺思想的当代价值研究》	《中国文艺评论》
《论中国特色社会主义新时代》	《教学与研究》
《新时代“经济学”》	《财经国家周刊》
“十九大报告解读”系列文章	《紫光阁》
学习贯彻十九大精神专题文章	《中国发展观察》
学习“7·26”讲话，迎接十九大召开笔谈	《世界社会主义研究》
《中国改革和发展不断成功的原因》	《学术界》
“打好三大攻坚战”笔谈	《改革》
《巡视监督的创新发展及启示》	《重庆社会科学》
《大城之治——创新社会治理中的城市基层党建》	《上海支部生活》
《“中国方案”开启全球治理的新文明类型》	《中国社会科学》
“科技支撑‘一带一路’建设”专刊	《中国科学院院刊》
《雄安时代》	《中国新闻周刊》
《乡村凋敝？十三种模式探路乡村“新治理”》	《半月谈》
“北京文脉”栏目：1. 长城文化带：从农牧交错到民族融合；2. 运河文化带：自然与人文的交响；3. 北京西山区域的文脉与内涵	《前线》
《携笔从戎　淬火成钢》	《军嫂》

（供稿人：段艳文）

优秀少儿期刊推荐名单（2010—2018）

2008 年，国家新闻出版总署发布向全国少年儿童推荐优秀少儿报刊名单，以引导青少年健康阅读，营造有利于青少年健康成长的社会和文化环境。此后，该名单由国家新闻出版管理部门主持，逐年发布（2012 年和 2013 年年未发布，2014 年起称“全国优秀少儿报刊推荐名单”，2017 年称“2017 年度向全国少年儿童推荐百种优秀报刊名单”，2018 年称“第九届向全国少年儿童推荐百种优秀报刊名单”）。

现将 2010 年以来各年推荐名单中的期刊择出，依原名单顺序排列，以备参考。

2010 年

《学与玩》《少儿电脑世界》《幼儿园》《博物》《快乐语文》《学生天地》《儿童漫画》《小猕猴学习画刊》《小猕猴智力画刊》《幼儿智力开发画报》《金色少年》《琴童》《小百科》《漫画大王》《智慧少年》《大灰狼画报》《婴儿画报》《幼儿画报》《嘟嘟熊画报》《儿童文学》《中国少年文摘》《中国少年儿童》《我们爱科学》《中国卡通》《青少年科苑》《少年大世界》《文学少年》《好孩子画报》《新少年》《小学生》《漫画派对》《东方娃娃》《阅读》《健康少年画报》《东方少年》《幽默大师》《小爱迪生》《小学生时代》《中学生天地》《幼儿故事大王》《幼儿智力世界》《科幻世界画刊》《少年时代》《红领巾》《天津中学生》《青少年科技博览》《启蒙》《少年心世界》《儿童大世界》《少男少女》《少先队员》《快乐巧连智》《少年文摘》《小艺术家》《广东第二课堂》《读友》《漫友》《少儿画王》《小学生导读》《红蜻蜓》《少年博览》《少儿科技》《小聪仔》《小雪花》《童话大王》《小哥白尼》《童话世界》《少年月刊》《好儿童画报》《少先队活动》《儿童时代》《漫动作》《中学科技》

《小学科技》《棒棒英语》《看图说话》《小朋友》《少年文艺》（上海）《故事大王》《小溪流》《科学启蒙》《幼儿画刊》《红树林》《米老鼠》《课外生活》《小火炬》《咪咪画报》

2011 年

《小学生天地》《幼儿画报》《时事（〈时事报告〉中学生版）》《小聪仔》《漫画派对》《少儿科技》《儿童文学》《科学世界》《幼儿智力世界》《大自然探索》《我们爱科学》《知音漫客》《少年科学画报》《婴儿画报》《东方娃娃》《生命世界》《新少年》《嘟嘟熊画报》《红领巾》《小哥白尼》

2014 年

《学与玩》《中国少年儿童》《儿童文学》《中国卡通》《婴儿画报》《我们爱科学》《幼儿画报》《嘟嘟熊画报》《博物》《阿阿熊》《儿童漫画》《小百科》《喜羊羊与灰太狼》《少年科学画报》《漫友》《花蕾（蒙文）》《小学生优秀作文》《少年大世界》《故事大王》《儿童文学选刊》《少年科学》《当代学生》《新读写》《哈哈画报》《阅读》《未来科学家》《儿童故事画报》《全国优秀作文选》《东方娃娃》《中学生天地》《小学生时代》《小爱迪生》《小学生导读》《娃娃乐园》《琴童》《小猕猴智力画刊》《小星星》《小学生之友》《环球少年地理》《小樱桃》《小学生天地》《漫客星期天》《幼儿画刊》《红树林》《少年文摘》《小聪仔》《红领巾》《童话世界》《小哥白尼》《少年月刊》《读者·校园版》《故事作文》《小学生时空（维文）》

2015 年

《中学生天地》《读者·校园版》《小学生时代》《当代学生》《儿童时代》

《中国少年儿童》《琴童》《小学生导刊》《放学后》《花蕾（蒙文）》《小学生时空（维文）》《红树林》《中国少年文摘》《广东第二课堂》《初中生必读》《小猕猴智力画刊》《幼儿画报》《幼儿画刊》《东方娃娃》《嘟嘟熊画报》《大灰狼画报》《婴儿画报》《幼儿智力开发画报》《好孩子画报》《小聪仔》《我们爱科学》《学与玩》《博物》《小哥白尼》《环球少年地理》《小爱迪生》《哈哈画报》《博学少年》《少年科学画报》《儿童文学》《儿童文学选刊》《小葵花》《小读者》《少年文艺》（江苏）《故事大王》《好儿童画报》《小星星》《童话王国》《少年文艺》（上海）《故事作文》《小猕猴学习画刊》《创作》《七彩语文》《中国卡通》《儿童漫画》《知音漫客》

2016 年

《时事（〈时事报告〉中学生版）》《幼儿画报》《嘟嘟熊画报》《婴儿画报》《学与玩》《我们爱科学》《博物》《天天爱科学》《阿阿熊》《中国卡通》《儿童漫画》《中国校园文学》《儿童文学》《小读者》《中国少年儿童》《哈博士》《少年科学画报》《少年文摘》《广东第二课堂》《红树林》《小聪仔》《幼儿智力开发画报》《小学生天地》《幼儿画刊》《东方娃娃》《七彩语文》《少年文艺》（江苏）《全国优秀作文选》《亲子》《小星星》《小学生之友》《文学少年》《少年大世界》《环球少年地理》《小葵花》《小哥白尼》《娃娃画报》《十万个为什么》《新读写》《好儿童画报》《故事大王》《少年文艺》（上海）《儿童文学选刊》《作文世界》《儿童时代》《红领巾》《小爱迪生》《小学生时代》《课堂内外》《盲童文学》

2017 年

《天天爱科学》《时事画刊》《雷锋》《博物》《中国青年》《舰船知识》《幼儿画报》《儿童文学》《我们爱科学》《学与玩》《气象知识》《婴儿画报》《兵器知识》《航空知识》《知识就是力量》《半月选读》《嘟嘟熊画报》《世界

军事》《时事（〈时事报告〉中学生版）》《中国少年文摘》《中国卡通》《中华活页文选》《文明》《十月少年文学》《东方少年》《少年科学画报》《萌芽》《娃娃画报》《故事大王》《儿童时代》《少年文艺》（上海）《中学科技》《哈哈画报》《中外书摘》《当代学生》《小福尔摩斯》《十万个为什么》《咬文嚼字》《好孩子画报》《做人与处世》《意林》《格言》《格言（校园版）》《儿童故事画报》《科学大众》《东方娃娃》《七彩语文》《小学生世界》《中学生天地》《幼儿智力世界》《小爱迪生》《少年作家》《娃娃乐园》《少年博览》《小火炬》《青年博览》《小猕猴智力画刊》《小星星》《大灰狼画报》《知识窗》《小猕猴学习画刊》《小学生之友》《幼儿园》《小葵花》《环球少年地理》《金色少年》《幼儿智力开发画报》《小学生天地》《中学生百科》《小学生导刊》《幼儿画刊》《少年文摘》《孩子》《成长》《妈妈娃娃》《小聪仔》《作文大王》《大科技》《课堂内外（初中版）》《红领巾》《小哥白尼》《飞碟探索》《视野》《读者》《读者（原创版）》《读者（校园版）》《花蕾（蒙文）》《小学生时空（维文）》《达赛尔（藏文）》《盲童文学》

2018 年

《时事（〈时事报告〉中学生版）》《雷锋》《兵器知识》《格言》《知识就是力量》《科学大众》《世界军事》《译林》《读者》《航空知识》《半月谈》《散文诗》《故事会》《舰船知识》《咬文嚼字》《中国国家地理》《意林》《青年文摘》《小猕猴智力画刊》《知音漫客》《中国卡通》《连环画报》《嘟嘟熊画报》《大灰狼画报》《好孩子画报》《幼儿画报》《婴儿画报》《看图说话》《东方娃娃》《幼儿画刊》《娃娃画报》《幼儿园》《小聪仔》《亲子》《小哥白尼》《奥秘》《少年科学画报》《博物》《知识窗》《我们爱科学》《数学小灵通》《天天爱科学》《青春期健康》《环球探索》《哈哈画报》《十万个为什么》《小爱迪生》《环球少年地理》《科幻世界》《科学画报》《小溪流》《漫客小说绘》《小星星》《艺术启蒙》《儿童文学》《十月少年文学》《七彩语文》《中国校园文学》《快乐作文》《读者（校园版）》《全国优秀作文选》《少年文艺》（上海）《中华活页文选（初中版）》《中华活页文选（高中版）》《小葵花》

《小读者》《萌芽》《故事大王》《东方少年》《新少年》《小学生之友》《少先队员》《中学生天地》《小学生必读》《少年大世界》《智力课堂》《小火炬》《初中生必读》《儿童时代》《小学生时代》《金色少年》《博学少年》《少年时代》《小学生导刊》《初中生天地》《花蕾（蒙文）》《新疆哈萨克儿童画报（哈文）》《盲童文学》

（供稿人：孔娜）

“中国最美期刊”（2014—2018）

“中国最美期刊”遴选活动是中国（武汉）期刊交易博览会组委会于2014年推出的重要活动，由中国（武汉）期刊交易博览会组委会和中国期刊协会联合主办，中国期刊年鉴杂志社具体承办。目前已经连续举办了四届，共遴选出399种期刊。活动定位于期刊视觉艺术设计，以期刊设计的整体艺术效果和制作工艺与技术的完美统一为标准，通过组织推荐、资格审核、读者投票、专家遴选、社会公示等环节遴选出印刷精美环保、艺术格调高雅、艺术形式新颖的优秀期刊，并将每届中国（武汉）期刊交易博览会期间授予其年度“中国最美期刊”的称号。这些入选期刊在坚持正确政治方向、坚持正确舆论导向的前提下，具有独特的设计风格，出版与印刷符合国家有关标准规范，印装精美，对倡导推进绿色印刷工艺的应用具有创新意义。

2014 年

获奖名单：

《百年潮》《科学种养》《知识就是力量》《文苑》《青春期健康》《回族文学》《统计与决策》《女友（校园版）》《艺术世界》《新湘评论》《海外文摘》《森林与人类》《幼儿画刊》《爱你》《人与自然》《美术》《自然杂志》《国家人文历史》《收获》《地球科学——中国地质大学学报》《大众医学》《故事会》《课堂内外（高中版）》《名人传记（上半月）》《父母必读》《阿阿熊》《科学世界》《中国摄影》《书城》《人民文摘》《读者》《南方航空》《世界时装之苑 *ELLE*》《*Rice Science* 水稻科学（英文版）》《晚晴》《当代贵州》《中华儿女》《时代建筑》《映像》《当代》《轻兵器》《室内设计与装修》《中国建筑装饰装

修》《中国林业》《规划师》《新营销》《国际口腔科学杂志（英文版）*International Journal of Oral Science*》《供用电》《大学生》《南方》《装饰》《时代发现》《文明》《数学物理学报（英文版）》《书屋》《第一财经周刊》《中国青年》《能源评论》《汉语世界》《小猕猴智力画刊》《百花洲》《农村百事通》《南水北调与水利科技》《葡萄酒》《收藏·拍卖》《植物学报（英文版）*Journal of Integrative Plant Biology*（*JIPB*）》《连环画报》《浙商》《中国美术》《人民画报》《全体育》《舰船知识》《作品（上半月刊）》《中国国家地理》《世界宗教文化》《廉政瞭望》《台港文学选刊》《城市环境设计（*UED*）》《小说月报》《民族》《求是学刊》《出版广角》《汽车导报》《游遍天下》《我们爱科学》《幼儿画报》《现代青年》《格言》《亚洲男性学杂志 *Asian Journal of Andrology*》《博客天下》《妇女之友》《山东画报》《金桥》《新航空》《妈妈宝宝》《特别健康》《现代商业银行》《演讲与口才》《意林》《作家》

2015年

获奖名单：

《东方娃娃》《中国宝石》《百姓生活》《新湘评论》《骨研究（英文）》《中国书画》《荣宝斋》《中国摄影》《学与玩》《设计时代》《舰船知识》《环球人物》《女友（家园版）》《中国美术》《中国编辑》《廉政瞭望》《城市漫步（英文）》《装饰》《西藏旅游》《读者欣赏》《中国书法》《看天下》《第一财经周刊》《景观设计》《人民文学》《文明》《美育学刊》《作文大王》《亚洲两栖爬行动物研究（英文版）》《格言》《水稻科学（英文版）》《森林与人类》《特别关注》《中华手工》《中国法律评论》《车主之友》《数码摄影》《收藏·拍卖》《小康》《美术》《博物》《中国国家地理》《传媒》《西藏人文地理》《南方》《老同志之友》《瑞丽》《散文·海外版》《父母必读》《保健与生活》《家庭》《知音漫客》《回族文学》《新建筑》《中国社会保障》《紫光阁》《好孩子画报》《生态文明世界》《知识就是力量》《大学生》《创意与设计》《债券》《人民画报》《后勤》《收获》《台港文学选刊》《当代贵州》《映像》《特别健

康》《书城杂志》《应用数学和力学（英文版）》《自然杂志》《文史天地》《幸福家庭》《婴儿画报》《当代》《三联生活周刊》《汉语世界》《中国艺术》《军嫂》《中国企业家》《中国与非洲（英文版）》《新周刊》《普洱》《艺术品》《金桥》《妈妈宝宝》《民族（汉文版）》《中国国家旅游》《幼儿智力开发画报》《新长征》《意林》《作家》《社会科学战线》《中国中药杂志》《英国医学杂志（中文版）》《妇女生活》《章回小说》《半月谈》

2016 年

获奖名单（以刊名音序排列）：

《爱你》《宝石和宝石学杂志》《保健与生活》《北京文化创意》《财经智库》《出版广角》《重庆与世界》《传媒》《创意设计源》《当代贵州》《党的生活》（黑龙江）《党员生活》《党员文摘》《第一财经周刊》《读者》《敦煌研究》《父母必读》《格言》《故宫博物院院刊》《广西城镇建设》《国际口腔科学杂志（*International Journal of Oral Science*）》《国家科学评论（英文版）》《汉语世界》《黑龙江高教研究》《黑龙江金融》《红领巾》《红旗文摘》《环境保护》《环球人物》《婚姻与家庭》《江南》《金色少年》《景观设计学（英文）》《骏马》《看历史》《孔子学院（中德文对照版）》《雷锋》《领导文萃》《龙门阵》《漫客小说绘》《美术大观》《美育学刊》《名家名作》《能源评论》《女友（家园版）》《普洱》《奇趣百科》《青年文摘》《青年作家》《求是学刊》《人与自然》《荣宝斋》《瑞丽·伊人风尚》《三联生活周刊》《森林与人类》《山东画报》《上海交通大学学报（医学版）》《设计时代》《社会科学战线》《十月》《时代邮刊》《收藏·拍卖》《收获》《特别关注》《文苑》《小读者》《小学生天地》《新湘评论》《新长征》《新周刊》《养生大世界》《艺术当代》《艺术品》《译林》《意林》《英大金融》《英国医学杂志（中文版）》《幼儿画报》《源流》《知识就是力量》《植物学报（英文版）》《中国妇女》《中国国家地理》《中国经济周刊》《中国美术》《中国企业家》《中国摄影》《中国审判》《中国书法》《中国新闻周刊》《中国医学人文》《中国医院院长》《中国中药杂

志》《中华瑰宝》《中华奇石》《中华手工》《中学生博览》《紫光阁》《钟山》《装饰》

2018年

获奖名单（以刊名音序排列）：

《爱尚美术》《包装与设计》《北京文学》《编辑之友》《博物院》《藏天下》《沉积学报》《城市规划》《创意设计源》《创意与设计》《大众科学（黔）》《大众摄影》《地球科学》《第五频道》《第一财经周刊》《读书》《读友》《读者》《多彩哈达（藏文）》《父母必读》《规划师》《海燕》《汉语世界》《湖南包装》《花城》《华夏地理》《基因组蛋白质组与生物信息学报》《极目》《建筑细部》《解放军画报》《解放军美术书法》《景观设计》《军嫂》《看历史》《看四川》《科学通报（英文版）》《漫客绘心》《美术》《美术大观》《美术界》《民艺》《民族（汉文版）》《南风窗》《农村百事通》《人民画报》《人民文学》《荣宝斋》《瑞丽家居设计》《三联生活周刊》《设计时代》《诗潮》《诗刊》《十月少年文学》《时尚旅游》《世界文学》《世界知识》《视野》《收藏·拍卖》《收藏家》《收藏界》《收获》《书城杂志》《天工》《舞蹈》《西部人居环境学刊》《西藏人文地理》《西泠艺丛》《小说界》《新建筑》《新民周刊》《新湘评论》《新周刊》《一带一路报道》《艺术品》《艺术设计研究》《艺术世界》《译林》《英国医学杂志（中文版）》《婴儿画报》《幼儿画报》《运动与健康科学》《长春中医药大学学报》《中国国家地理》《中国经济周刊》《中国科学：生命科学（英文版）》《中国美术》《中国摄影》《中国神经再生研究（英文版）》《中国食品药品监管》《中国书法》《中国书画》《中国图象图形学报》《中国文艺评论》《中国新闻周刊》《中国艺术》《中华瑰宝》《中医健康养生》《中医科学杂志（英文）》《装饰》《紫禁城》

（供稿人：段艳文）

期刊数字影响力 100 强（2015—2018）

“期刊数字影响力 100 强遴选活动”是由中国（武汉）期刊交易博览会组委会与中国期刊协会于 2015 年联合发起主办、中国期刊协会数字期刊分会承办的公益性活动，活动举办初衷是随着期刊媒体数字化的快速发展，期刊影响力评价也发生变化；活动目的在于奖励勇于探索数字化创新发展的期刊媒体，同时也能更客观地反映传统期刊媒体在数字阅读世界的影响力现状。

遴选活动对象为经国家出版行政管理部门批准、拥有国内统一连续正式公开出版物号的期刊，数据来源为多家数字发行平台以及微博微信等，并由第三方数据挖掘公司提供数据挖掘支持；数据选取时段为头年 6 月 1 日至次年 5 月 31 日；综合考量各期刊在各类数字终端及数字形态领域的影响力、学术期刊影响因子等指标。经过初选、复选、专家评审及公示，得出终选名单大众类期刊和学术类期刊各 100 种。

2015 年（第一届）

大众类（依刊名音序排列，后同）

《21 世纪商业评论》《IT 经理世界》《百科知识》《半月谈》《兵器知识》《博物》《宠物世界》《传奇故事（百家讲坛）》《创业邦》《创业家》《大学生》《大众电影》《大众摄影》《党员文摘》《第一财经周刊》《电脑爱好者》《电子竞技》《动感（橄榄餐厅评论）》《读者》《法制与社会》《服饰与美容（Vogue 服饰与美容）》《父母必读》《父母世界》《个人电脑》《故事会》《灌篮》《海外文摘》《航空知识》《红秀》《互联网周刊》《户外》《环球》《环球科学》《环球人物》《家人》《家庭医生》《健康时尚（乐活）》《经理人》《精彩（OK！精彩）》《看电影》《看天下》《科幻世界》《快公司》《理财周刊》《瞭

望》《漫画大王》《漫画世界》《漫友》《美食与美酒》《男人装》《南都娱乐（南都周刊）》《南风窗》《女性大世界（米娜）》《女友（校园版）》《汽车导报》《汽车杂志》《青春（潮流志）》《青年文摘》《轻兵器》《瑞丽（瑞丽服饰美容）》《瑞丽家居设计》《睿士》《三联生活周刊》《商界》《商学院》《商业价值》《摄影之友》《十月》《时尚（时尚 COSMO）》《时装》《世界时装之苑》《糖尿病之友》《天下网商》《投资与理财》《西藏旅游》《消费导刊》《销售与市场》《昕薇》《新潮电子》《新电脑》《新东方英语》《新发现》《新娘》《新周刊》《艺术与设计》《意林》《英才》《越玩越野》《杂文选刊》《证券市场周刊》《知音》《智族》《中国国家地理》《中国国家旅游》《中国经济周刊》《中国企业家》《中国新闻周刊》《中国药店》《中外食品工业（贝太厨房）》《足球周刊》

学术类

《包装工程》《北方园艺》《北京体育大学学报》《兵工学报》《测绘科学》《大气科学》《档案学通讯》《地理学报》《地球物理学报》《纺织学报》《分析化学》《工程力学》《工程热物理学报》《管理世界》《国防科技》《航空学报》《华西口腔医学杂志》《化工学报》《环境科学》《会计研究》《机械工程学报》《计算机工程与应用》《建筑学报》《教育研究》《金融研究》《金属加工（冷加工）》《经济地理》《经济研究》《经济研究导刊》《科技管理研究》《科学通报》《历史研究》《临床耳鼻咽喉头颈外科杂志》《临床放射学杂志》《旅游学刊》《煤炭学报》《农药》《农业工程学报》《农业经济问题》《企业经济》《汽车工程》《热加工工艺》《社会学研究》《生态学报》《食品科学》《世界经济》《世界经济与政治》《数学的实践与认识》《水产学报》《水利学报》《税务研究》《特区经济》《天然气工业》《天文学报》《统计与决策》《图书情报工作》《土壤学报》《外国文学研究》《文物》《文艺研究》《物理学报》《西南民族大学学报（人文社科版）》《稀有金属材料与工程》《系统工程理论与实践》《现代传播——中国传媒大学学报》《心理科学》《岩石力学与工程学报》《药学学报》《原子能科学技术》《哲学研究》《浙江大学学报（人文社科版）》《中国安全科学学报》《中国畜牧兽医》《中国电机工程学报》《中国翻译》《中国工业经济》《中国海洋大学学报（自然科学版）》《中国行政管理》《中国激光》《中国老年学杂志》《中国农业科学》《中国全科医学》《中国人口、资源与环境》《中国社会科学》《中国实用妇科与产科杂志》《中国实用内科》《中国有色金属学报》《中国园林》《中国中药杂志》《中国组织工程研究》《中华护理杂志》《中华老年心脑血管病杂志》《中华皮肤科杂志》《中华医学杂志》《中华医院感染学杂志》《中华纸业》《中华肿瘤防治杂志》《资源科学》《宗教学研究》

2016年（第二届）

大众类

《21世纪商业评论》《IT经理世界》《安邸》《百科知识》《半月谈》《兵器知识》《博物》《财经天下》《车主之友》《创业邦》《创业家》《大学生》《大众健康》《大众医学》《当代》《当代贵州》《党的生活》（黑龙江）《党建》《党员文摘》《电脑爱好者》《都市丽人》《读书》《读者》《服饰与美容》《父母必读》《父母世界》《故事会》《灌篮》《海外文摘》《汉语世界》《航空知识》《红秀》《环球科学》《婚姻与家庭》《集邮》《家庭》《家庭医生》《检察风云》《健与美》《精彩》《看世界》《看天下》《科学之友》《瞭望》《领导文萃》《美食与美酒》《男人装》《南方人物周刊》《农村百事通》《农业机械》《女友（校园版）》《乒乓世界》《葡萄酒》《汽车导购》《青年文摘》《求是》《瑞丽》《睿士》《三联生活周刊》《商界》《商业价值》《摄影之友》《十月》《时尚》《时事报告》《时装》《世界时装之苑》《世界知识》《糖尿病之友》《特别关注》《天下网商》《投资与理财》《文史知识》《销售与市场》《昕薇》《新东方英语》《新娘》《新体育》《新周刊》《咬文嚼字》《意林》《英才》《英语学习》《幼儿画报》《悦己》《越玩越野》《知音》《质量与认证》《智族》《中国国家地理》《中国国家旅游》《中国企业家》《中国书法》《中国新闻周刊》《中华儿女》《中华手工》《中欧商业评论》《紫光阁》《足球周刊》《证券市场周刊》

学术类

《包装工程》《北方园艺》《北京大学学报（哲学社会科学版）》《北京体育

大学学报》《兵工学报》《材料导报》《财贸经济》《大气科学》《档案学通讯》《地理学报》《地球物理学报》《电子学报》《纺织学报》《分析化学》《管理世界》《国防科技》《国际口腔医学杂志》《航空学报》《核技术》《后勤学术》《化工学报》《环境科学》《会计研究》《机械工程学报》《计算机工程与应用》《建筑学报》《教育研究》《金融研究》《金属加工》《经济研究》《考古》《科学通报》《力学学报》《历史研究》《煤炭学报》《农业工程学报》《农业经济问题》《企业经济》《人民论坛》《社会学研究》《生态学报》《食品科学》《食品与发酵工业》《世界经济》《世界经济与政治》《数学学报》《水产学报》《水利学报》《天然气工业》《天文学报》《统计与决策》《图书情报工作》《土壤学报》《文学评论》《武汉大学学报（信息科学版）》《物理学报》《稀有金属材料与工程》《系统工程理论与实践》《心理科学》《岩石力学与工程学报》《岩石学报》《药学学报》《哲学研究》《浙江大学学报（人文社会科学版）》《植物保护学报》《中国安全科学学报》《中国病理生理杂志》《中国出版》《中国畜牧兽医》《中国电机工程学报》《中国法学》《中国翻译》《中国工业经济》《中国公路学报》《中国海洋大学学报（自然科学版）》《中国护理管理》《中国激光》《中国建筑防水》《中国老年学》《中国农业科学》《中国人口、资源与环境》《中国软科学》《中国社会科学》《中国实用神经疾病杂志》《中国实用外科杂志》《中国有色金属学报》《中国园林》《中国中药杂志》《中华妇产科杂志》《中华护理杂志》《中华老年心脑血管病杂志》《中华皮肤科杂志》《中华医学杂志》《中华医院感染学杂志》《中华纸业》《中华肿瘤防治杂志》《中西医结合护理》《自然资源学报》《宗教学研究》《作物学报》

2018 年（第三届）

大众类

《21 世纪商业评论》《IT 经理世界》《安邸》《百家讲坛》《半月谈》《伴侣》《北京青年周刊》《北京文学》《兵器知识》《博物》《财经天下周刊》《车主之友》《城市画报》《创业邦》《大学生》《大众摄影》《当代》《当代贵州》

《党建》《党员文摘》《第一财经周刊》《电子竞技》《董事会》《读者》《服饰与美容》《父母必读》《父母世界》《故事会》《国家人文历史》《航空知识》《党的生活》（黑龙江）《红秀》《互联网周刊》《花城》《环球科学》《徽商》《婚姻与家庭》《集邮》《家人》《家庭医生》《检察风云》《解放军画报》《今古传奇》《看天下》《科学世界》《课堂内外》《廉政瞭望》《瞭望》《领导文萃》《美食》《南方人物周刊》《南风窗》《农村百事通》《农业机械》《女友》《乒乓世界》《葡萄酒》《汽车杂志》《青年文摘》《人民画报》《瑞丽服饰美容》《三联生活周刊》《商学院》《十月》《时代邮刊》《时尚》《时事报告》《世界时装之苑》《世界知识》《糖尿病之友》《糖烟酒周刊》《特别关注》《晚晴》《西藏旅游》《销售与市场》《新疆人文地理》《新民周刊》《新周刊》《咬文嚼字》《意林》《英语学习》《幼儿画报》《越玩越野》《证券市场周刊》《知音》《知音漫客》《质量与认证》《智族》《中国报道》《中国传媒科技》《中国国家地理》《中国国家旅游》《中国收藏》《中国书法》《中国新闻周刊》《中华手工》《中外管理》《中医健康养生》《紫光阁》

学术类

《包装工程》《北方园艺》《北京体育大学学报》《材料导报》《测绘科学》《地理学报》《地球物理学报》《电子技术与软件工程》《电子学报》《动物营养学报》《纺织学报》《飞航导弹》《工程力学》《工程热物理学报》《管理世界》《国防》《国际口腔医学杂志》《海洋开发与管理》《航空学报》《化工学报》《化学学报》《环境科学》《会计研究》《机械工程学报》《解放军预防医学杂志》《金融研究》《经济地理》《经济研究》《科学通报》《兰台世界》《力学学报》《历史研究》《林业科学》《马克思主义研究》《煤炭学报》《农药》《农业工程学报》《农业经济问题》《企业经济》《气象》《轻工科技》《热加工工艺》《人口研究》《社会学研究》《生态学报》《食品科学》《世界经济》《世界经济与政治》《数学的实践与认识》《水产学报》《水利学报》《税务研究》《天然气工业》《天文学报》《统计与决策》《图书情报工作》《土壤学报》《文物》《文学评论》《文艺研究》《物理学报》《西南民族大学学报（人文社科版）》《系统工程理论与实践》《心理科学》《新闻与传播研究》《岩石力学与工程学报》《岩石学报》《药学学报》《原子能科学技术》《哲学研究》《浙江大学学

报（人文社科版）》《中国安全科学学报》《中国电机工程学报》《中国法学》《中国翻译》《中国妇幼保健》《中国高等教育》《中国工业经济》《中国公路学报》《中国激光》《中国集体经济》《中国农业科学》《中国人口·资源与环境》《中国人民大学学报（哲社版）》《中国社会科学》《中国实用外科杂志》《中国图书评论》《中国有色金属学报》《中国中药杂志》《中华耳科学杂志》《中华妇产科杂志》《中华护理杂志》《中华老年心脑血管病杂志》《中华内科杂志》《中华皮肤科杂志》《中华全科医学》《中华医学杂志》《资源科学》《宗教学研究》《作物学报》

（供稿人：钱鹏宇）